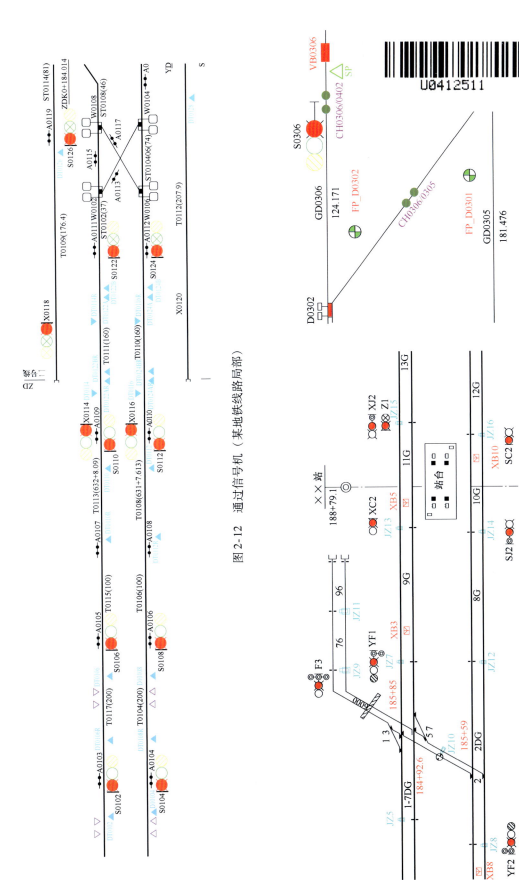

图 2-12 通过信号机（某地铁线路局部）

图 2-24 道岔名称举例（二）

图 2-22 正线道岔编号举例

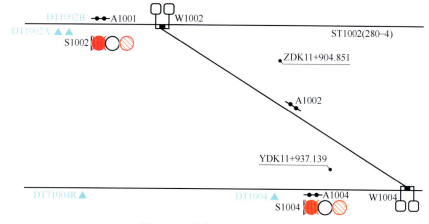

图 2-23 道岔名称举例（一）

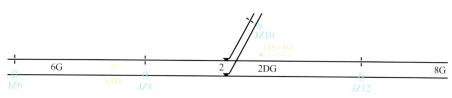

图 2-26 计轴系统室外设备在信号平面图中的符号

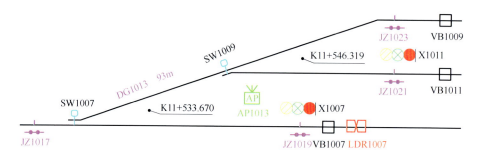

图 2-27 计轴室外设备举例

图 2-28 计轴设备举例

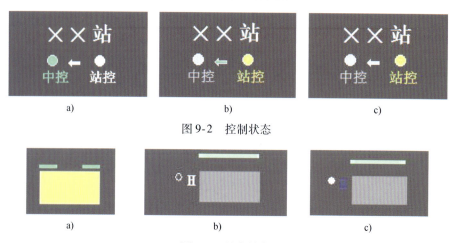

图 9-2 控制状态

图 9-3 站台状态

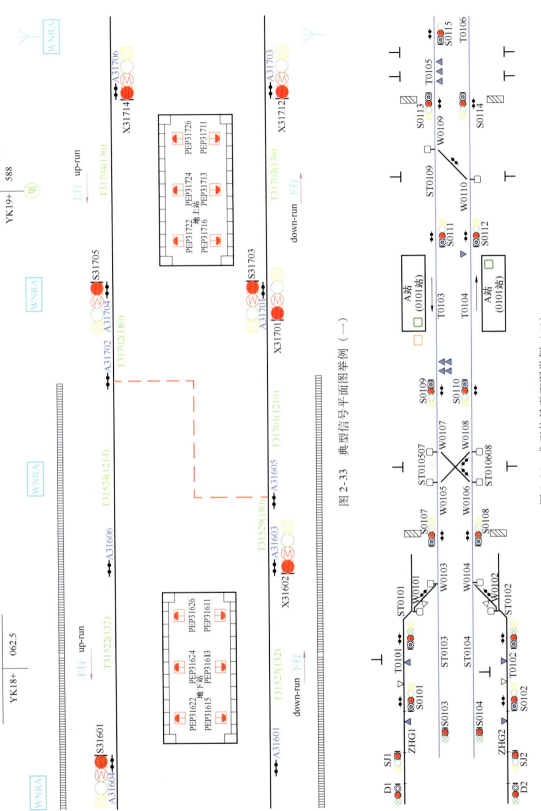

图 2-33 典型信号平面图举例（一）

图 2-34 典型信号平面图举例（二）

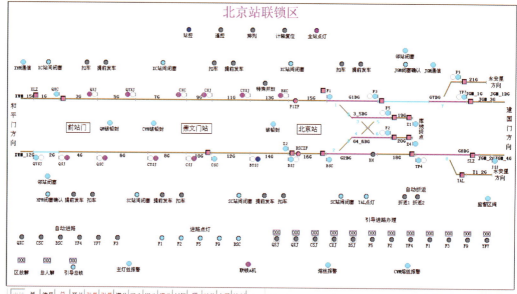

图 6-6　HMI 子系统操作界面

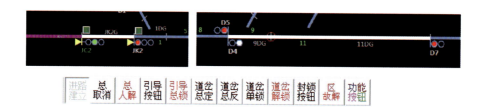

图 7-6　办理进路

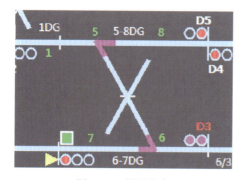

图 7-8　延时解锁

图 7-11　封锁设备

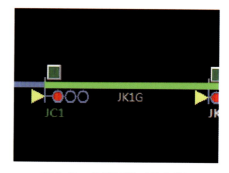

图 7-12　故障区段（绿光带）

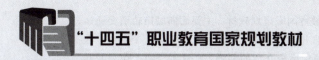

"十四五"职业教育国家规划教材

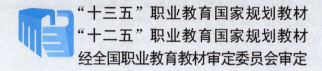

"十三五"职业教育国家规划教材
"十二五"职业教育国家规划教材
经全国职业教育教材审定委员会审定

城市轨道交通通信与信号

第 3 版

主　编　贾毓杰　王红光
参　编　胡金成　周　珊　芦南美　李建洋
主　审　章贤方

机械工业出版社

本书是"十四五"职业教育国家规划教材，主要面向城市轨道交通运营方向。本书在原有内容基础上进行了较大修订。全书分为九个项目，在对城市轨道交通信号系统、通信系统介绍的基础上，详细介绍了信号及通信设备的组成、原理，以及信号与通信设备在车站行车值班员、车辆段行车值班员、电动客车司机等岗位的应用，附录部分介绍了城市轨道交通信号系统常用名词中英文对照及内部各子系统间信息交互的类型和走向，并提供了不同类型的城市轨道交通信号平面图。

本书可作为高等职业院校城市轨道交通专业的教学用书，也可作为城市轨道交通企业新职工的培训教材。

为方便教学，本书配有电子课件、信号图电子版等，凡选用本书作为授课教材的教师均可以教师身份登录 www.cmpedu.com 下载，咨询电话：010-88379375。

图书在版编目（CIP）数据

城市轨道交通通信与信号/贾毓杰，王红光主编．—3版．—北京：机械工业出版社，2019.9（2025.6重印）

"十二五"职业教育国家规划教材　经全国职业教育教材审定委员会审定

ISBN 978-7-111-63936-7

Ⅰ.①城…　Ⅱ.①贾…②王…　Ⅲ.①城市铁路—交通信号—信号系统—高等职业教育—教材　Ⅳ.①U239.5

中国版本图书馆 CIP 数据核字（2019）第 214792 号

机械工业出版社（北京市百万庄大街22号　邮政编码100037）
策划编辑：曹新宇　　责任编辑：曹新宇
责任校对：聂美琴　　封面设计：张　静
责任印制：单爱军
中煤（北京）印务有限公司印刷
2025年6月第3版第14次印刷
184mm×260mm・13印张・8插页・318千字
标准书号：ISBN 978-7-111-63936-7
定价：44.80元

电话服务　　　　　　　　网络服务
客服电话：010-88361066　　机 工 官 网：www.cmpbook.com
　　　　　010-88379833　　机 工 官 博：weibo.com/cmp1952
　　　　　010-68326294　　金 书 网：www.golden-book.com
封底无防伪标均为盗版　　　机工教育服务网：www.cmpedu.com

关于"十四五"职业教育国家规划教材的出版说明

为贯彻落实《中共中央关于认真学习宣传贯彻党的二十大精神的决定》《习近平新时代中国特色社会主义思想进课程教材指南》《职业院校教材管理办法》等文件精神，机械工业出版社与教材编写团队一道，认真执行思政内容进教材、进课堂、进头脑要求，尊重教育规律，遵循学科特点，对教材内容进行了更新，着力落实以下要求：

1. 提升教材铸魂育人功能，培育、践行社会主义核心价值观，教育引导学生树立共产主义远大理想和中国特色社会主义共同理想，坚定"四个自信"，厚植爱国主义情怀，把爱国情、强国志、报国行自觉融入建设社会主义现代化强国、实现中华民族伟大复兴的奋斗之中。同时，弘扬中华优秀传统文化，深入开展宪法法治教育。

2. 注重科学思维方法训练和科学伦理教育，培养学生探索未知、追求真理、勇攀科学高峰的责任感和使命感；强化学生工程伦理教育，培养学生精益求精的大国工匠精神，激发学生科技报国的家国情怀和使命担当。加快构建中国特色哲学社会科学学科体系、学术体系、话语体系。帮助学生了解相关专业和行业领域的国家战略、法律法规和相关政策，引导学生深入社会实践、关注现实问题，培育学生经世济民、诚信服务、德法兼修的职业素养。

3. 教育引导学生深刻理解并自觉实践各行业的职业精神、职业规范，增强职业责任感，培养遵纪守法、爱岗敬业、无私奉献、诚实守信、公道办事、开拓创新的职业品格和行为习惯。

在此基础上，及时更新教材知识内容，体现产业发展的新技术、新工艺、新规范、新标准。加强教材数字化建设，丰富配套资源，形成可听、可视、可练、可互动的融媒体教材。

教材建设需要各方的共同努力，也欢迎相关教材使用院校的师生及时反馈意见和建议，我们将认真组织力量进行研究，在后续重印及再版时吸纳改进，不断推动高质量教材出版。

机械工业出版社

第3版前言

本书自 2009 年 2 月出版发行以来，深受广大读者欢迎。近年来，我国的城市轨道交通发展迅速，目前运营里程已接近 6000km，新技术、新设备、新标准以及新规范不断出现，企业对从业员工的要求、广大读者的学习需求也发生了变化。

本书是"十四五"职业教育国家规划教材，是在第 2 版的基础上修订而成的，是根据国务院《国家职业教育改革实施方案》的要求，突出职业教育的类型特点，统筹推进教师、教材、教法改革，深化产教融合、校企合作，推动校企"双元"合作开发的教材。根据党的二十大报告中关于"加快建设制造强国、交通强国""坚持教育优先发展，加快建设教育强国"等的要求，在此次修订过程中，编者在加强城市轨道交通通信信号专业基础知识、基本技能的同时，结合我国典型城市轨道交通企业成长壮大的发展历程，帮助学生树立成为大国工匠、高技能人才的目标，强化尊重劳动、尊重知识的意识，努力让个人的成长融入建设现代化产业体系、推动共建"一带一路"高质量发展的实践中。

本书主要面向城市轨道交通运营方向，在原有基础上进行了较大修订。全书分为九个项目，项目一对城市轨道交通信号系统进行了介绍，项目二～项目四详细介绍了信号设备的组成、原理，项目五对城市轨道交通通信系统进行了介绍，项目六～项目九详细介绍了信号、通信设备在车站行车值班员、车辆段行车值班员、电客车司机等岗位的应用，附录部分介绍了城市轨道交通信号系统常用名词中英文对照及内部各子系统间信息交互的类型和走向，并提供了不同类型的城市轨道交通信号平面图。本教材按工作岗位介绍设备知识，并适度结合《行车组织规则》《车站行车工作细则》等城市轨道交通的规章，使读者能够比较全面地掌握通信与信号设备在城市轨道交通中的应用，帮助学生解决"有什么、怎么用"的问题，帮助教师实现"结合应用讲设备、结合规章讲设备"的教学方式。

本书由河北轨道运输职业技术学院贾毓杰和广州地铁集团有限公司王红光担任主编，河北轨道运输职业技术学院胡金成、周珊、芦南美、李建洋参与编写。具体编写分工如下：贾毓杰编写项目一、项目六、项目七、项目八，王红光编写项目九及附录，周珊编写项目二、项目三，芦南美编写项目四、项目五。全书由章贤方担任主审，本书在编写过程中，得到了苏州大学李晓村教授的指导和热情帮助，在此深表感谢。

由于编者水平有限，加之我国城市轨道交通的迅速发展，书中难免有不妥之处，敬请广大读者批评指正。

编　者

第 2 版前言

　　本书是按照教育部《关于开展"十二五"职业教育国家规划教材选题立项工作的通知》，经过出版社初评、申报，由教育部专家组评审确定的"十二五"职业教育国家规划教材，是根据《教育部关于"十二五"职业教育教材建设的若干意见》及教育部新颁布的《高等职业学校专业教学标准（试行）》，在第 1 版的基础上修订而成的。

　　此次修订，在原有教材的基础上，补充了计轴器、ZDJ9 转辙机、CBTC 等相关知识点和图形，更加侧重介绍国产设备，同时在信号设备的介绍中，注重结合典型城市轨道交通线路，增加了城市轨道交通信号系统的应用实例。

　　本书由河北轨道运输职业技术学院贾毓杰担任主编，具体编写分工如下：河北轨道运输职业技术学院周珊编写了项目一、项目四和项目七的部分内容，贾毓杰编写了项目二、项目五、项目十二、项目十三，胡金成编写了项目六，芦南美编写了项目七的部分内容；安徽交通职业技术学院李建洋编写了项目三；天津滨海快速交通发展有限公司刘春阳、肖娜编写了项目八，刘道荣、王宏编写了项目九，辛国明、郎方编写了项目十，胡文宇、蒋圣超编写了项目十一，翟新松、赵妍编写了项目十四、十五，张大鹏、郭志桓编写了项目十六、十七。全书由天津滨海快速交通发展有限公司章贤方主审。本书在编写过程中得到了天津滨海快速交通发展有限公司和深圳地铁有限责任公司的技术支持，苏州大学李晓村教授提供了很多指导和热情帮助，在此深表感谢。

　　本书经全国职业教育教材审定委员会审定，教育部专家在评审过程中对本书提出了很多宝贵的建议，在此对他们表示衷心的感谢！

　　由于编者水平有限，加之我国城市轨道交通近年来发展迅速，书中难免有不妥之处，敬请广大读者批评指正。

编　者

第1版前言

信号系统是城市轨道交通的重要基础设施之一，为确保列车的运行安全和提高行车效率起着重要作用。虽然城市轨道交通列车运行速度相对较低，但运行密度高、站间距离短，因此 ATC（列车自动控制）系统因其本身技术含量高，具有网络化、综合化、数字化、智能化等特点而成为城市轨道交通信号系统的共同选择。ATC 系统包括 ATP（列车自动防护）、ATO（列车自动运行）、ATS（列车自动监控）三个子系统，通过信息交换网络构成闭环系统，实现地面控制与车上控制结合、现地控制与中央控制结合，三个子系统构成了一个以安全设备为基础，集行车指挥、运行调整以及列车驾驶自动化等功能于一体的列车自动控制系统。我国城市轨道交通的 ATC 系统目前大多采用进口设备，主要来自德国 SIEMENS、英国 WESTINGHOUSE、美国 US&S、法国 ALSTON 等公司。国产信号系统由于多种原因尚未形成完整的产品，近年来 ATP 系统等开始逐步在正线得到应用。除 ATC 系统外，地铁信号设备还包括继电器、轨道电路、转辙机和信号机等基础设备。城市轨道交通正线车站目前多采用西门子公司 SICAS 计算机联锁系统等进口设备，车辆段（车场）大多使用国产的计算机联锁设备。

城市轨道交通通信系统是为传输服务、给旅客提供信息、保证对车站进行高层次控制而建立的视听链路网。除为旅客提供服务外，通信系统还为运营控制中心、车站、车辆段及沿线的运营、管理及维修人员提供语音传输、数据传输、图像传输等服务。通信系统是多个独立子系统的组合，包括公务电话、调度电话、无线集群系统、站内及轨旁电话、闭路电视、广播系统、时钟系统等。这些子系统能协调工作，并能对各自子系统内的故障进行检测和报警，从而确保整个通信系统可靠工作。

城市轨道交通的发展需要大量设备使用和维护人员。本书紧扣职业教育的特点，采用项目式编写方式，每个项目包括了理论教学、实践性教学和理论知识的拓展提高等模块，在讲述专业知识的基础上，突出实际操作技能的训练，适用于城市轨道交通信号专业、运输专业的学生，也可作为城市轨道交通企业新职工的培训教材。通过对本书的学习，学生能够对城市轨道交通的信号设备、通信设备有比较全面的了解，为从事城市轨道交通运营指挥和通信信号设备维护等工作提供知识保障。

本书共分为 16 个项目。项目一～项目四是信号基础设备部分，介绍了继电器、轨道电路、信号机、转辙机等基础信号设备；项目五、项目六是联锁设备部分，介绍了正线车站和车辆段的计算机联锁设备；项目七～项目十是 ATC 部分，比较详细地说明了 ATP、ATO、ATS 设备的组成、工作原理及应用；项目十一～项目十六是通信部分，说明了城市轨道交通通信设备的原理及应用。教材的附录中以实际应用的设备为基础，绘制了城市轨道交通正线和车辆段信号平面图,并列出了常用信号系统的英文缩写对照表,可供教学中参考使用。

本书由贾毓杰主编,并编写了项目一～项目四、项目六,参加编写的还有胡金成(项目五)、刘春洋、肖娜(项目七)、刘道荣、王宏(项目八)、杨宏飞、辛国明(项目九)、胡文宇、严冬(项目十)、王洪强(项目十一)、魏学磊、张辉丽(项目十二)、赵妍、翟新松(项目十三)、郭祥寿(项目十四)、孙杰贤(项目十五)、贺庆林(项目十六)。全书由章贤方主审。在编写过程中,得到了天津滨海快速交通发展有限公司、深圳地铁有限责任公司等的技术支持,在此表示衷心感谢。

由于我国城市轨道交通目前使用的信号和通信设备引进多国技术,制式众多,而且公司的规章制度存在一定差异,本书只能引用其中的部分设备及规章的资料进行说明,而且相关设备发展日新月异,书中的资料和数据可能与实际设备存在出入,仅供参考。同时,由于编者水平所限,书中的不足及错误之处,请读者批评指正。

编　者

目 录

第3版前言
第2版前言
第1版前言

项目一 城市轨道交通信号系统 ························ 1
【项目导入】 ························ 1
【知识要点】 ························ 1
【基础知识】 ························ 1
课题一 行车组织 ························ 1
课题二 ATC系统 ························ 8
课题三 CBTC系统 ························ 13
【项目实施】 ························ 17
【知识拓展】 ························ 17
【思考研讨】 ························ 19

项目二 轨旁信号设备 ························ 20
【项目导入】 ························ 20
【知识要点】 ························ 20
【基础知识】 ························ 20
课题一 轨道占用检测设备 ························ 20
课题二 转辙机 ························ 24
课题三 信号机 ························ 26
课题四 车-地信息传输设备 ························ 30
课题五 信号平面图 ························ 33
【项目实施】 ························ 41
【知识拓展】 ························ 45
【思考研讨】 ························ 46

项目三 联锁设备 ························ 47
【项目导入】 ························ 47
【知识要点】 ························ 47
【基础知识】 ························ 47

课题一　联锁概述 ……………………………………………………………………… 47
　　课题二　联锁设备及技术要求 …………………………………………………………… 48
　　课题三　联锁关系 ………………………………………………………………………… 53
　【项目实施】…………………………………………………………………………………… 63
　【知识拓展】…………………………………………………………………………………… 64
　【思考研讨】…………………………………………………………………………………… 68

项目四　列控设备（ATP/ATO）……………………………………………………………… 69
　【项目导入】…………………………………………………………………………………… 69
　【知识要点】…………………………………………………………………………………… 69
　【基础知识】…………………………………………………………………………………… 69
　　课题一　闭塞的基本概念 ………………………………………………………………… 69
　　课题二　ATP 系统 ………………………………………………………………………… 77
　　课题三　ATO 系统 ………………………………………………………………………… 80
　【项目实施】…………………………………………………………………………………… 84
　【知识拓展】…………………………………………………………………………………… 86
　【思考研讨】…………………………………………………………………………………… 88

项目五　城市轨道交通通信系统 ……………………………………………………………… 89
　【项目导入】…………………………………………………………………………………… 89
　【知识要点】…………………………………………………………………………………… 89
　【基础知识】…………………………………………………………………………………… 89
　　课题一　行车组织通信系统 ……………………………………………………………… 89
　　课题二　乘客服务通信系统 ……………………………………………………………… 94
　　课题三　闭路电视系统 …………………………………………………………………… 99
　【项目实施】…………………………………………………………………………………… 103
　【知识拓展】…………………………………………………………………………………… 105
　【思考研讨】…………………………………………………………………………………… 106

项目六　车站信号及通信设备的应用 ………………………………………………………… 107
　【项目导入】…………………………………………………………………………………… 107
　【知识要点】…………………………………………………………………………………… 107
　【基础知识】…………………………………………………………………………………… 108
　　课题一　车站行车值班员岗位要求 ……………………………………………………… 108
　　课题二　车站 ATS 终端的应用 …………………………………………………………… 110
　　课题三　车站通信设备的应用 …………………………………………………………… 126
　【项目实施】…………………………………………………………………………………… 131
　【思考研讨】…………………………………………………………………………………… 135

项目七　车辆段信号及通信设备应用 ………………………………………………………… 136
　【项目导入】…………………………………………………………………………………… 136

【知识要点】	136
【基础知识】	137
课题一　车辆段行车值班员岗位要求	137
课题二　车辆段信号设备终端的应用	140
课题三　车辆段通信设备的应用	144
【项目实施】	147
【思考研讨】	149

项目八　电客车车载信号及通信设备应用 150

【项目导入】	150
【知识要点】	150
【基础知识】	151
课题一　电客车司机岗位要求	151
课题二　电客车车载信号设备的应用	153
课题三　电客车车载通信设备的应用	159
【项目实施】	166
【思考研讨】	168

项目九　调度中心信号及通信设备的应用 169

【项目导入】	169
【知识要点】	169
【基础知识】	170
课题一　行车调度员岗位要求	170
课题二　调度中心 ATS 的应用	175
课题三　调度中心通信设备的应用	181
【项目实施】	184
【思考研讨】	187

附录 188

附录 A　城市轨道交通通信与信号系统常用名词中英文对照	188
附录 B　城市轨道交通信号系统内部各子系统间信息交互的类型和走向（以 MTC- I 系统为例）	189
附录 C　某城市轻轨信号平面图示意图（部分）	192
附录 D　某城市轨道交通车辆段信号平面图示意图（部分）	192
附录 E　某城市轨道交通环形线信号平面图（局部）	192
附录 F　某城市轨道交通 CBTC 信号设备平面布置图（带停车场）	192

参考文献 193

项目一

城市轨道交通信号系统

通过本项目的学习，了解城市轨道交通列车运行及行车指挥工作的特点，从 ATC 系统和 CBTC 系统两个层面了解信号系统在城市轨道交通中的作用，初步建立现代信号系统"车-地一体化"的概念，为后续的学习提供必要的知识储备。

1. 掌握与城市轨道交通行车组织工作相关的基本概念。
2. 了解 ATC 系统的组成及作用。
3. 掌握 ATS 系统的功能及技术要求。
4. 了解信号系统的典型运行模式。
5. 了解 CBTC 系统及移动闭塞的基本知识。

课题一 行车组织

城市轨道交通的运营管理和行车组织工作，以安全运送乘客、满足设备维修养护的需要，以及按运营时刻表的要求实现安全、正点、舒适、快捷的运营服务为宗旨，因此，城市轨道交通以自动驾驶、按图行车为基础，实现高效节能、科学有序的列车运行组织，最大限度满足旅客运输的需求。

一、常用典型术语

1. 列车

列车是指以正线运行为目的，按规定辆数编成并具有列车标志的车组。各列车都有规定的车次，一般来说，上行列车车次为偶数，下行列车车次为奇数。不同城市轨道交通公司根据各自运营实际情况，列车种类和车次的规定各不相同。

例如，某地铁公司关于列车识别号及车次的部分规定如下：

1）电客车车次号：8 位数，前 3 位为目的地号，中间 3 位为服务号，后 2 位为行程号。行程号个位若是奇数为下行，若是偶数为上行，顺序编号。在列车运行图、"运营时刻表"及日常行车工作中，使用"服务号＋行程号"5 位车次号。

2）不同性质列车的服务号均由 3 位数组成，具体划分如下：

① 客运列车服务号为 001～099。

② 空客车服务号为 101～199。

③ 临时加开列车服务号为 201～249。

④ 调试列车服务号为 301～339。

⑤ 专列开行服务号为 801～809。

3）工程列车、救援列车车次均为 3 位数。

① 工程列车车次编号为 401～419。

② 救援列车车次编号为 901～909。

2. 列车运行图

列车运行图是利用坐标原理来表示列车运行的图解形式，它规定各次列车占用区间的顺序，列车在区间的运行时刻和在车站停车时刻，列车在各个车站的到达、出发（通过）时刻，折返站列车折返作业时刻及电动列车出入车辆段、停车场的时刻。某地铁公司列车运行图（局部）如图 1-1 所示。

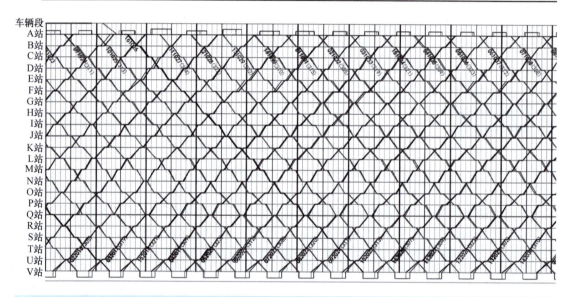

图 1-1　某地铁公司列车运行图（局部）

3. 《行车组织规则》

《行车组织规则》的简称《行规》，各城市轨道交通的《行规》针对本公司信号系统设备及运营模式的特点而制定，明确正线、车辆段、停车场的技术设备、行车组织原则、列车运行、设备检修施工，非正常情况下的行车组织、调车作业、信号显示等有关规定和安全措施，是进行运营管理和行车组织的指导性标准。

《行规》主要包括以下内容：

1）技术设备。包括车站设置原则、限界，速度限制，线路铺设要求，轨道、道岔及信号机的设置，列车自动控制（ATC）系统，通信设备，供电设备，机电设备和车场等。

2）行车组织指挥系统。包括行车组织原则、运营组织指挥机构及功能、运营指挥执行层次等。

3）行车闭塞法。主要包括自动闭塞法、电话闭塞法等，根据不同的信号系统，具体的行车闭塞方法也有所差异。

4）列车出入车辆段的有关规定。

5）接发列车作业有关规定。

6）列车运行有关规定。主要包括列车运行方向的规定、列车车次的规定、列车编组的规定、列车驾驶模式的规定。

7）列车折返作业的规定。主要包括列车折返方法、折返线的使用等。

8）列车监控。主要包括车次号的设置及使用规定、列车运行等级的设置、设备集中站的控制条件、需下达调度命令的情况及下达方法和内容等。

9）非正常情况下的行车组织。包括列车反方向运行规定、列车退行规定、列车推进规定、隧道内线路积水时的行车规定、地面站迷雾天气的行车规定、信号系统设备故障时的行车规定、客车故障处理、列车晚点时的运行调整、大客流时的行车组织办法、人工操纵道岔准备进路的规定等。

10）救援列车的开行。列车救援准则、救援连挂车作业规定、救援列车开行办法。

11）车辆段内调车作业要求。

12）设备的日常养护维修、施工及工程列车的开行规定、施工管理办法。

13）信号设备操作规定。ATS终端的操作规定、LCP盘的操作规定。

14）固定信号及手信号显示方式及显示意义的规定。

15）其他。包括隧道照明、标志、行车日期的划分、电动列车司机添乘要求、行车凭证及行车表簿的格式及填写要求等。

4.《车站行车工作细则》

《车站行车工作细则》的简称《站细》，主要内容包括：

1）车站概况和技术设备。车站概况包括车站的位置、性质、等级和任务，技术设备包括股道、信号、联锁及闭塞、客运设备、自动售检票系统、通信、照明、供电等设备。

2）日常生产作业计划及生产管理制度。

3）车站行车组织工作。包括正常运营期间及非正常情况下车站行车办法、调车工作组织。

4）车站客运组织工作。包括正常运营期间及非正常情况下车站客运组织办法。

5）特殊运输工作组织。

6）检修施工管理。

7）行车备品管理及行车簿册填记要求。

8）设备故障时车站广播宣传的规定。

9）列车与车辆技术作业过程及其时间标准。

除此之外，还应附有有关部门提供的注有坡度的车站线路平面图，进站线路的平、纵断面图及其相关资料。

有的地铁公司编制的《车站运作细则》还对车站管理、岗位职责、行车工作、设备操作和维修施工等做出规定。

5. 联锁

为了保证列车运行和调车作业的安全，在信号系统的信号机、道岔和进路之间建立相互制约的关系，称为联锁关系，简称为联锁，用于实现联锁关系的设备称为联锁设备。

现代城市轨道交通一般将正线车站划分为若干联锁区，每个联锁区设置一套联锁系统，车辆段和停车场单独设置联锁系统。联锁系统是信号系统中保证列车行车安全的核心设备之一，与正线联锁设备接口的轨旁设备包括联锁区内所有的信号机、转辙机、计轴主机（或轨道电路）、综合后备盘、紧急停车按钮、自动折返按钮、站台门及防淹门等。

以站台门为例，联锁设备以安全方式控制站台门能否开启。当列车实现精确停车后，车载控制器（CC）向区域控制器（ZC）发出请求，联锁设备打开站台门。站停时分结束前，CC 发出请求联锁设备关闭站台门。列车在收到站台门已关闭的信号后方能驶离站台。

6. 闭塞

两站之间的线路称为区间，列车在区间应按照空间间隔法运行，既要防止追尾和正面冲突，又要防止列车超速运行。这种通过设备或人工控制，确保连续发出列车保持一定间隔距离实现安全行车的办法，称为行车闭塞法，简称为闭塞。

现代城市轨道交通正常情况下依靠无线通信技术保证列车之间以一定的安全防护空间运行，将这种安全防护空间称为闭塞。

城市轨道交通的列车间隔控制（即闭塞）均由列车运行自动完成，根据地面和车载设备的不同，分为移动闭塞、准移动闭塞和固定闭塞。固定闭塞又可根据安全防护区域划分的不同分为多种闭塞方式，技术水平相对较低；移动闭塞和准移动闭塞可实现较大通过能力，技术水平高，有更大的发展前景。

当由于设备故障等原因不能保证行车安全时，应采用电话闭塞法行车。电话闭塞法是车场与车站间或相邻车站间通过电话联系，确认区段（一个区间及接车站线）空闲、道岔位置正确且锁闭，司机凭路票行车，一个区段只允许一列车占用的行车闭塞方法。

例如某地铁公司《行规》关于电话闭塞规定如下：

当遇到下列情况时，经值班主任批准，可改用电话闭塞法组织行车：

1）正线一个或多个联锁区联锁设备故障时。

2）正线一个或多个联锁区在中央 ATS 工作站和车站 ATS/LCW 工作站上均失去监控功能时。

3）××站与车辆段信号设备故障联锁失效时，或正线与车辆段信号接口故障时。

4）其他情况需采用电话闭塞法组织行车时。

采用电话闭塞法组织行车时，调度员应向行车值班员、司机等岗位发布调度命令，各岗位依据本规定办理行车手续，列车发车间隔需满足"两站两区间"空闲的要求，即列车发车时，前方"两站两区间"必须为空闲状态，未准备好发车或接车进路，不得请求或承认闭塞，列车占用闭塞区间的行车凭证为路票。

7. 调度命令

调度命令是调度人员在工作中对有关行车人员发出的指示或命令，只能由值班行车调度员发布。

发布调度命令前调度员必须严格执行《行规》的相关规定，详细了解现场情况，听取有关人员意见。调度命令内容简明扼要，术语标准，不得任意简化，掌握好发布调度命令的时机。为缩短抄送命令的时间，有的公司规定可先发内容、号码，后发发令时间、行车调度员代码。调度命令发布后，有关作业人员必须严格执行。

调度命令有口头命令和书面命令两种形式。需要发布口头调度命令的情况有：临时加开或停开列车、客车推进运行、客车退行、工程车退行、停站客车临时变通过、改变列车驾驶模式等。需书面发布调度命令的情况有：封锁区间、开通区间、向封锁区间开行救援列车或施工列车、临时变更或恢复行车闭塞法、反方向行车、封站或解除封站以及认为有必要记录的命令等。采用电话闭塞法的调度命令如图1-2所示。

调度命令		年 月 日	
受令处所	××站、××站，××站交××××次司机	命令号码	行车调度员姓名
		×××	×××
命令内容	①因××站联锁设备故障，自发令时起，××站至××站上(下)行正线实行电话闭塞法组织行车 ②列车凭车站发车指示信号动车		
行车专用章		车站值班站长	

图1-2 采用电话闭塞法的调度命令

8. 登记/销记

城市轨道交通运营期间进入轨行区的各种紧急抢险、抢修作业以及运营结束后进入或影响轨行区的各种设施、设备的调试、检查、维护、维修、改造、新设备安装等施工作业需执行登记、销记制度。

原则上运营期间轨行区不得安排施工作业，运营期间的抢险作业按相关规定执行。各部门、单位应严格按规定的作业时间、作业地点和作业内容等进行作业，随时与行车调度员、车站值班员保持联系，服从行车调度员指挥，执行行车调度员命令。

施工人员进出站及登销记程序见表1-1。

表1-1 施工人员进出站及登销记程序

序 号	作 业 程 序
1	施工负责人及施工人员凭证件提前进入车站
2	待施工条件满足后，行车调度员将作业令传真到车站。施工负责人收到作业令后，向车站值班员办理施工登记手续
3	车站值班员根据作业令内容核对施工负责人提出的施工申请，办理施工登记手续
4	登记完成，开始施工
5	施工结束后，施工负责人清点人数，出清线路，撤除防护措施，到车站控制室办理销记手续
6	车站值班员按有关规定办理销记
7	车站值班员销记后通知车站保安：开出入口门送施工人员出站

例如，某地铁公司关于正线及辅助线发生设备故障、事故，需封锁区间抢修的规定：

1）行车调度员负责组织故障、事故情况下的降级运行。设备维修调度员根据需要负责向行车调度员提出使用工程车的计划，由行车调度员向车场调度员发布加开命令，负责抢修的部门装载物品并安排人员上车。

2）行车调度员向设备维修调度员及有关车站发布线路封锁命令。

3）行车调度员根据需要通知电力调度员停止相关接触网分区的供电。

4）设备维修调度员收到线路封锁命令后发布抢修命令，组织封锁区间内的抢修作业。

5）抢修人员在车站登记后，进入封锁区间抢修。

6）故障、事故处理完毕，现场指挥将线路出清、设备及行车条件恢复情况报告设备维修调度员。负责人到车站控制室销点，销点可不受请点站的限制，可本站销点也可异站销点（异站销点时应在完成情况栏中注明销点站名）。

7）设备维修调度员在"设修调度故障抢修记录登记表"上记录恢复行车时间。

8）行车调度员发布线路开通命令，恢复正常行车（如开行了救援列车，组织救援列车回场后发布命令）。

二、城市轨道交通行车组织的特点

与其他轨道交通方式相比，城市轨道交通在行车组织方面具有以下特点：

1. 运行方式单一

在正常情况下，正线各次列车均追踪运行，在两端站（或折返站）折返。

2. 运行速度一致

一条线一般使用同类型的列车，速度距离曲线较为固定，运行图比较均衡。但在一线城市，由于客流量较大且不均衡，也出现了一些大小交路、单边不均衡和快慢车等运输方式。

3. 作业模式简单

城市轨道交通的列车均为固定编组，正线仅有列车作业，无调车作业，折返作业及进出车辆段（或停车场）均纳入运行图管理。在正线运行过程中，各次列车无越行及交汇，正常运营期间站站停车，一般没有通过作业。

4. 行车设备先进

现代城市轨道交通系统，从调度到车站、从轨旁到车载，均具有完善的控制设备，为列车高效、安全的运行提供了保障。在设备正常情况下，行车调度员、车站值班员均以监视列车运行为主，基本不需要参与行车工作。

5. 调度指挥自动化

行车调度工作是城市轨道交通行车指挥的核心，ATC系统实现了列控信息在"ATS调度员工作站—ATS车站分机—车站联锁设备（CI）—区域控制器（ZC）—轨旁设备—车载设备（ATP/ATO）"之间的双向传输，从而确保各次列车在进出车辆段、正线运行及折返作业中均"按图行车"，实现了行车调度指挥自动化。

6. 列车运行自动化

城市轨道交通列车运行速度相对较高，大城市或者高峰时期列车间隔时间短、密度大，因此城轨列车以ATO（列车自动运行）为主，并逐步向无人驾驶方向发展。

无人驾驶技术代表了城市轨道交通现代化的最先进技术，包括了车辆段列车自动唤醒、车站准备、进入正线、正线列车运行、折返站折返、退出正线服务、进段、洗车、休眠等作业，列车的起动、牵引、巡航、惰行、制动以及车门和屏蔽门的开关、车站和车载广播等都在无人状态下自动进行。

> 【想一想】
> 与 ATO 自动驾驶技术相比，无人驾驶技术的先进之处表现在哪些方面？

三、行车工作相关岗位

城市轨道交通行车组织工作的目标是保证列车安全、正点、高效地运行，为城市提供便捷的交通方式。在城市轨道交通运营期间，行车工作相关岗位主要包括调度员、列车司机和车站（车辆段）值班员等，各岗位相互关系如图 1-3 所示。

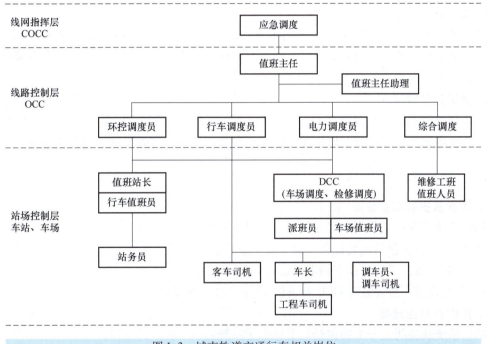

图 1-3　城市轨道交通行车相关岗位

行车工作必须坚持集中管理、统一指挥、逐级负责的原则；有关行车人员必须执行行车调度员命令，服从调度员指挥，行车调度员应严格按照"运营时刻表"指挥行车；在行车指挥工作中，由于对规则条文理解不同等原因发生分歧时，受令者在确认安全的前提下，按行车调度员命令执行。

在正常情况下，司机凭车载信号显示或行车调度员命令行车，按照"运营时刻表"和发车计时器（DTI）显示倒计时时分，掌握运行及停站时间。

> 【想一想】
> 需要具备什么资质的员工才能操纵车站的信号设备？

课题二　ATC 系统

早期城市轨道交通一般以轨道电路为基础进行列车占用检测、车-地信息传输，实现列车运行的自动控制，随着通信技术的进步，新建城市轨道交通及原有信号系统的升级改造，均以无线通信为基础，即 CBTC 系统。

一、ATC 系统的作用

列车自动控制（Automatic Train Control，ATC）系统的作用是保障列车行车安全和提高运营效率。城市轨道交通的运营线路封闭，它的主要作用是运送旅客，运营线路不长，站与站之间的距离较短，列车以中低速行驶，这些为线路上的列车进行安全高效运营提供了有利条件。

1. 保障行车安全

列车行车安全是由 ATC 系统中的列车自动防护系统（ATP 系统）来完成的。ATP 系统与列车的牵引制动系统控制列车运行速度，防止列车超速行驶。设备在故障情况下遵循故障导向安全原则，确保运营安全。

2. 提高运营效率

ATC 系统能实现列车自动驾驶，列车根据运营计划自动完成运营作业，可以减少列车司机、调度员和车站人员的工作强度，确保列车正点运营，有效提高运营作业效率。

二、ATC 系统的构成

1. 按设备安装位置分类

ATC 系统按设备安装位置的不同可分成以下三类：

1）轨旁设备：包括现场设备、信号设备室和信号控制室。

2）车载设备：指安装在车辆上的设备和单元。

3）中心设备：指安装在 OCC 和 ATS 设备室的 ATS 设备。

2. 按设备功能分类

ATC 系统从功能上分主要包括以下三个子系统：

1）列车自动防护（Automatic Train Protection，ATP）子系统，其主要作用是防止列车追尾、冲突事故的发生，并控制列车以不超过允许的最高速度运行。

2）列车自动运行（Automatic Train Operation，ATO）系统，其主要作用是实现列车自动驾驶，并使列车在设定的车站自动停车。

3）列车自动监控（Automatic Train Supervision，ATS）系统，其主要作用是对线路上运行的所有列车进行监督和管理，控制列车根据列车运行图完成运营作业。

三个子系统的功能既能相对独立，又紧密相连，位于列车上、轨道旁、车站内和控制中心的单元组合，通过信息交换网络构成闭环系统，实现地面控制与车上控制结合、现地控制与中央控制结合，构成一个以安全设备为基础，集行车指挥、运行调整以及列车驾驶自动化等功能为一体的 ATC 系统。某地铁公司 ATC 系统如图 1-4 所示。

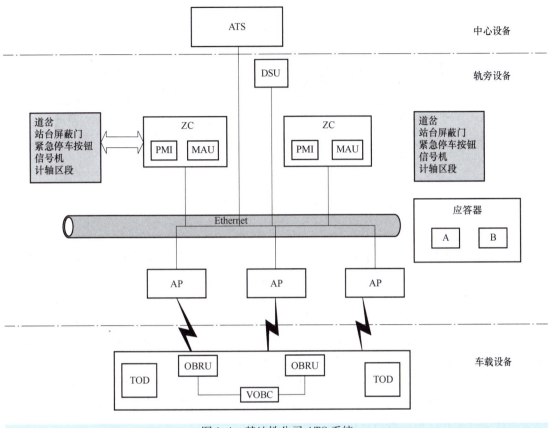

图 1-4　某地铁公司 ATC 系统

三、ATS 系统

ATS 系统是车站行车岗位及中心行车调度员日常工作中直接监视和操纵的设备，这里重点介绍 ATS 系统的组成与功能。

1. 基本功能

ATS 系统是城市轨道交通信号系统的一个重要组成部分，利用可靠的网络结构，与 ATP 系统和 ATO 系统一起完成对全线列车运营的监督和控制，调度中心 ATS 如图 1-5 所示。

ATS 系统监控功能则是将列车运营的状态和信息，通过控制中心或各车站的调度终端实时显示出来，控制中心或各车站的调度员可以通过调度终端屏幕，实时了解和掌握列车的实际运行情况，以便及时对行车作业进行分析和调整，保证全线运营安全高效有序进行。ATS 系统可以显示全线列车的动态运行情况，在线路上出现故障或紧急情况时，可以通过 ATS 系统对事故进行全面指挥和处理，调配资源，及时排除故障，恢复正常运营作业，提高工作效率。

ATS 系统的控制功能是由 ATS 系统向 ATP 系统和 ATO 系统发出指令办理列车进路，控制列车按照列车运行图运行。ATS 系统可以绘制列车实际运行图，并动态地对偏离运行图的列车进行调整。

ATS 系统为非故障 – 安全系统，列车安全运行由 ATP 系统来保证。

图1-5 调度中心ATS

2. 技术要求

1）应能实时显示全线轨道线路布置图、列车位置信息、列车车次号信息及信号系统主要轨旁设备（如道岔、信号机、轨道电路、计轴等）的状态。

2）应使用图形化方式显示ATS系统设备工作状态及与其他系统的连接状态：绿色表示正常，灰色表示故障，黄色表示备机或降级使用。

3）控制等级应划分为控制中心控制、车站ATS控制和车站联锁控制，并显示各车站的控制模式，及控制中心当前列车调整模式等系统运行状态。

4）应以图形化方式显示运行图，对基本运行图具备创建、修改及删除等编辑功能。

5）在自动控制模式下，应能根据列车计划信息、列车位置、进路表和与其他列车交汇冲突信息等自动办理相应进路，指挥在线列车运行。

6）应在信号系统监视范围内自动跟踪列车的位置信息，列车跟踪模式包括通信列车跟踪和非通信列车跟踪。

7）应提供对计划列车服务号、车次号、目的地号的设置、修改和删除等编辑功能，实现对计划列车的管理。

8）报警信息的种类宜分为信号状态、操作命令、列车信息及系统事件四种类别，并由维护人员定义报警类别和等级。

9）应提供轨道交通线路运营状态、报警信息及人员操作记录的回放功能，以及用户培训功能。

10）全自动车辆段/停车场ATS系统应具备车库各股道可按时刻表或发车顺序自动进路触发功能。

【想一想】

怎样才能实现城市轨道交通正线列车按运行图自动运行？

3. 系统结构

ATS系统结构如图1-6所示，包括位于控制中心的ATS监控设备和位于车站的ATS监控设备，通过专门的数据传输系统，实现控制中心ATS设备与各车站ATS设备之间的通信和数据交换。其中与行车指挥工作关系相关部分包括：

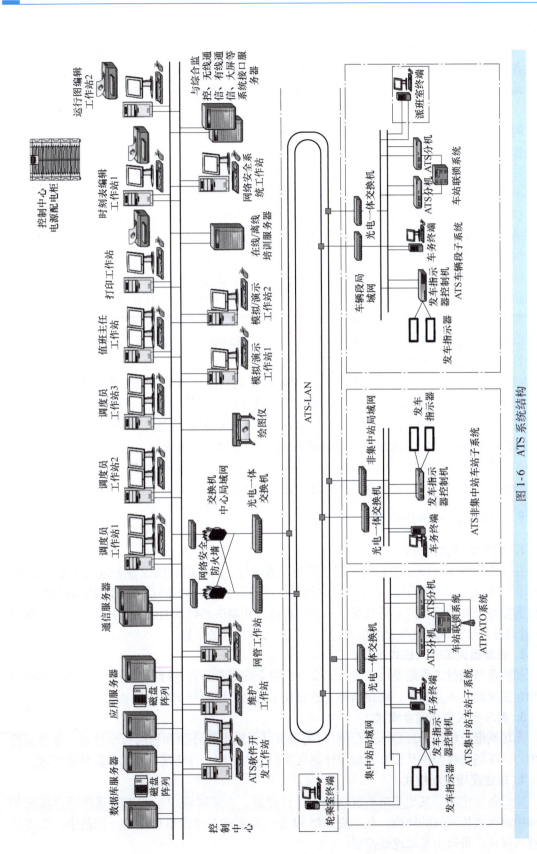

图1-6 ATS系统结构

(1) 调度工作站　调度工作站用于行车调度员完成调度和运营作业，是控制中心的重要设备。行车调度员通过调度终端屏幕，实时了解和掌握列车的实际运行情况，可以在调度工作站上发出指令，用于直接指挥列车运行。例如图中的调度员工作站1/2/3、值班主任工作站。

调度工作站根据运营需求可以设置多个。调度主任和行车调度员分别在不同的调度工作台操作，调度台的硬件结构配置完全相同，但管理权限不同，因而软件配置不同。

(2) 培训工作站　培训工作站用于培训作业，其硬件结构与调度工作站相同，但软件配置不同。例如图中模拟/演示工作站1/2。

(3) 列车运行计划工作站　列车运行计划工作站用于编辑某天或某一时段内所有运营列车的运行计划。列车运行计划编辑完成后，ATS系统将控制列车按照所确定的运行计划运行。例如图中的时刻表编辑工作站1、运行图编辑工作站2。

(4) 车站ATS工作站　车站ATS工作站是车站的重要设备，用于车站行车值班员完成对本站所管辖范围的列车运行状态监督、进路排列、道岔控制和信号开放等作业，实时了解和掌握本站所辖范围内列车的实际运行情况，在本站取得对车站控制权的情况下，车站值班员可以在工作站上发出指令，直接指挥列车在本站管辖范围内安全运行。例如图中的ATS集中站车站子系统、ATS非集中站车站子系统。

(5) 车辆段/停车场ATS工作站　车辆段/停车场行车值班员依据工作站上显示的ATS列车时刻表，通过联锁控制终端排列车辆段/停车场的出、入段进路。车辆段/停车场工作站也用来监视车辆段/停车场轨道占用情况、车辆段/停车场和正线之间的转换区情况，以及车辆段/停车场和转换区之间的进路。例如图中的ATS车辆段子系统。

ATS设备还与车辆段/停车场计算机联锁的接口，以获取车辆段/停车场轨道占用情况，车辆段和转换轨之间、停车场和转换轨之间进路情况以及报警情况。

四、信号系统运营模式

1. ATS自动监控模式

在正常情况下ATS系统自动监控在线列车的运行，自动向联锁设备下达列车进路命令，列车在ATP的安全保护下由司机按规定的运行图时刻表驾驶列车运行。控制中心行车调度员仅需监督列车和设备的运行状况。每天开班前，控制中心行车调度员选择当日的行车运行图/时刻表，经确认或做必要的修改，作为当日行车指挥的依据。

2. 调度员人工介入模式

调度员可通过工作站发出有关行车命令，对全线列车运行进行人工干预。调整列车运行计划包括对列车实施扣车、终止站停、改变列车进路、增减列车等。

3. 列车出入车场调度模式

车场调度员根据当日列车运行图/时刻表编制车辆运用计划和场内行车计划，并传至控制中心。车场信号值班员按车辆运用计划设置相应的进路，以满足列车出入段作业要求。

4. 车站现地控制模式

除设备集中站，其他车站不直接参与运营控制，车站联锁和车站ATS系统结合实现车站和中央两级控制权的转换。在中央ATS设备故障或经车站值班员申请，控制中心调度员同意放权后，可改由车站现地控制。

在现地控制模式下，车站值班员可直接操纵车站联锁设备，可将部分信号机置于自动模式状态，也可将全部信号机设为自动模式状态，控制中心行车调度员应通过通信调度系统与列车司机、车站值班员保持联系。

5. 车辆段控制模式

列车出入段和段内的作业均由车场值班员根据用车计划，直接排列进路。车场与正线之间设置转换轨，出入段线与正线间采用联锁照查方式保证行车安全。

课题三　CBTC 系统

一、CBTC 系统的介绍

CBTC（Communication Based Train Control）系统是基于通信的列车控制系统，利用高精度列车定位（不依赖于轨道电路）、双向大容量车-地数据通信和车载、地面的安全功能处理器自动实现连续列车控制的系统。

CBTC 系统是一个安全的、具有高可靠性和高稳定性的、基于无线的列车自动控制系统，已广泛应用于城市轨道交通运输中。其最大的特点是依靠无线通信，由"列车→地面"间周期传递列车位置信息和"地面→列车"间传递移动授权来实现功能。

CBTC 系统是支持移动闭塞（Moving block）的列车运行控制系统，它不仅适用于新建的各种城市轨道交通，也适用于旧线改造、不同编组运行以及不同线路的跨线运行。近年来，随着通信技术的发展，尤其是无线通信、计算机网络技术和数字信号处理技术的迅速发展，信号系统的冗余、容错技术完善，在传统的信号领域为 CBTC 系统的发展奠定了基础，CBTC 系统已逐渐被信号界所认可，并在国内外城市轨道交通得到了更多的应用。

移动闭塞防护列车运行安全的闭塞分区是移动的，随着后续列车和前方列车的实际行车速度、位置、载重量、制动能力、区间的坡度、弯道等列车参数和线路参数的变化而改变，随着列车运行而移动，如图 1-7 所示，并依靠车载设备、地面设备对列车进行精确定位。

在 CBTC 系统支持的移动闭塞中，信号系统通过轨旁与列车连续的无线通信来检测前后列车的位置，并计算相应的闭塞防护逻辑，实现对前后列车运行的安全防护和自动控制，不在线路上划分固定的闭塞空间，列车间隔是动态的，并随前一列车的移动而移动，列车防护区域由列车长度及其前后防护距离组成，如图 1-7 所示。

移动闭塞是缩小行车间隔、提高行车效率的有效途径。列车运行的安全保证，不再依靠轨道电路的划分，而是基于列车与地面的双向通信。列车之间的安全间隔是根据前车的位置，按后续列车在当前速度下的所需制动距离，加上安全裕量计算和控制的，确保不发生追尾，如图 1-8 所示。

移动闭塞系统主要有以下特点：

1）缩小列车之间的行车间隔。
2）车-地之间的信息交换不再依靠于轨道电路。
3）控制中心掌握在线运行各次列车的精确位置和速度。
4）列车与控制中心之间保持不间断的双向通信。
5）不同编组（不同长度）的列车，可以按最高的密度运行于同一线路。

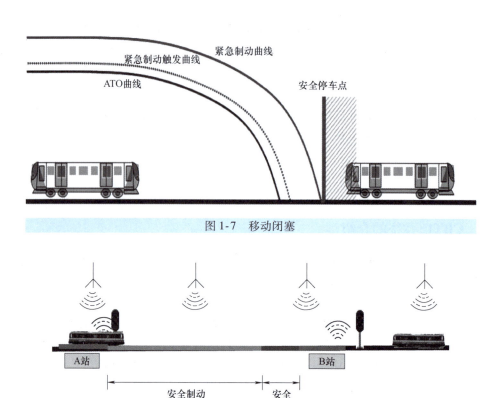

图 1-7 移动闭塞

图 1-8 CBTC 系统支持的移动闭塞

6）ATC 系统，由以硬件为基础的系统，向以软件为基础的系统演变。

【想一想】
CBTC 系统的先进之处在哪里？CBTC 系统正常工作的基本前提是什么？

CBTC 系统是通过无线通信方式（而不是轨道电路），来确定列车位置和实现车-地双向实时通信，从而实现自动控制列车运行的信号系统。列车上的车载控制器，通过探测轨道上的应答器，查找它们在数据库中的方位，确定列车绝对位置，而且列车本身自动测量、计算两应答器之间的行驶距离，确定列车的相对位置。列车车载控制器，通过列车与轨旁设备的双向无线通信，向轨旁 CBTC 设备报告本列车的精确位置。轨旁 CBTC 设备，根据各列车的当前位置、运行方向和速度等要素，同时考虑列车运行进路、道岔状态、线路限速以及其他障碍物的条件，向列车发送"移动授权极限"，即向列车传送运行的距离、最高的运行速度，从而保证列车间的安全间隔距离。

二、CBTC 系统的结构

国内某地铁信号系统采用由北京交大微联/日信联合体提供的 SPARCS（Simple structure and high、Performance ATC by Radio Communication System）系统，是一套基于无线通信的移动闭塞（CBTC）系统，该系统可以实现全线自动驾驶，如图 1-9 所示。

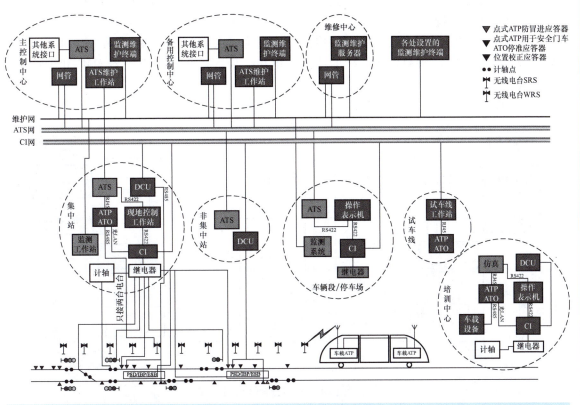

图 1-9　某地铁 CBTC 系统结构图

1. 地面系统配置

地面系统包括以下五个主要的子系统：ATS 系统、ATP/ATO 子系统、CI（计算机联锁）子系统、MSS（维护支持）子系统、DCS（数据通信）子系统。

线路的运营管理主要依赖于覆盖整条线路的有线传输网络，该网络为各子系统之间提供双向信息传输。

通过无线自由波（2.4GHz）为信号轨旁设备和车载信号设备之间提供双向无线信息传输。沿着全线分布的轨旁无线电台保证了无线网络对整条线路的覆盖，该无线网络传送连续的 CBTC 信息。

ATS 设备位于控制中心、备用控制中心、各车站和车辆段；ATP/ATO 位于六个设备集中站和一个车辆段内的试车线；CI 位于六个设备集中站、一个车辆段和一个停车场；MSS 除了位于各设备集中站外，在各个维护工区设有终端，用于监测全线信号系统的工作状态。CBTC 系统通过 CI 系统与轨旁的基础设施（信号机、转辙机、计轴设备、紧急关闭按钮等）接口。

列车定位是 CBTC 系统的固有特性，同时也可以通过计轴设备来完成辅助的列车定位。地铁正线装配计轴设备，车辆段/停车场内则通过轨道电路来确定列车位置。在车辆段/停车场采用与正线一样的 CI 系统，用于管理车辆段的轨旁设备和试车线，用于实现正线联锁和车辆段/停车场联锁接口和试车线的控制，可以控制列车进/出非 CBTC 区域。

所有主要的子系统设备都将提供冗余配置，即某单一故障不会影响正常运行。

2. 车载系统配置

车载 ATP 系统是车载系统的核心控制设备，主要由车头车尾各一套二取二的 ATP/ATO 设备，以及对应每套设备连接的测速发电机、应答器天线、驾驶台 MMI 和无线电台组成。

车载设备结构图如图 1-10 所示。

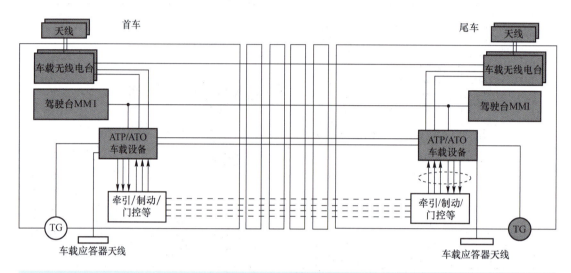

图 1-10　车载设备结构图

3. 主要技术指标

1）设计行车间隔不超过 90s，设计折返间隔不超过 108s。

2）控制中心。控制中心 ATS 系统至少能管理 100 列车，对于线路长度不做限制。

3）轨旁 ATP 计算：设置有 6 套 ATP，每套至少能管理 20 列车，完全满足远期的列车管理要求。

4）在基于 CBTC 信号系统的 ATO 控车模式下，列车在站台精确停车达到：

停车精度在 ±0.3m 范围内的概率≥99.99%。

停车精度在 ±0.5m 范围内的概率≥99.9998%。

5）在后备模式点式 ATO 控车模式下，列车在站台精确停车要求达到：

停车精度在 ±0.5m 范围内的概率≥99.9998%。

6）当列车在站台停车精度 > 0.5m 时，车载信号设备不能打开车门/屏蔽门。

7）ATC 系统的信息表示采集周期和控制命令反应时间均不超过 1s。

8）热备切换不影响设备工作的连续性，可做到无扰切换。

9）列车到达折返站能可靠实现无人自动折返的正确率不低于 99.99%。

10）对整个系统的运行状态监测数据至少可保存 1 年。

【想一想】

除车—地通信外，还有哪些方式能够实现移动闭塞？

项目一 城市轨道交通信号系统

一、正线及车辆段线路的认知

◇ 设备设施	城市轨道交通正线、车辆段（或停车场）仿真教学沙盘及控制设备
◇ 实践形式	观察城轨正线、车辆段的线路布局以及轨旁信号设备位置
◇ 预期目标	1）初步认知城市轨道交通列车出段、正线运行、两端折返、列车入段 2）初步了解正线、车辆段信号设备的外观、设置位置、基本作用 3）初步了解调度中心及不同类型车站 ATS 设备的作用

二、电动客车驾驶的认知

◇ 设备设施	城市轨道交通电动客车司机模拟器
◇ 实践形式	观摩、操作司机模拟器，体验电动客车运行过程
◇ 预期目标	1）了解电动客车基本驾驶要求 2）了解 ATP、ATO 设备的基本功能 3）借助线路视景、车站视景，了解轨旁信号设备设置位置

三、典型规章的认知

◇ 设备设施	典型地铁公司《行规》《站细》
◇ 实践形式	阅读与行车指挥、信号设备操作相关内容
◇ 预期目标	1）掌握不同公司关于典型术语和定义的不同表达方式 2）了解与行车指挥相关岗位的主要工作 3）掌握信号设备的操作规则

一、国际标准 GOA 简介

国际标准（IEC 62290）按照轨道交通线路自动化程度定义了四层自动化等级（Grade of Automation，GOA），自动化程度从低至高为 GOA1～GOA4，见表 1-2。

1）不连续监督下的人工驾驶（GOA1a）。列车运行控制系统在特定的位置上监督列车速度，等同于现有的点式控制方式。

连续监督下的人工驾驶（GOA1b）。列车运行控制系统连续地监督列车速度，等同于装有 ATP 系统。

2）半自动驾驶（GOA2）。等同于装有自动驾驶系统（ATO），自动化程度相比上一等级有了进一步提升，又称为 ATO 模式，或者 STO（Semi-automatic Train Operation）模式。

3）无司机驾驶（GOA3）。列车上不再安排专职司机。司机被 ATO 等系统功能所取代，自动化程度进一步提高，仅安排乘务人员以应对突发事件，又称为 DTO（Driverless Train Operation）模式。

4）无人监督驾驶（GOA4）。列车上不安排任何工作人员，又称为 UTO（Unattended Train Operation）模式。

表 1-2 轨道交通线路自动化等级

运输管理基本功能		视距列车驾驶	人工驾驶（点式速度监督）	人工驾驶（连续速度监督）	半自动驾驶	DTO	UTO
		GOA0	GOA1a	GOA1b	GOA2	GOA3	GOA4
列车安全移动	安全进路	√	系统	系统	系统	系统	系统
	列车间隔	√	系统	系统	系统	系统	系统
	速度监督	√	√（系统部分）	系统	系统	系统	系统
列车驾驶	加速制动	人工	人工	人工	系统	系统	系统
监视进路	障碍物监视	人工	人工	人工	人工	系统	系统
	防碰撞人员	人工	人工	人工	人工	系统	系统
乘客换乘	车门控制	人工	人工	人工	人工	人工或系统	系统
	乘客跌落站台	人工	人工	人工	人工	人工	系统
其他	投入/退出运营	人工	人工	人工	人工	人工	系统和/或控制中心人员
	监视列车状态	人工	人工	人工	人工	系统	系统

全自动无人驾驶操作台如图 1-11 所示，系统实现了列车的自动唤醒、自动起动、自动运行、车闸定点停车、全自动驾驶自动折返、自动出入车辆段、自动休眠等功能，并对列车上乘客状态、车厢状态、设备状态进行监视和检测，对列车各系统进行自动诊断，将列车设备状态及故障报警信息传送至控制中心。

二、CTCS 简介

CTCS（Chinese Train Control System）指的是中国列车运行控制系统，以分级的形式满足不同线路、不同速度等级的列车运行要求。

1. CTCS 分级

（1）CTCS-0 级　CTCS-0 级以轨道电路为基础，车载设备采用通用式机车信号和列车运行监控装置，适用于最高运行速度 160km/h 及以下的普速铁路。

（2）CTCS-1 级　CTCS-1 级由主体机车信号和加强型运行监控记录装置组成，面向

项目一　城市轨道交通信号系统

160km/h 以下的区段。

（3）CTCS-2 级　CTCS-2 级基于轨道电路和点式应答器传输行车许可信息，采用目标距离连续速度控制模式监控列车运行，适用于最高运行速度 250km/h 的区段。

（4）CTCS-3 级　CTCS-3 级基于 GSM-R 无线通信实现车-地信息双向传输，无线闭塞中心生成行车许可，轨道电路实现列车占用检查，应答器实现列车定位，适用于最高运行速度 300km/h 及以上区段。

图 1-11　全自动无人驾驶操作台

（5）CTCS-4 级　CTCS-4 级是基于无线传输信息的列车控制系统，面向高速新线或特殊线路。

2. 典型设备功能

（1）列控中心（TCC）　列控中心是 CTCS-2 级列控系统的核心设备，其主要功能是完成轨道电路编码、应答器报文存储和调用、区间通过信号机点灯控制、站间安全信息（轨道电路状态、中继站临时限速信息、区间闭塞和方向等）传输，根据轨道电路、进路状态及临时限速等信息产生行车许可，通过轨道电路及有源应答器将行车许可传送给列车。

（2）无线闭塞中心（RBC）　无线闭塞中心是 CTCS-3 级列控系统的核心设备，其主要功能是根据其控制范围内轨道占用、临时限速命令、联锁进路状态、灾害防护和线路参数等信息，为其管辖范围内的每列车生成行车许可（MA），并通过 GSM-R 无线通信系统传输给车载子系统，保证其管辖范围内列车的运行安全。

 思考研讨

1. 结合典型城轨公司《行规》，分析其车次号的含义。
2. 简要说明联锁和闭塞的含义。
3. 简要说明 ATC 系统的组成及功能。
4. 简要说明什么是 CBTC。
5. 比较城市轨道交通、普速铁路、高速铁路信号设备的区别。
6. 搜索沈阳铁路信号有限责任公司、西安铁路信号有限责任公司的相关资料，集合继电器在信号系统中的应用，思考传统信号设备的改进与创新，以适应新型工业化发展的要求。

19

项目二

轨旁信号设备

城市轨道交通的单项轨旁信号设备主要包括信号机、转辙机、信标、轨道电路及计轴设备等，其中信号机、转辙机、轨道占用检测设备与联锁设备相连，信标用于为车载设备提供信息。看懂信号平面图并掌握单项轨旁信号设备的基本功能，有助于在后续学习中理解整个信号系统的工作原理，达到准确识别设备状态、判断故障影响、正确操纵设备的目的。

知识要点

1. 掌握轨道区段的名称及范围。
2. 掌握正线常用信号机的显示状态及其含义。
3. 掌握现地转换道岔的基本要求。
4. 了解信标在信号系统中的作用。
5. 能够看懂信号平面图，掌握图中各符号的含义。

课题一 轨道占用检测设备

城市轨道交通轨道空闲检测设备有轨道电路和计轴设备两种形式，两者都是用于检查线路上是否有列车或车辆占用的设备。一般来说，正线使用数字轨道电路或者计轴设备，在车辆段/停车场内，有的使用 50Hz 相敏轨道电路，有的使用计轴设备。

随着 CBTC 技术的应用，新建城市轨道交通的正线运营线路上，更多地采用了计轴设备。

一、轨道电路

1. 作用

轨道电路用于监督线路的占用情况，并可以向列车传输控制信息，将列车运行和信号显示等联系起来。作用主要表现在以下两方面：

（1）**监督列车占用**　利用轨道电路监督列车在正线或列车和车辆在车辆段等线路的占用状态。轨道电路反映有关线路空闲时，为开放信号、建立进路、构成闭塞提供了依据；轨道电路被占用时，可用于自动关闭信号等控制条件，实现信号系统的自动控制。

（2）**传输行车信息**　在正线上，带有编码信息的轨道电路是城市轨道交通信号系统车-地之间信息传输的方式之一。

例如数字编码式音频轨道电路中传输的行车信息，为 ATP 系统直接提供控制列车运行所需的前行列车位置、运行前方信号状态、线路条件等信息，以确定列车运行的目标速度，控制列车在当前运行速度下是否减速或停车。

2. 组成

轨道电路是以线路的两根钢轨作为导体，并用引接线连接信号电源和接收设备所构成的电气回路，能自动、连续地将列车运行和信号设备状态联系起来，以保证行车的安全。轨道电路的组成示意图如图 2-1 所示。

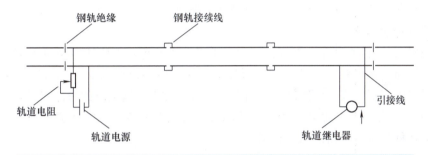

图 2-1　轨道电路的组成示意图

（1）**导体**　轨道交通系统的两条钢轨是传输轨道电流的导体，在两节钢轨的接头处为了减少钢轨与钢轨夹板间的接触电阻，用接续线连接，如图 2-2 所示。

图 2-2　钢轨接续线

接续线用于送电设备、受电设备与钢轨的连接。

（2）**钢轨绝缘**　钢轨绝缘安装在相邻两个轨道电路衔接处，以保证相邻轨道电路在电气上的可靠隔离。钢轨绝缘多采用机械强度高、绝缘性能好的材料，在钢轨与夹板间垫有槽形绝缘板，夹板螺栓与夹板之间装有绝缘套管和绝缘垫圈。在两个钢轨衔接的断面间还夹有与钢轨断面相同的轨端绝缘。

城市轨道交通的正线多采用无缝线路，需要使用由电子电路构成电气绝缘（又称为调谐区）来分隔相邻轨道电路。

（3）发送端　轨道电路的发送端可以是电源，用于向轨道电路供电，也可以是能够发送一定信息的电子设备，通过轨道电路向列车传递行车信息。

（4）接收端　轨道电路的接收端可以是轨道继电器，用于反映轨道电路范围内有无列车、车辆占用和钢轨是否完整。

当轨道电路中包含有控制信息时，轨道电路的接收设备是能够接收并鉴别电流特性的电子设备，能够根据接收到的不同特性的电流动作有关继电器。

（5）限流电阻　限流电阻是一个可调电阻器，连接在轨道电路电源端，用来调整轨道电路的电压。当轨道电路被列车、车辆的轮对分路时，能够防止输出电流过大而损坏电源。

3. 工作原理

从图 2-1 轨道电路的组成示意图中可以看出：

1）当轨道电路设备完好，且没有列车、车辆占用时，轨道电流从电源正极经钢轨、轨道继电器线圈回到负极而构成回路，继电器处于吸起状态，表示轨道区段内无车占用。此状态称为轨道电路的调整状态。

2）当轨道区段内有列车、车辆占用时，由于车辆的轮对电阻比轨道继电器线圈电阻小得多，所以轨道电路被轮对分路，这时流经继电器线圈的电流很小，不足以使衔铁保持吸起，继电器失磁落下，表示该区段有车占用，此状态称为轨道电路的分路状态。

3）当轨道区段内发生断轨或断线等故障时，流经继电器线圈的电流中断，继电器失磁落下，此状态称为轨道电路的断轨状态。

【想一想】
　　利用轨道电路检测线路上是否有车占用，存在哪些不利因素？

4. 典型轨道电路

（1）50Hz 相敏轨道电路　城市轨道交通采用直流牵引，因此轨道电路可采用 50Hz 交流电，接收端具有"相敏"特性，即达到规定的相位要求时继电器才能励磁吸起，表示轨道区段空闲。根据接收端设备不同，50Hz 相敏轨道电路可分为继电式和微电子式两种。

50Hz 相敏轨道电路不包含列控信息，只能用于检查列车占用，因此仅适用于车辆段、停车场范围。

（2）数字轨道电路　用于城市轨道交通的数字轨道电路有德国西门子公司的 FTGS 遥控音频无绝缘轨道电路、美国 US&S 公司的 AF-904 数字（音频）轨道电路、法国 ALSTOM 公司的 DTC921 数字无绝缘轨道电路等。

图 2-3 所示为 AF-904 数字（音频）轨道电路，用电气隔离方式形成电气绝缘节，即"S 棒"，实现相邻轨道电路的隔离和划分，又称为无绝缘轨道电路。

除检测列车占用外，AF-904 数字轨道电路还具备传送 ATP/ATO 信息功能。室内控制机柜通过 RS485 接口与联锁系统之间进行通信，接收来自联锁系统的信息，如目标速度、目标距离等，再加上本轨道区段信息，如轨道电路 ID 号、线路速度等，构成复合信息。将复合信息形成的报文帧，结合机笼后面的方向继电器以 FSK 调制方式将报文送至耦合电路，经环线与"S 棒"的耦合，由车载 ATP 设备接收、解码、校验，执行 ATP 功能，从而完成数字车载信号的传输功能。

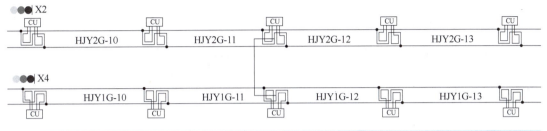

图 2-3　AF-904 数字轨道电路

二、计轴设备

计轴设备通过检测列车通过线路上计轴点的车轴数，以确定两计轴点之间（即轨道区段）的占用/空闲状态。计轴磁头如图 2-4 所示。

列车经过轨道计轴磁头作用区时微机开始计轴，并判断运行方向，对驶入计轴区域的轮轴进行加轴运算，如图 2-5 所示，对驶离计轴区域的轮轴进行减轴运算，如图 2-6 所示。

图 2-4　计轴磁头

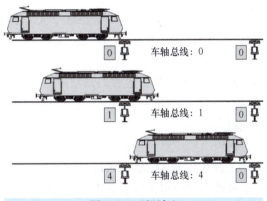

图 2-5　区间计入

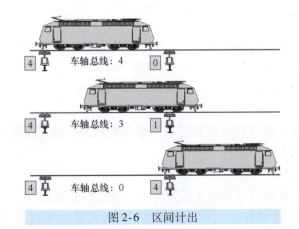

图 2-6　区间计出

计轴设备的优势是与轨道和道床状况无关，能够检测长大区间占用/空闲状态，也解决了长期困扰行车安全的轨道电路分路不良问题。

三、轨道区段的划分

在城市轨道交通的正线和车辆段/停车场，利用钢轨绝缘（或计轴磁头）把线路划分为互不干扰的独立单元，称为轨道区段，包括道岔区段和无岔区段，如图2-7所示，利用轨道电路或者计轴设备能够检测该区段的占用/空闲状态。

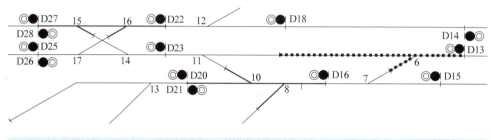

图2-7 轨道区段的范围

轨道区段的划分原则如下：

1) 凡有信号机的地方，均装设钢轨绝缘（计轴磁头），将信号机的内外方划分为不同区段。

2) 凡能平行运行的进路，其间应设钢轨绝缘（计轴磁头），例如：渡线道岔上的钢轨绝缘（计轴磁头）。

3) 在一个轨道区段内包含的道岔原则上不应超过三组。

4) 为了提高咽喉区使用效率，应将轨道区段适当划短，使道岔区段能及时解锁允许办理其他进路。

每个轨道区段应有相应的名称，以图2-7为例，道岔区段根据所包含的道岔名称来命名，例如包含6号道岔的轨道区段为6DG，包含15、16号道岔的轨道区段为15-16DG，包含8、10号道岔的轨道区段为8-10DG。

课题二 转 辙 机

转辙机用于实现对道岔的转换和锁闭，是直接关系行车安全的设备，对于保证安全、提高效率起着非常重要的作用。

一、道岔

道岔是机车车辆从一股道转入或越过另一股道的线路设备，是轨道的一个重要组成部分，也是轨道的薄弱环节之一。

1. 道岔的结构

道岔由转辙部分、连接部分和辙叉部分组成，如图2-8所示。

(1) 转辙部分 转辙部分由尖轨、基本轨、连接零件（包括连接杆、滑床板、垫板、轨撑、顶铁、尖轨跟端结构等）及转辙机组成。

（2）**连接部分**　连接部分由导轨和基本轨组成，它将转辙部分和辙叉部分连成一组完整的道岔。

（3）**辙叉部分**　辙叉部分由辙叉心、翼轨和护轨等组成。

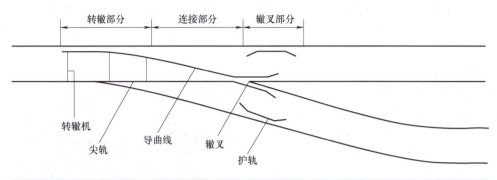

图 2-8　单开道岔结构图

城市轨道交通使用的道岔主要有单开道岔、渡线道岔和交叉渡线道岔等形式，如图 2-9 所示。其中单开道岔将一条线路分为两条，主线为直线方向，侧线由主线向左侧或右侧岔出；渡线道岔用于连接两条平行的线路。

图 2-9　某车辆段道岔

2. 道岔号数

道岔辙叉角的余切值叫作道岔号数或辙叉号码。

城轨线路常用的标准道岔有 5 号、7 号、9 号、12 号。正线及折返线上一般采用 9 号、12 号道岔，车辆段内采用 5 号、7 号道岔。为了行车安全平稳，列车过岔速度应有一定的限制，表 2-1 所示为道岔侧向允许通过速度。

表 2-1　道岔侧向允许通过速度

辙　叉　号	7	9	12
速度/（km/h）	25	30	50

二、转辙机

1. 转辙机的设置

目前城市轨道交通常用的转辙机包括 ZD6 型、S700K 型、ZYJ7 型和 ZDJ9 型等，单开道岔由一台转辙机牵引，如图 2-10 所示，渡线道岔每组尖轨设置一台转辙机，有的正线采用 12 号 AT 道岔，需要两点牵引，即一组尖轨由两台转辙机牵引。

2. 转辙机的作用

转辙机的作用是接收到来自联锁设备的命令后带动道岔转换，其主要功能是转换道岔、锁闭道岔尖轨、表示道岔所在位置，具体表现为：

1）根据操作要求，将道岔转换至定位或反位。

2）道岔转换至规定位置而且密贴后，自动实行机械锁闭，防止外力改变道岔位置。

3）当道岔尖轨与基本轨密贴后，正确反映道岔位置，并给出相应表示。

图 2-10　转辙机与道岔的结合

4）发生挤岔以及道岔长时间处于"四开"位置（尖轨与基本轨不密贴）时，及时发出报警。

【想一想】

在各信号操纵终端怎样监督道岔的位置？

3. 转辙机的操纵和锁闭

（1）操纵方式　转辙机有电动转换和人工转换两种方式。设备正常时运行操作人员利用操作终端（例如 ATS 终端）上的有关按钮进行集中操纵。停电、转辙机故障以及有关轨道电路故障时，需使用手摇方式转换道岔。

手摇转辙机时，先用钥匙打开遮断器盖，露出手摇把插孔，插入手摇把，摇动规定圈数使道岔转换至所需位置。渡线道岔或双机牵引的道岔在集中操纵时是联动的，但手摇转换时必须摇动各台转辙机使道岔至所需位置。

（2）锁闭方式　对道岔实施锁闭指的是通过机械及电气方式将列车正在经过，或已发出指令允许列车经过（例如办理好进路）的道岔进行固定，防止道岔错误转换。

锁闭道岔的方式有机械锁闭和电气锁闭两种形式。电气锁闭是利用继电器触点等断开转辙机电路，确保列车占用或已发出指令允许列车经过时，不会由于误操作导致道岔转换。机械锁闭是当道岔转换到位后利用转辙机自身的锁闭装置确保列车运行时尖轨与基本轨保持密贴。当设备故障时，需人工利用钩锁器等设备对道岔尖轨实施锁闭，以保证行车安全。

课题三　信　号　机

在信号机显示及名称方面，不同地铁公司各不相同，有的正线信号机常态点灯，有的正线信号机常态灭灯，有的正线仅在设备集中站设有信号机，有的正线所有车站均设置有进出站信号机，有的在车站之间还设置通过信号机或者预告信号机，信号机的显示及显示意义也有所不同。

一、设置原则

1. 设置于列车运行方向右侧

城市轨道交通采用右侧行车制，不论在正线还是车辆段，其地面信号机均设置于列车运行方向的右侧，如图 2-11 所示，在地下部分一般安装在隧道壁上。特殊情况下可以设置在列车运行方向左侧或其他位置。

2. 不得侵入设备限界

设备限界是用以限制设备安装的轮廓线，信号机不得侵入设备限界。

二、正线信号机

城市轨道交通有的车站设有道岔，有的车站仅有两条正线，因此应根据各站设备具体情况设置信号机。在正线常用的信号机包括：

1. 防护信号机

在道岔的岔前和岔后适当地点设置防护信号机，如附录 C 中的 A 站、E 站和 F 站等所示。

图 2-11　信号机设置示例

防护信号机一般采用三显示机构，自上而下为黄（或月白）、绿、红，采用 CBTC 系统时，防护信号机常态灭灯（有的常态点亮蓝灯）。点亮灯光时，其显示意义如下：

红色——禁止越过该信号机。

绿色——道岔开通直向位置，允许列车按照规定速度越过该信号机进入区间。

黄色——道岔开通侧向位置，允许列车按照规定速度（一般限速不超过 30km/h）越过该信号机，运行至折返点。

黄色＋红色——引导信号，允许列车以不超过 25km/h 的速度越过该信号机，有条件进入区间。

根据信号机设置位置，有的防护信号机没有绿灯显示，对绿灯做封闭处理，例如附录 F 中信号机 X1007～X1012；有的防护信号机没有黄灯显示，对黄灯做封闭处理，例如附录 F 中信号机 X1006、X1006。

2. 阻挡信号机

在线路尽头处设置阻挡信号机，指示列车停车位置。阻挡信号机只有一个红灯显示，可以采用单显示机构，也可以如附录 F 中的信号机 S1013～S1018 所示，采用两显示机构，将绿灯封闭。

附录 E 中 A 站的 Z2 是顺向阻挡信号机，平时显示绿灯不影响正方向列车运行。当列车需要由 3G 至 4G 进行折返作业时，办理了 F1 至 Z2 的进路后，Z2 显示红灯，起阻拦信号机的作用。

不论采用哪种控制系统，阻挡信号机常态亮灯，列车应在距信号机至少 10m 的安全距离前停下。

3. 进、出站信号机

车站可根据需要设置进、出站信号机，如附录 E 所示，或仅设置出站信号机，如附录 F 中 X0901、S0902。

进站信号机设置在车站入口外方适当距离，用于防护车站内作业安全。进站信号机显示一个红色灯光表示不准列车越过信号机进入站内，显示一个绿色灯光表示允许列车按规定速度越过信号机进入站内。

出站信号机设置在车站站台端线外方适当位置，指示列车能否由车站出发。出站信号机显示一个红灯表示不准列车出站，显示一个绿灯表示允许列车出发进入区间。

4. 通过信号机

采用 ATC 系统的城市轨道交通，自动闭塞通过信号机已经失去主体信号的作用，一般在区间不设置通过信号机。为了便于司机在 ATP 设备发生故障时控制列车运行，可以根据需要设置通过信号机。

通过信号机采用三显示机构，自上而下灯位为黄、绿、红，如图 2-12 所示。

5. 预告信号机

预告信号机设置于进站信号机前方，如附录 E 中 B 站的 YSJ、YXJ，设置于车站进站信号机 SJ、XJ 前方，起到预告的作用。附录 E 中 A 站的 YF3，是防护兼预告信号机。

6. 虚拟信号机

虚拟信号机指的是现场没有、仅存在于操作终端的信号机。设置虚拟信号机有的是为了提高效率，有的是专门用作排列进路的始端或终端，例如附录 F 中的 VX09、VS08，设置在联锁区的分界处，作为人工排列进路的始端或终端按钮。

> 【想一想】
> 地面信号常态灭灯时，列车怎样确认前方运行条件？

三、车辆段（停车场）信号机

车辆段（停车场）入口转换轨外方设置进段（场）信号机，如附录 C 中的 SJ1、SJ2。进段（场）信号机显示及灯光配列可与防护信号机相同，也可采用双机构。

在进段（场）信号机内方的转换轨靠近车辆段/车场的一端，设置红、白两显示列车阻挡信号机，如附录 D 中的 D7、D11；车辆段/车场内可根据需要另设红（或蓝）、白两显示调车信号机，红灯（蓝灯）与白灯显示意义如下：

红灯（蓝灯）——禁止列车越过该信号机。

白灯——允许调车，列车以不超出 25km/h 的速度越过该信号机。

图 2-13 所示为某地铁公司车辆段与正线连接部分，其中：XJ1、XJ2 为进段（场）信号机，XJ1 显示红灯表示禁止列车进入车辆段（停车场）；显示一个黄灯表示允许进入车辆段（停车场），道岔 1 开通直向位置；显示两个黄灯表示允许进入车辆段（停车场），道岔 1 开通侧向位置；显示一个红灯和一个白灯表示引导信号。

项目二 轨旁信号设备

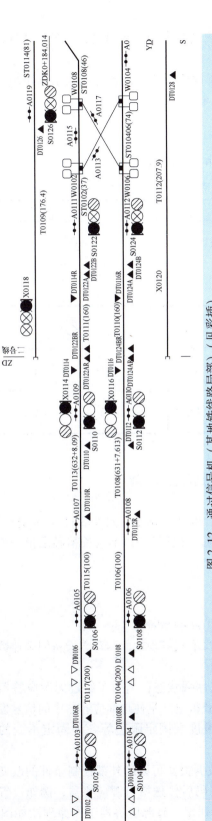

图 2-12 通过信号机（某地铁线路局部）（见彩插）

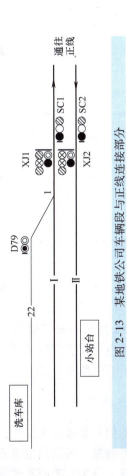

图 2-13 某地铁公司车辆段与正线连接部分

SC1、SC2 为出段（场）信号机，设置于车辆段（停车场）出口处，其显示及灯光配列可与防护信号机相同。

调车信号机根据车辆段（停车场）内作业需要设置，显示蓝色灯光表示禁止越过该信号机调车，显示白色灯光表示允许越过该信号机调车。

四、图形符号

城市轨道交通信号平面图中常用颜色及信号机的图形符号见表 2-2。

表 2-2　城市轨道交通信号平面图中常用颜色及信号机的图形符号

名　称	图形符号	名　称	图形符号
红色灯光	●	空灯位	⊗
黄色灯光	⊘	稳定绿灯	⊙
绿色灯光	○	稳定黄灯	⊘
蓝色灯光	⬤	高柱信号	⊢○　○⊣
月白灯光	◎	矮型信号	I○　○I

课题四　车-地信息传输设备

CBTC 系统实现"地对车"控制的基础是安全、可靠、高速、大容量的车-地信息传输，数字轨道电路仅能实现"地→车"的单向信息传输，信息量少，不具备精确定位功能，无法满足 CBTC 系统的要求。

一、应答器

有的信号系统称为信标，英文名称有 Beacon、Transponders、Tags 等。

应答器是一种利用电磁原理，在特定地点以报文形式实现地面与车载设备间高速数据传输的设备，分为有源应答器和无源应答器两种。

无源应答器没有外接电源供电，平时处于静止休眠状态；当列车经过无源应答器上方时，地面应答器接收到车载天线传递的载频能量，获得电能量使地面应答器中的信号发生器工作。该种应答器包含的信息包括公里标、线路坡度和固定限速等各种固定不变的数据信息。

有源应答器连接车站信息编码设备（LEU），数据报文可以随外部控制条件的改变产生变化。LEU 从联锁系统提取轨旁信息，再将信息编码后传送给有源应答器，例如设置于地面信号机旁的应答器可将信号机的显示状态传输给列车。有源应答器工作原理图如图 2-14 所示。

应答器除提供坐标信息外，可支持点式 ATP 系统。车载设备通过车载应答器天线，接收地面有源应答器发送来的停车点信息，根据这一信息，生成 ATP 速度控制曲线，如图 2-15 所示。将这一速度控制曲线与测速设备得到的本列车速度进行比较，如果列车速度超出 ATP 速度控制曲线的速度，车载设备自动输出制动，对列车进行点式模式下的安全控制。

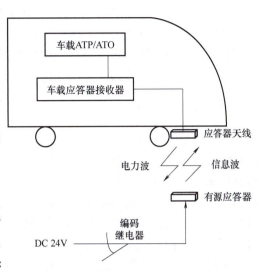

图 2-14　有源应答器工作原理图

二、无线接入点（Access Point，AP）

随着无线通信技术的发展，基于自由空间传输的无线传输技术在 CBTC 系统中得到了应用。无线的频点一般采用共用的 2.4GHz 或 5.8GHz 频段，采用 AP 天线作为和列车进行通信的手段，无线自由波的 AP 箱和天线多装在高架立柱或隧道侧壁，如图 2-16 所示。

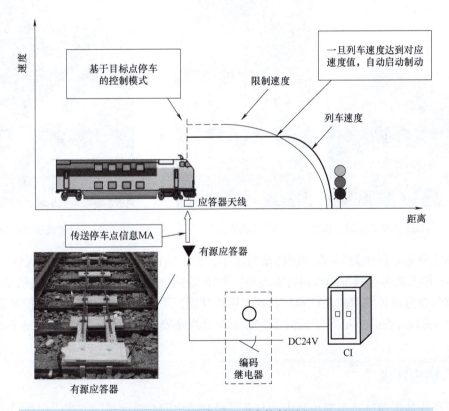

图 2-15　点式 ATP 列车控制原理

AP 的设置保证区间的无线重叠覆盖，对于车载通信设备的安装位置限制少；传输速率高；实现空间的重叠覆盖，单个接入设备故障不影响系统的正常工作；轨旁设备少，安装位置与钢轨无关，操作简单且便于维护，精度要求低，又相对独立，对周围影响小，有利于升级改造。

无线自由传波方式的抗干扰性不如波导管强，信号发射源常选用定向天线，使用异于其他干扰源的无线扩频技术，在一定程度提升了系统的抗干扰性，但定向天线不是加长型天线，再加上传输距离较远，且存在其他无线信号，导致抗干扰能力较弱。

三、裂缝波导管

波导管是一种 52.5mm × 105mm × 2mm 铝制中空矩形管，如图 2-17 所示，在其顶部每隔 60mm 等间隔开有窄缝，使得在载频范围内的微波沿裂缝波导均匀辐射，其实质是具有连续性的加长型天线，主要用来对超高频电磁波（2.715GHz）进行传送，通过裂缝耦合出不均匀的场强，对连续波的场强进行采集和处理，并通过计数器确定列车经过的裂缝数，计算出列车走行距离，确定列车在线路中的位置。目前常见的波导管包括矩形波导管、圆形波导管、雷达波导管和光线波导管等。波导管在应用于无线数据传输时，具有传输频带宽、损耗小、可靠性高和抗干扰等优点，尤其是传输速率大，可以满足列车控制系统的要求。

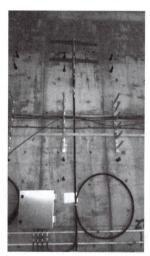

图 2-16　无线自由波 AP 天线的应用　　　图 2-17　裂缝波导管的应用

采用波导管系统作为车-地双向传输的媒介，沿线铺设的裂缝波导（裂缝天线）及波导连接的 AP 作为轨旁与列车的双向传输通道，如图 2-18 所示，通过有线和无线网络的集合，实现列车与轨旁设备的双向连续通信及列车定位功能，最终实现移动闭塞信号控制系统。

波导管系统存在的不足是安装困难，需全线沿线路安装波导管，安装维护复杂，并且造价高。

四、感应环线

感应环线数据通信是车辆控制中心与车载控制器之间交换信息的方式，以敷设于轨道间的感应环线上的信息和安装于车辆轮轴的速度传感器的信息为基础，感应环线由扭绞铜制线芯和绝缘防护层组成，每 25m 交叉一次，如图 2-19 所示。

感应环线与车载控制器进行双向数据通信，环线作为信号的接收和发射天线，与列车上的接收和发射天线实时通信。

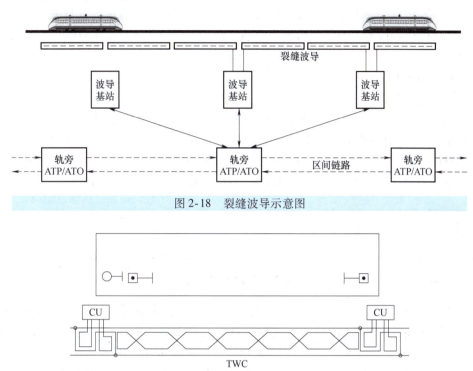

图 2-18　裂缝波导示意图

图 2-19　交叉感应环线示意图

　　控制中心向车载控制器发送的信息包括列车运行目标点、车门控制（开关、左右）、最大速度、运行方向（上行/下行）、制动曲线、紧急制动控制、下一目的地等。

　　车载控制器向控制中心发送的信息包括列车操作模式、紧急制动状态、列车门状态（开/关）、实际速度、运行方向（上行/下行）、列车完整性状态等。

　　基于感应环线通信的移动闭塞系统，能实现 90s 的最小运行间隔。后续列车与前一列车的安全间隔距离是根据列车当前的运行速度、制动曲线，以及列车在线路上的位置而动态计算出来的。由于列车位置的定位精度高，因此，后续列车可以在该线路区段，以最大允许速度，安全地接近最后一次确认的前一列车尾部位置，并与之保持安全制动距离。

课题五　信号平面图

一、正线信号平面图

1. 方向

　　《地铁设计规范》中规定：地铁在正线上应采用双线、右侧行车制。南北向线路应以由南向北方向为上行方向，由北向南方向为下行方向；东西向线路应以由西向东方向为上行方向，由东向西方向为下行方向。环形线路应以列车在外侧轨道线的运行方向为上行方向，以列车在内侧轨道线的运行方向为下行方向。

在实际使用中，有的城市轨道交通规定以某个方向为上行方向。当车辆段位于线路末端站之后时，可规定以列车向车辆段方向运行为上行方向，远离车辆段为下行方向。

对于正线的信号设备，有的城市轨道交通规定：上行设备编号采用双数，下行设备编号采用单数。

2. 线路平纵断面

线路的空间位置用中心线描述。

（1）纵断面（线路坡道） 线路纵断面是线路中心在垂直面上的投影。信号平面图中用坡度描述线路纵断面，图2-20是附录F的局部，表示K8+790.00至K9+090.000处为下坡道，坡道长度为300m，坡度为20‰；K9+090.000至K9+360.000处为下坡道，长度为270m，坡度为3.718‰；K9+360.000至K9+660.000是长度为300m、坡度为20‰的上坡道。

图2-20 线路坡道示意图

（2）平面（线路曲线） 线路平面是线路中心在水平面上的投影。信号平面图中用曲线半径等指标描述曲线。图2-21描述的线路为从右向左运行，表示："R-550"位于中线上方，表示K11+719.019至K11+552.055是半径为550m、向列车运行方向右侧弯曲的曲线；"R-350"位于中心线下方，表示K11+531.743至K11+350.838是半径为350m、向列车运行方向左侧弯曲的曲线；中心线表示相应的线路为直线。

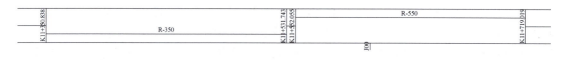

图2-21 线路曲线示意图

3. 信号设备坐标

如附录E和附录F所示，在信号平面图的上方和下方，用表格形式标出正线所有信号设备的名称和坐标位置。

有的线路使用百米标，例如附录E中，A站JZ11的位置时"5+38"，表示位于距正线坐标原点538m处；D站JZ11的位置是"41+64"，表示位于距正线坐标原点4164m处。

有的线路使用公里标，例如附录F中，应答器FB0809的位置是"K8+952"，表示FB0809位于线路8km+952m处。

4. 车站及联锁区

城市轨道交通正线的车站设置在客流量大的集散点，车站的间距应根据实际需要确定，市区1km左右，郊区不宜大于2km。

根据信号联锁设备的管辖区域，将正线划分为若干联锁区，如附录F所示，虚线表示联锁区的分界，每个联锁区内设置一个设备集中站，联锁区按设备集中站的名称来命名。

车站名下方的数字表示车站中心在正线的坐标，可使用百米标或公里标。车站名称下方有"集"表示该站为设备集中站。

为了便于接发车作业和维修管理，车站的信号设备应有统一的名称，比较典型的命名规则是：XYYZZ。其中 X 代表设备类型，YY 代表车站编号，ZZ 代表设备在某站的具体编号，下行线路及下行咽喉为单数，上行线路及上行咽喉为双数。

5. 信号机

正线信号机主要包括防护信号机、阻挡信号机，根据信号系统设计的需要，还可设置进、出站信号机、区间的预告信号机、通过信号机以及联锁区分界处的虚拟信号机。

信号机的命名主要有以下几种形式：

（1）**按顺序编号的命名方式** 如附录 C 中各信号机，"X"表示信号机，后面的数字为信号机序号，上行咽喉（即上行列车到达端）为单号，下行咽喉（即下行列车到达端）为双号。

（2）**按信号机功能的命名方式** 如附录 E 中，"F"表示防护信号机，"Z"表示阻挡信号机，"XJ"和"XC"表示下行进站、下行出站信号机，"SJ"和"SC"表示上行进站、上行出站信号机。

（3）**按 XYYZZ 形式的命名方式** 如附录 F 中的 X1001、S1004，其中"X"和"S"分别表示下行和上行，"10"表示车站编号，"01"和"04"表示该车站信号机顺序编号，其中下行线为单号，上行线为双号。

6. 道岔

正线一般仅在设备集中站设有道岔。

（1）**道岔的定位** 正常情况下，在操作终端上道岔有定位和反位两个位置，而在室外以左位/右位、直股/曲股等区分道岔开通方向。道岔定位的概念来自于非集中道岔，道岔除使用、清扫、检查或修理时外，经常保持的位置为定位。在正线及车辆段集中控制的道岔，可不保持定位。

（2）**道岔的命名** 道岔的命名主要有以下几种形式：

1）数字编号。有的城轨公司遵循了铁路车站道岔编号的规则：由站外向站内用阿拉伯数字顺序编号，下行咽喉为单号，上行咽喉为双号，双动道岔连续编号，如附录 C 所示的正线道岔。

有的城轨公司则规定：下行正线的道岔使用单号，上行正线的道岔使用双号，如附录 E 及图 2-22 所示的正线道岔编号举例。

2）字母+序号。使用"字母+序号"的命名规则，用字母表示道岔，字母或者来自于转辙机的英文（Switch Machine），或者来自于拼音（daocha）；序号一般由四位组成，前两位表示车站编号，后两位表示道岔编号。例如附录 F 中的 SW1001、图 2-23 中的 W1002 以及图 2-24 中的 D0302。

7. 列车占用检测设备

城市轨道交通正线的列车占用检测设备主要有数字轨道电路和计轴设备两种形式。

（1）**表示方法**

1）数字轨道电路。正线数字轨道电路如图 2-25 所示，每个轨道区段分界处设置"S 棒"，既用于轨道电路接收和发送设备与钢轨的连接，又作为绝缘分割相邻轨道电路。

2）计轴设备。计轴设备在信号平面图中的符号如图 2-26 所示，图 2-26 中"▯"表示计轴器，"┆"表示计轴区段分界点，另一种表示方法如图 2-27 和图 2-28 所示。计轴点可以使用 JZ（拼音：jizhou）、A（英文：Axle Counter）等命名。

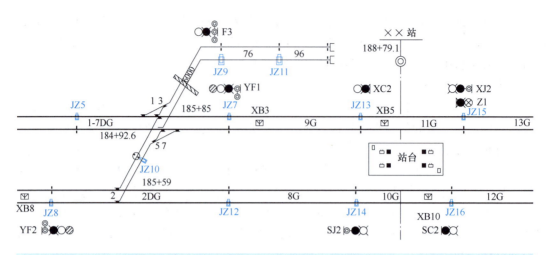

图 2-22　正线道岔编号举例（见彩插）

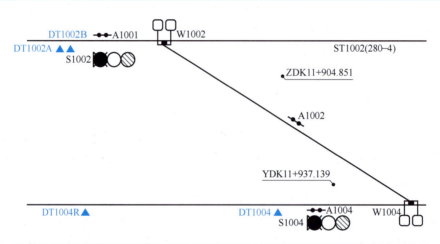

图 2-23　道岔名称举例（一）（见彩插）

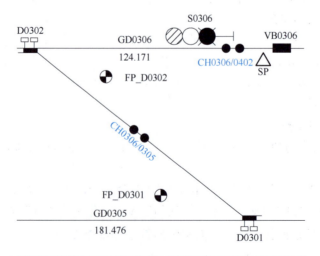

图 2-24　道岔名称举例（二）（见彩插）

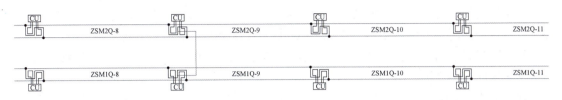

图 2-25　正线数字轨道电路

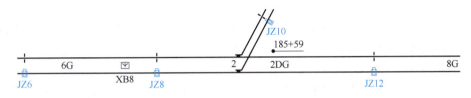

图 2-26　计轴系统室外设备在信号平面图中的符号（见彩插）

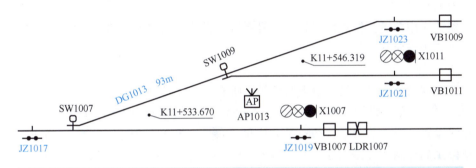

图 2-27　计轴室外设备举例（见彩插）

图 2-28　计轴设备举例

3）侵限绝缘（或计轴点）。信号平面图中涉及侵限绝缘（或计轴点）时，在绝缘（或计轴点）符号之外加圆圈，如图 2-29 所示，表示相邻轨道区段之间存在特殊联锁关系。

图 2-29　侵限绝缘（计轴点）

（2）命名方式

1）站间轨道区段。在正线上各车站之间的轨道区段，相当于铁路车站之间的闭塞分区，一种形式是由轨道电路或者计轴系统划分的轨道区段，如附录 C 和附录 E 所示；另一种形式是两车站之间在计轴的基础上，划分逻辑区段，每个逻辑区段长度为 200m，如附录 F 所示。

站间轨道区段的名称，根据所属车站按照顺序号命名，如图 2-25 中 ZSM2Q-8、ZSM2Q-9 所示，也可以将设备集中站之间的轨道区段统一编号，如附录 E 所示的 1G、3G、5G、7G 等，或者按照"XYYZZ"规则命名，如图 2-28 中的 T0404、T0406。

当两站之间设置为一个计轴区段，并根据信号系统设计将该计轴区段划分为若干逻辑区段时，可以采用附录 F 中所示 G0905-A、G0905-B、G0905-C 的命名方式。

2）道岔区段。包含有道岔的轨道区段称为道岔区段。道岔区段的名称可以遵循铁路车站道岔区段的命名规则，用 DG 作为轨道区段名称的典型特征，如图 2-22 中的 1-7DG、2DG 以及附录 F 中的 DG1003，也可以用 ST（英文：Switch Track Circuit）等作为轨道区段名称的特征，如图 2-23 中 ST1002。

8. 应答器（信标）

（1）**有源应答器** 有源应答器在有的信号系统中称为动态信标 DT（Dynamic Transponder）、可变应答器 VB（Variable Balise）等，信号平面图中的符号如附录 E 和附录 F 所示，有的城市轨道交通信号系统使用"▲"作为有源应答器的符号。

（2）**无源应答器** 无源应答器在有的信号系统中称为静态信标 FT、固定应答器 FB 等，信号平面图中的符号如附录 E 和附录 F 所示，有的城市轨道交通信号系统使用"△"作为无源应答器的符号。

应答器的应用数量及设置位置是由信号系统的设计来决定的，除上述外，还可设置轮轨校正应答器、预告应答器等。

9. 站台设备

站台上根据设计需要，设置以下与信号系统有关的设备：

1）紧急停车按钮 EB（Emergency Stop Button），有的简称为 ESB、ESP，每个站台两端为每条正线设置一个，共四个，如附录 E 中的"●"、图 2-30 中的"↑"，实现在站台对列车紧急停车的控制。

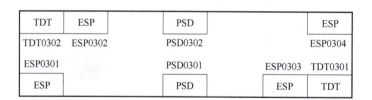
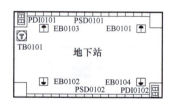

图 2-30　城市轨道交通车站站台示意图

2）发车计时器 PDI（Platform Departure Indicator），有的称为发车指示器（DTI），如附录 E 中的"□""⊟"，以倒计时等方式指示列车出发。

3）列车自动折返按钮 TB（Automatic Turnback Button），又称为无人折返按钮（DRB），如附录 E 中的"○"、图 2-30 中的"Ⓣ"，通过操纵该按钮，实现了列车自动折返至另一站台的功能。

4）屏蔽门 PSD（Platform Screen Door），屏蔽门与信号系统联锁，进站列车没有精确对位时不能自动打开屏蔽门，没有检测到屏蔽门关闭时列车不能由站内发出。

5）旅客导向牌，如附录 E 中的"▭"，根据设计需要设置，向旅客显示距下趟车到达本站的时间、下趟列车的目的地、列车接近及停站提示以及办理扣车、跳停、车站封锁、区间封锁等特殊作业情况下，显示"请勿上车"等信息。

上述设备在有的信号平面图中仅标出符号，有的信号平面图按照"XYYZZ"规则命名，如图 2-30 所示。

> 【想一想】
> 哪些情况应使用紧急停车按钮？

10. 无线接入设备

附录 F 中的"![AP]"，其中 AP 即无线接入点，一条地铁线路可根据设计需要选择不同的无线接入设备，提供 CBTC 系统中相应的无线数据传输服务，实现列车定位及车-地双向通信。

二、车辆段信号平面图

车辆段信号平面图根据车辆段线路图绘制，是进行信号工程设计与施工的重要依据。

车辆段由咽喉部分、线路部分和车库部分三个部分组成，信号平面图如附录 D 所示。

咽喉部分是车辆段的停车库、检修库与正线连接地段，包括出、入段线和道岔，咽喉部分线路布局是否合理直接影响车辆段的正常运营效率。

线路部分包括各种用途不同的线路，如停车线、列检线、镟轮线、检修线、洗车线、牵出线、试车线、静调线、救援线和联络线等。

车库部分包括停车库、定修库、架修库和洗车库等。

车辆段联锁控制区内信号设备主要包括：

1. 信号机

车辆段信号机主要包括入段信号机、出段信号机和段内调车信号机。

(1) 进、出段信号机　用于指示列车进、出车辆段。进、出段信号机与转换轨的位置关系主要有以下三种形式：

1）转换轨设置在车辆段进段信号机内方，在转换轨正线一端并置设进、出段信号机，如附录 D 所示。

正线车站与转换轨间的作业均按列车方式办理，转换轨与车辆段的作业按调车方式办理。进、出段信号机显示和灯光配列与正线车站道岔防护信号机相同。其中，进段信号机及转换轨由车辆段控制，出段信号机由控制中心和正线相邻车站控制。

2）转换轨设在车辆段进段信号机内方。

在车辆段入口处设置进段信号机，需要直接出段的库线设出段信号机。列车由转换轨至车辆段的各种库线按列车方式办理，段内其他作业统一按调车办理。进、出段信号机均由车辆段控制，转换轨由控制中心和正线相邻车站控制。

3）转换轨设在车辆段进段信号机外方。

车辆段入口处并置设进、出段信号机，进段信号机归车辆段控制，出段信号机和转换轨由控制中心及正线相邻车站控制。列车由转换轨至车辆段内小站台和洗车库作业按列车方式办理，段内其他作业统一按调车办理。

(2) 调车信号机　咽喉区及其他地点根据作业需要设置调车信号机，由车辆段入口开始，向停车库顺序编号。调车信号机以红色或蓝色灯光为禁止信号，月白色为允许信号，按照相互位置关系不同，调车信号机可分为：

1）单置调车信号机，例如 D16，信号机前后均为包含有道岔的轨道区段。

2）并置调车信号机，例如 D9 和 D1、D11 和 D12，构成并置关系的两调车信号机分别在线路两侧，显示方向相反，共用一组绝缘。

3）差置调车信号机，例如 D8 和 D15，构成差置关系的两调车信号机分别在线路两侧，显示方向相对，信号机之间有无岔区段。

(3) **阻挡信号机** 线路尽头设置仅红灯显示的阻挡信号机，能同时存放两列及以上列车的停车线，中间设置可兼作调车信号机的列车阻挡信号机。

2. 道岔及转辙机

车辆段内可使用辙叉号为 7 号或 9 号的道岔，每组道岔设一台转辙机。

车辆段内道岔由车辆段入口开始向停车库顺序编号，其中联动道岔连续编号。

3. 轨道占用检测设备

车辆段内轨道占用检测设备可使用 50Hz 相敏轨道电路，也可以使用计轴设备，不论使用哪种设备，命名规则基本相同，均称为轨道区段，包括道岔区段和无岔区段两种类型，如图 2-31 所示。

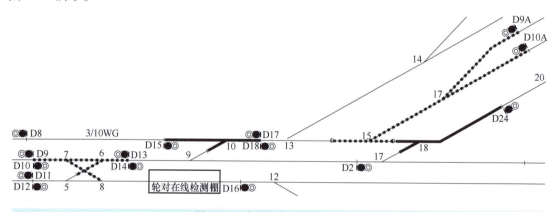

图 2-31　车辆段信号平面图局部

(1) **道岔区段**

1）包含一组道岔：例如图 2-31 中，包含 10 号道岔的区段，名称为 10DG，包含 18 号道岔的区段，名称为 18DG。

2）包含两组道岔：例如图 2-31 中，包含 6、7 号道岔的区段，名称为 6-7DG，包含 15、17 号道岔的区段，名称为 15-17DG。

(2) **无岔区段**

1）进段信号机内方：有的仅作顺序编号，例如附录 D 中，名称为ⅠG、ⅡG；有的则结合其作为转换轨的作用，命名为 ZHG1、ZHG2。

2）位于轨道电路尽头：例如附录 D 中位于牵出线末端的轨道区段，以及位于洗车棚两侧的轨道区段，根据相关调车信号机命名，例如 D3G、D19G。

3）位于咽喉区：结合无岔区段两端道岔号命名，例如 3/10WG，表示位于 3 号、10 号道岔之间的无岔轨道电路。

4）位于停车库内：结合所在线路调车信号机命名，当一条停车线被划分为两个轨道区段时，用 A、B 区分，例如 D16AG、D16BG。

在信号平面布置图上方还应列出各设备坐标。除上述外，车辆段信号平面图中还包括试车线、练兵线等。

一、道岔的手摇与加锁

◇ 设备设施	道岔尖轨+转辙机、防护坎肩、手摇把、钩锁器、无线通信设备等
◇ 实践形式	1）学习手摇道岔相关规章 2）按照标准完成道岔的手摇和加锁
◇ 预期目标	1）熟练掌握手摇把管理规定 2）背诵手摇道岔方法 3）初步了解道岔故障时的非正常行车处理方法

 相关资料：

（以某公司《行规》为例）：

（1）手摇把管理

① 手摇把应统一编号。编号以区域为单位，由01～09两位数字组成。由车辆部安全技术室登记造册一式两份，车辆部安全技术室存档一份，手摇把存放室一份。

② 手摇把的保管。设加锁手摇把保管箱，由车辆部统一配置，设置在规定地点。信号楼手摇把保管箱的钥匙由车辆段/停车场值班员保管。

③ 手摇把配备数量。由车辆部根据道岔组数确定应配数量。

（2）手摇把取出与收回

① 维修人员检修道岔或处理转辙机故障需使用手摇把时，由信号人员在《行车设备检查登记簿》上登记，写明用途、手摇把编号，经车辆段/停车场值班员签认后，方可开锁取出手摇把；使用完毕后，应由车辆段/停车场值班员清点数量、核对编号后签收加锁。

② 因设备停电或故障需手摇道岔排列进路时，同上。

③ 紧急处理故障时，可先应急使用，后补签手续。

（3）掌握手摇道岔的方法。

① 一看：查看道岔尖轨及辙叉心是否有异物，查看是否有钩锁器，查看道岔开通位置是否正确。

② 二开：打开孔盖板及钩锁器的锁，拆下钩锁器。

③ 三摇：摇道岔转向所需位置，在听到"咔嚓"的落槽声后停止。

④ 四确认：两人共同确认尖轨密贴。一人手指尖轨，口述"×号道岔开通定（或反）位，尖轨密贴"，另一人共同确认。

⑤ 五加锁：用钩锁器锁定道岔尖轨。折返站需经常转换的道岔钩锁器锁可只挂不锁，其他道岔钩锁器必须用小锁锁闭。

⑥ 六汇报：确认道岔位置开通正确、线路出清后，在安全位置向车站控制室汇报道岔开通位置正确、进路准备完毕、人员线路已出清。

二、轨旁设备的认知

◇ 设备设施	转辙机、应答器等典型轨旁设备实物或图片
◇ 实践形式	1）观察典型轨旁设备实物或图片 2）学习典型正线和车辆段信号平面图
◇ 预期目标	1）能够将设备实物（图片）与信号平面图符号相对应 2）能够说明设备的名称及其编号的含义 3）能够说明设备的基本功能

 相关资料：

典型轨旁设备举例如图2-32所示。

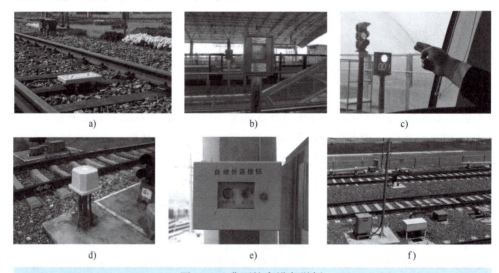

图2-32 典型轨旁设备举例
a）应答器 b）紧急停车按钮 c）出站信号机和发车计时器
d）计轴器包含磁头和电子单元EAK e）自动折返按钮 f）AP天线

三、信号平面图识图能力训练

◇ 设备设施	不同类型城市轨道交通正线、车辆段信号平面图
◇ 实践形式	1）学习并比较不同城市轨道交通信号设备特点 2）写出信号平面图中各符号的名称及作用
◇ 预期目标	1）能看懂不同信号平面图的符号 2）能识别各种信号设备，并解释其命名规则 3）具备不同信号平面图的学习能力 ① 图2-33中，带有"M"的信号显示 ② 图2-34中，正线信号机定位显示蓝色灯光

相关资料：

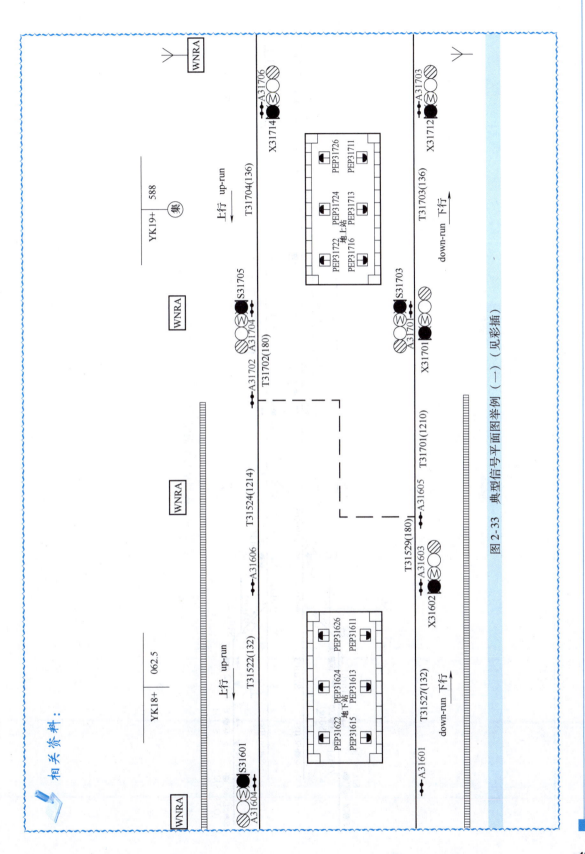

图 2-33 典型信号平面图举例（一）（见彩插）

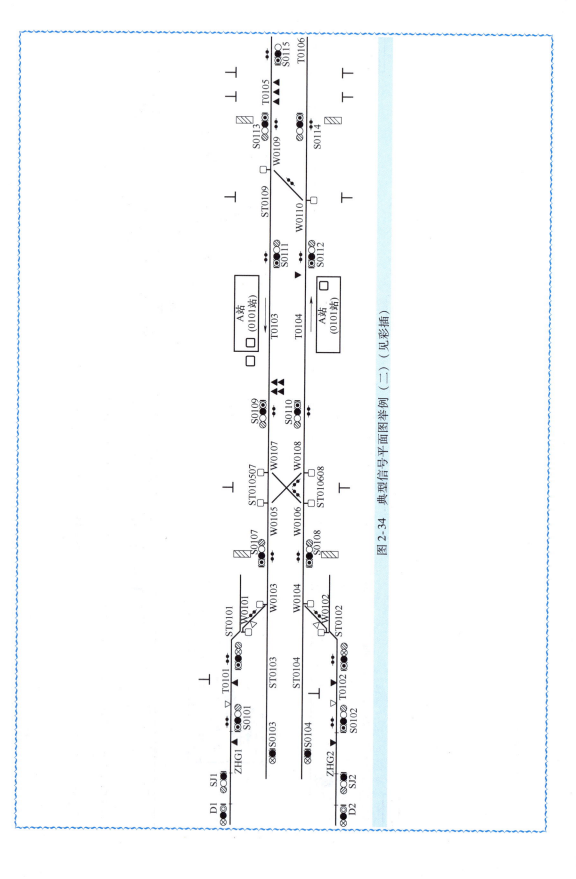

图 2-34 典型信号平面图举例(二)(见彩插)

知识拓展

一、继电器的应用

"故障-安全"原则是轨道交通信号设备必须遵循的原则,当系统任何部分发生故障时,应确保系统的输出导向安全状态。随着电子技术的迅速发展,电子器件尤其是计算机以其速度快、体积小、容量大、功能强等技术优势,在相当大程度上逐渐取代继电器构成自动控制和远程控制系统,使技术水准大大提高。但与电子器件相比,继电器仍存在一定优势,尤其是具有"故障-安全"性能,因此在一定时期内,继电器在轨道交通信号领域仍将起着重要作用。例如在计算机联锁设备中,尽管电子器件所占比例相当大,还需要将继电器电路作为系统主机与信号机、轨道电路、转辙机的接口电路。

目前轨道交通信号设备中,继电器的作用主要表现在以下几方面:

(1) 表示功能 利用不同继电器表示线路的占用和空闲、信号的开放和关闭、道岔是否在规定位置、区间是否闭塞等状态。例如:车站每组联锁道岔均设置定位表示继电器(DBJ)和反位表示继电器(FBJ),当有关继电器吸起时表示该道岔在定位或在反位;屏蔽门的关闭及锁闭状态也最终由相应的继电器表示,联锁等设备通过采集继电器的状态确定相应设备的状态。

(2) 驱动功能 目前轨道交通信号设备中主要被控对象是信号机和转辙机,不论车站是采用继电联锁还是计算机联锁,均利用继电器控制相应设备。例如:车站的联锁道岔控制电路中设置有定位操纵继电器(DCJ)和反位操纵继电器(FCJ),当条件满足有关继电器吸起时,能够驱动道岔向定位或反位转换。

二、继电器的工作原理

继电器是一种电磁开关,能以较小的电信号控制执行电路中的大功率设备,是实现自动控制和远程控制的重要设备。

继电器工作原理图如图 2-35 所示,当线圈中通入规定的电流后,根据电磁原理,线圈中产生磁性,衔铁被吸引;当线圈中没有电流时,衔铁由于重力作用被释放。衔铁上的接点称为动接点,随着衔铁的动作实现接点的接通与断开,从而实现对其他设备的控制。

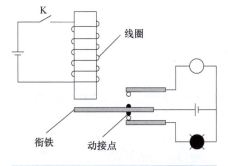

图 2-35 继电器工作原理图

我国轨道交通信号中应用最为广泛的是 AX 系列继电器,其基本结构是直流无极继电器，如图 2-36 所示，由电磁系统和接点系统两部分组成。其中电磁系统主要包括线圈、铁心以及可动的衔铁等，接点系统由动接点和静接点组成。

图 2-36　继电器实物

 思考研讨

1. 比较轨道电路与计轴两种轨道占用检测方式各有哪些利弊？
2. 为实现对道岔的集中控制和监督，转辙机应达到什么要求？
3. 人工手摇道岔的"六部曲"是什么？
4. 正线常用的信号机有哪些？
5. CBTC 系统中，应答器的作用是什么？
6. 以轨道电路技术在铁路、城市轨道交通的应用为例，思考城市轨道交通通信信号系统从哪些方面推动新一轮科技革命和产业变革深入发展。

项目三

联锁设备

城市轨道交通的正线及车辆段均设置联锁设备，并利用继电器构成的接口电路使转辙机、信号机、轨道占用检查设备以及屏蔽门、紧急停车按钮等之间具有相互制约关系，以保证列车在正线及车辆段的运行安全，并通过冗余结构确保系统自身的安全性和可靠性。

1. 掌握进路、锁闭和解锁等基本概念。
2. 理解并掌握联锁关系的基本内容。
3. 能分析影响正线信号开放（发出行车许可）的因素。
4. 了解常用联锁设备的型号。
5. 了解联锁设备与其他设备的关系。

课题一 联锁概述

一、联锁的概念

进路是列车和调车机车车辆在正线车站、联锁区及车辆段内所经过的路径，是从一架信号机开始，至同方向次一架信号机为止的线路。按照道岔的不同开通方向可以构成不同的进路，每条进路由相应的信号机防护，列车及调车车列应依据信号的开放状态进入或通过进路。

办理进路，就是将有关道岔转换到进路要求的位置后锁闭，并开放防护进路的信号。但是有些进路如果同时建立会造成列车或调车车列冲突的危险，这样的进路互为敌对进路，防护这两条进路的信号互为敌对信号。

为了保证列车运行、调车作业安全，只有在进路空闲、道岔位置正确、敌对信号处于关闭状态时，防护进路的信号才能开放；当信号开放后，进路上有关道岔不能再转换，其敌对进路不能建立、敌对信号不能开放，这种信号、道岔、进路之间相互制约的关系，称为联锁关系，简称为联锁。

控制道岔、进路和信号，并实现它们之间联锁关系的设备称为联锁设备。

二、基本联锁关系

联锁关系的基本内容包括：

1. 不允许建立会导致列车、调车车列冲突的进路

防护进路的信号开放前，需检查其敌对信号处于关闭状态；信号开放后，应将其敌对信号锁闭在关闭状态，不允许办理与之相敌对的进路。

2. 进路上的道岔必须被锁闭在与所办理进路相符合的位置

通过操纵联锁设备终端（计算机屏幕、控制台等）上的有关按钮办理进路或自动触发进路，当有关道岔转换至开通进路的位置并锁闭后，才能开放信号。图 3-1 所示为某车辆段信号平面图，当图中 2/3 号道岔处于侧向位置时，信号机 D1 不能开放。

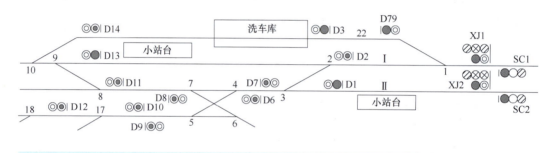

图 3-1　某车辆段信号平面图（部分）

3. 信号机的显示必须与进路的开通状态相符合

车辆段中，调车信号机的显示不表示道岔开通方向，但有些信号机，例如进段信号机的显示，需指示所防护进路中道岔开通方向。如图 3-1 所示，进段信号机 XJ1 显示一个黄灯表示允许列车进入车辆段，显示两个黄灯表示 1 号道岔开通侧向，指示列车进入洗车线。

课题二　联锁设备及技术要求

一、联锁设备的发展

我国目前应用的联锁设备主要有如下两大类：

1. 继电式集中联锁

继电联锁电路有过多种制式，几经修改完善，6502 继电式集中联锁被认为是较好的定型电路，曾得到广泛应用，如图 3-2 和图 3-3 所示。

2. 计算机联锁

随着计算机技术的迅速发展，尤其是对于可靠性技术和安全性技术的深入研究，出现了计算机联锁，如图 3-4 和图 3-5 所示。与继电式集中联锁设备相比，计算机联锁在安全性、可靠性、经济性以及设计、施工、维修、使用等方面，具有明显的优势，更适应信号设备数字化、网络化、综合化和智能化的要求。

图 3-2　继电式集中联锁电路

图 3-3　继电式集中联锁控制台

图 3-4　计算机联锁机柜举例

图 3-5　计算机联锁操作终端举例

20 世纪 80 年代起铁道科学研究院、铁道部通信信号总公司研究设计院、北方交通大学（现北京交通大学）等科学研究机构相继展开了计算机联锁控制系统的研制工作。1984 年铁道部通信信号总公司研究设计院研制生产出了国内第一个车站计算机联锁控制系统，并成功地应用于地方铁路，填补了我国计算机联锁控制系统的空白。

我国目前计算机联锁系统的厂家和主要型号包括：

1）铁科院通号所：TYJL-ADX、TYJL-Ⅲ型，其中前者引进日立公司 ADX-1000 型计算机联锁系统核心平台，后者为国内自主研发的高安全等级新一代计算机联锁系统。

2）北京全路通信信号研究设计院：DS6 系列，包括 DS6-K5B 计算机联锁系统、DS6-60 计算机联锁系统以及 DS6-60e 全电子计算机联锁。其中 DS6-K5B 为与日本京三制作所联合研制。

3）北京交大微联公司：EI32-JD 型计算机联锁系统，与日信公司合作研制。

4）卡斯柯信号有限公司：iLOCK 型、iLOCK-E 型全电子计算机联锁以及 VPI 计算机联锁系统。

上述计算机联锁系统均采用二乘二取二冗余结构，广泛应用于我国的城市轨道交通及高速、普速铁路。

二、典型联锁设备及其应用

我国城市轨道交通正线联锁设备存在多种类型，国外设备曾经占据主导位置，如 US&S 公司的 MicroLok Ⅱ 型计算机联锁系统、西门子公司的 SICAS 型计算机联锁系统、庞巴迪公司的 R4 计算机联锁系统等。近年来国产联锁设备越来越多地应用于城市轨道交通中，如通号总公司研究设计院研制的 DS6-60 型、卡斯柯公司的 VPI-3 型以及北京交大微联公司的 EI32-JD 型计算机联锁系统等。

1. 正线信号系统实例一

系统整体结构如项目一中图 1-9 所示。

整条线路由五个子系统来管理，包括：

1）交大微联的 ATS（列车自动监督）子系统；

2）日本信号的 ATP/ATO（列车自动防护/驾驶）子系统；

3）交大微联的 CI（计算机联锁）子系统；

4）交大微联的 MSS（维护支持）子系统；

5）DCS（数据通信）子系统。

线路的运营管理主要依赖于覆盖整条线路的有线传输网络，该网络为各子系统之间提供双向信息传输。

无线自由波（2.4GHz）为信号轨旁子系统和车载子系统提供双向无线信息传输。沿着全线分布的轨旁无线电台保证了无线网络对整条线路的覆盖，该无线网络传送连续的 CBTC 信息。

ATS 设备位于控制中心、备用控制中心、各车站和车辆段；ATP/ATO 位于 6 个设备集中站和 1 个车辆段内的试车线；CI 位于 6 个设备集中站、1 个车辆段和 1 个停车场；MSS 除位于各设备集中站外，还在各个维护工区设有终端，用于监测全线信号系统的工作状态。CBTC 系统通过 CI 系统与轨旁的基础设备（信号机、转辙机、次级检测设备（计轴）、紧急关闭按钮等）接口。

列车定位是 CBTC 系统的固有特性，同时也可以通过计轴器来完成辅助的列车定位。正线上装配计轴器，车辆段和停车场内则通过轨道电路来确定列车位置。

在车辆段/停车场采用与正线一样的 CI 系统，用于管理车辆段的轨旁设备和试车线，可以方便地实现正线联锁和车辆段/停车场联锁接口和试车线的控制，可以控制列车进/出非 CBTC 区域。

所有主要的子系统设备都将提供冗余配置，即某单一故障不会影响正常运行。

2. 正线信号系统实例二

某地铁信号系统如图 3-6 所示。

信号系统由车载和轨旁两部分组成，车载部分包括 CC 和驾驶室 DMI 接口（在项目四中详细介绍），轨旁部分除计算机联锁系统、ATS 本地工作站外，还包括区域控制器（ZC）、线路控制器（LC）、数据存储器（DSU）、编码器（LEU）和信标 BEACON。

（1）区域控制器（Zone Controller，ZC）　ZC 是轨旁 ATC 的重要组成部分，三取二结构，与联锁系统相连，为 ATC 控制列车提供了轨旁变量信息。通常一条线由一个或多个 ZC 区域组成，这与线路上所需管理变量的数量有关。

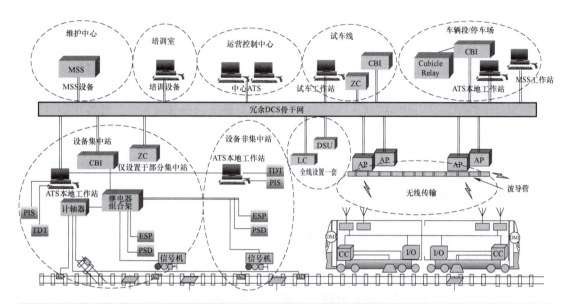

图 3-6　某地铁信号系统

（2）线路控制器（Line Controller，LC）　LC 是轨旁 ATC 的组成部分之一，三取二结构，负责管理临时速度限制和 ATC 软件的版本，为整条线路服务，不受区域限制。

（3）数据存储器（Data Storage Unit，DSU）　DSU 是轨旁 ATC 的组成部分之一，所有供 CC 下载的文件都存储在 DSU 中。这些文件分为 ATC 恒量数据（Static Data）和 ATC 软件两种。DSU 为线路上所有的列车服务，不受列车模式限制。

（4）编码器（Line Side Electronic Unit，LEU）　在后备模式下，LEU 从联锁系统提取轨旁信息，再将信息编码后传给安装在轨旁的信标 Beacon，从而使经过的车辆能够读取这些信息。

（5）信标 BEACON　根据功能的不同，信标又可分为重新定位信标、移动列车初始化信标、准确停车信标和固定列车初始化信标四种。

三、基本技术要求

应用于城市轨道交通和铁路的联锁设备，应实现以下技术要求：

1. 基本操作原则

联锁设备应采用双按钮操纵方式，办理进路、取消和人工解锁进路、单独操作道岔都要按压两个按钮才能动作设备，这样可以防止由于误操作按钮造成信号设备错误动作。

2. 进路锁闭

进路锁闭指的是进路排通、防护进路的信号开放后，进路上有关道岔不能转换，有关敌对信号不能开放。

控制台上办理好进路后，从防护进路的信号开始至进路的终端显示白光带，称该进路处于锁闭状态，锁闭的主要对象是集中联锁道岔，进路锁闭的实质是由构成该进路的各轨道区段的锁闭构成的。

3. 接近区段的规定

进路的接近区段，一般指的是信号机外方的第一轨道电路区段。

进路排通、防护进路的信号开放后，接近区段空闲时的进路锁闭又称为进路的预先锁闭，接近区段有车占用时的进路锁闭又称为进路的接近锁闭。进路的锁闭程度不同，人工办理进路解锁时采用的方式也不同。

4. 信号的开放

控制台上操纵按钮办理进路后，满足下列条件信号即可自动开放：

1）进路空闲。

2）有关道岔转换至规定位置。

3）敌对进路未建立。

4）进路处于锁闭状态。

信号机应设灯丝监督装置，不间断地检查正在点亮的灯泡灯丝的完整性，信号机故障熄灭时室内控制台上有相应的灯光和声音报警装置。

5. 信号的关闭

已经开放的信号，在下列情况应能自动关闭：

1）列车信号：当列车进入该信号机内方第一个轨道区段时。

2）调车信号：当调车机车车辆全部越过开放的调车信号，即出清调车进路接近区段。若接近区段留有车辆，则车列出清调车信号内方第一个轨道区段时信号关闭。

3）当信号显示与防护进路的条件不符合时（如进路上轨道电路故障、道岔位置改变，或信号灯丝断丝等）。

4）办理取消或人工解锁进路时。

6. 进路的自动解锁

进路的自动解锁是指进路锁闭信号开放后，随着列车越过信号机进入进路或调车机车车辆的牵出、折返，进路上有关轨道区段自动解锁，控制台上相应轨道区段的白光带自动熄灭。

进路的自动解锁根据电路动作的特点不同，包括以下两种情况：

1）正常解锁，也称为逐段解锁，即列车或调车机车车辆顺序占用和出清进路的各轨道区段后，进路上的轨道区段自动顺序解锁。

2）调车中途返回解锁：在调车过程中，调车机车车辆未压上或部分压上的轨道区段，能够随着调车机车车辆的折返而自动解锁。

7. 人工办理解锁进路及解锁轨道区段

人工办理解锁进路指的是进路建立后，不经列车或调车机车车辆运行，经人为操作将进路解锁。

1）当进路处于预先锁闭时，办理"取消解锁"，可将进路解锁。

2）当进路处于接近锁闭时，需办理"人工解锁"，才能将进路解锁。

当进路处于接近锁闭办理人工解锁进路时，进路需经过 3min 或 30s 的延时才能解锁。设置延时解锁，是为了防止解锁原有进路改办其他进路时，处于接近区段的列车或调车机车车辆可能由于停车不及时，冒进信号而压上正在转换的道岔。延时能够确保列车或调车机车车辆有足够的停车时间。

"取消解锁"与"人工解锁"两种方式的不同在于使用的按钮不同，操作时执行的手续不同，具体操作将在后面详细介绍。

3）当发生车站停电后恢复供电，以及进路没有完全解锁等情况时，控制台上全部或部分轨道区段显示白光带，此时有关区段均处于锁闭状态，需办理"区段人工解锁"手续，才能将有关轨道区段解锁。

8. 道岔的锁闭

除进路锁闭外，联锁道岔还有以下锁闭方式：

1）区段锁闭：道岔区段有车占用时，区段内有关道岔不能转换，称为区段锁闭，此时控制台上有关道岔区段显示红光带。

2）单独锁闭：即利用控制台上道岔按钮断开道岔控制电路，使该道岔不能转换。对道岔进行单独锁闭后，控制台上该道岔表示灯显示红灯。

3）故障锁闭：即在故障情况下道岔区段被锁闭，此时控制台上有关道岔区段显示白光带。例如：列车经过进路后，由于分路不良使部分轨道区段不能解锁，控制台遗留有白光带。

联锁道岔受到上述任一种锁闭时，应保证列车及调车机车车辆通过道岔时，道岔不能启动。

上述锁闭方式均属于对道岔进行电气锁闭，即通过断开转辙机的控制电路，使转辙机不能转换。当设备故障时应使用钩锁器对道岔进行现场加锁。

9. 道岔的转换

在非上述任何一种锁闭的条件下，联锁道岔允许单独操纵，根据在控制台上的操作，能够进路式选动。但单独操纵优先于进路式选动，在进路式选动过程中，如果尖轨转换遇阻不能转换到底时，为保护电机，允许单独操纵转回原来位置。

为保证列车和调车作业安全，联锁道岔一经启动，则不受列车或调车机车车辆进入道岔区段的影响，应继续转换到底。

道岔转换到位后有控制台有相应定位或反位表示，联动道岔只有两端尖轨均转换到位才能构成位置表示。

10. 引导接车

联锁设备具备引导接车功能，当有关轨道电路、道岔等故障时，相关信号机应能开放引导信号。

<h2 style="text-align:center">课题三　联　锁　关　系</h2>

一、车辆段联锁关系

车辆段联锁系统用于保证列车进段、出段及在段内作业的安全。我国城市轨道交通车辆段在信号方面基本采用国产计算机联锁设备实现联锁关系，并根据作业需要，增加与正线、洗车线等的接口电路，通过敌对照查形式保证列车投入和退出运营的正常作业。

1. 与正线的接口

列车在车辆段内以地面信号显示为主体信号，以人工驾驶模式运行。

由于列车在正线与车辆段内的驾驶模式不同，通常在车辆段的出、入段线外侧设置转换轨，用于列车进、出段作业的驾驶模式转换。在转换轨处需设置车-地通信设备，实现列车与控制中心的通信。列车在转换轨处"登记"或"注销"后，转换驾驶模式，进入正线ATC监控区或车辆段内。

图3-7所示为某车辆段与正线连接部分。

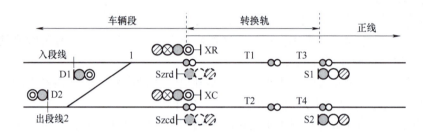

图3-7 某车辆段与正线连接部分
D—调车信号机　Szrd—上行总入段线信号机　Szcd—上行总出段线信号机
XR—下行入段线信号机　XC—下行出段线信号机　S—上行信号机　T—计轴区段

(1) 基本原则

1）办理进路时，需检查转换轨空闲、敌对进路未建立、终端信号机灯丝状态良好等条件后才能锁闭进路、开放信号。

2）同一条出入段线路上同一时间内的出段进路与入段进路相互敌对。

3）系统发生故障时，应使系统维持在安全状态或转向并锁定在安全状态，实现"故障-安全"原则。

(2) 出段照查条件　自动触发或人工排列以S2（或S1）为终端的进路，需检查S2照查条件、T2空闲、T4空闲后，进路才能锁闭，Szcd（或Szrd）开放。同样，以S1为终端的进路需要检查S1照查条件、T1空闲、T3空闲后，进路才能锁闭，Szrd开放。人工排列以Szcd（或Szrd）为终端的进路时，也需检查S2（或S1）照查条件。

说明：S2照查条件，即没有由正线办理向Szcd的进路。

进路锁闭后，车辆段联锁设备将S2、XC及S1、XR等作为照查条件送入正线联锁系统，锁闭其敌对进路。

(3) 入段照查条件　列车从正线进入车辆段，办理以XR（或XC）为终点的进路，需检查S1（正）、T1、T3（或S2、T2、T4）条件；进路锁闭后，将照查条件发送至车辆段联锁设备。

2. 与洗车线（机务段）的接口

两者采用相同的接口电路，包括WJTJ（微机驱动洗车线（机务段）同意继电器）、JTJ（洗车线（机务段）同意继电器）电路，如图3-8所示。

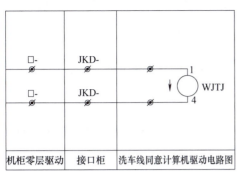 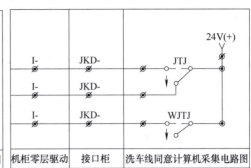

图 3-8　与洗车线（机务段）接口采集、驱动电路

1）微机采集到 JTJ 吸起后，点亮"洗车同意"白灯，当列车进入洗车库或办理取消后，"洗车同意"灯灭。

2）向洗车线办理调车进路时，需检查 JTJ 在吸起状态后，信号才能开放。

3）向洗车线调车进路锁闭后，驱动 WJTJ 吸起并自闭，此时洗车线无法取消同意。车完全进入洗车线且进路解锁后 WJTJ 落下，或者由信号楼值班员执行"总取消 + 进路终端按钮"办理取消作业才能落下。

二、正线联锁关系

1. 一般要求

1）系统是实现车站联锁的信号系统，CI 将控制范围内信号机、列车占用检测装置及道岔等信号设备构成一种既相互联系又相互制约的关系。CI 应保证进路行车安全，提高运输效率，改善劳动条件，并具备大信息量和联网能力。

2）系统应满足 24h 不间断运行的要求。

3）系统的监控容量应满足正线车站、车辆段/停车场的建设规模和运输作业的需要。

4）系统应具有与 ATS 校核时钟的能力。

5）系统可与 ATS 系统配合，实现站控/遥控的转换。

6）系统主要通过进路控制列车的运行。在 CBTC 模式下，CI 系统允许多列车运行到同一条进路内，按照移动闭塞行车；在降级模式下，CI 系统只允许一列车运行到该进路内，按照固定闭塞行车。

2. 基本功能

1）用于列车占用检测的区段，可分为逻辑区段和物理区段。CI 系统可提供封锁区段、解封区段功能。区段封锁后，CI 系统不应排列经过该区段的进路。

2）信号机。

① 信号应不出现乱显示，即不符合规定的信号显示。在组合灯光开放和关闭时，应避免因灯丝故障导致信号显示升级。

② 系统检测到信号机显示与预期结果不一致时，应控制该信号机显示禁止信号。

③ 系统应能接收地面 ATP 提供的信号机的列车接近信息，控制进路始端信号机转换不同的显示。

④ 系统可提供信号机封锁、信号机解封功能。信号机封锁后,不能再排列经过该信号机的进路。

⑤ 系统可提供信号关闭功能。

⑥ 系统应具备信号重复开放的功能。办理了重复开放手续,防护该进路的信号机应检查信号开放条件满足后开放。

⑦ 进路信号开放,应持续检查信号开放联锁条件满足。

⑧ 进路的始端信号机,在信号关闭后,除本规范明确的情况外,不经再次办理,不应自动重复开放信号。

⑨ 信号灯丝监督应符合下列规定:

a. 列车信号机和调车信号机应设灯丝监督。

b. 信号机在开放列车允许信号灯前,应检查红灯灯丝完好。

c. 在信号开放允许信号灯后,应不间断地检查灯丝完好。

d. 当开放的信号灯断丝,应控制信号机显示禁止信号。

e. 系统可提供信号机灯光测试功能。进行灯光测试时,CI 点亮控制区域内的全部信号机。

3)道岔。

① 系统应具备道岔位置信息,包括:道岔定位、道岔反位、道岔四开,并能提供道岔挤岔表示。

② 道岔的转换。

a. 系统应具备操作道岔的功能,包括:人工单独操纵(对应定操和反操命令)、进路选动和进路带动。道岔单独操纵的优先级高于进路的选动和带动。

b. 进路控制方式操纵道岔时,进路上的道岔应顺序选出,动作电流应错开启动峰值。

③ 系统应能够通过进路锁闭、区段锁闭、人工单独锁闭、引导总锁或其他锁闭的方式对道岔进行锁闭。道岔一旦被锁闭,道岔不能操纵。

④ 系统应具备单独锁闭和单独解锁的功能。道岔单独锁闭后可以排列经过该道岔所在位置的进路。

⑤ 系统可提供道岔封锁、道岔解封功能。道岔封锁后,CI 系统不应排列经过该道岔的进路。

4)进路。

① 系统应具备列车进路、引导进路和调车进路。

a. 正线 CI 系统应具备列车进路、引导进路;车辆段和停车场联锁系统应具备调车进路,车辆段和停车场联锁系统可提供列车进路和引导进路。

b. 系统应为不同控制等级的列车办理不同性质的列车进路,CI 系统应为 CBTC 控制级列车提供 CBTC 列车用进路,CBTC 列车用进路的办理和开放可检查进路内方首区段的空闲,不检查进路内其他区段的空闲。

② 进路的办理。

a. 系统应能提供人工办理、ATS 自动办理进路的功能。

b. 进路人工模式和自动模式之间可单独转换,也可按照联锁区统一转换。

c. 系统为 CBTC 列车提供进路和非 CBTC 列车提供进路的办理操作方式应相同。

d. 系统应能选出与操作意图相符的进路，依次确定进路的始端、终端，只能自动地选出一条基本进路。

e. 一条进路办理之后，不得同时开通其敌对进路。

③ 进路的锁闭。

a. 系统应具备进路锁闭的功能。进路锁闭在进路选通且有关联锁条件具备时构成。

b. 系统应具备进路接近锁闭的功能。接近锁闭在信号开放后接近区段有车占用时构成；当接近区段未设置轨道检测装置时，接近锁闭应于信号开放后立即构成。

④ 进路的解锁。

a. 正常解锁：锁闭的进路在其防护信号机因列车占用正常关闭后，能随着列车的正常运行分段自动解锁，解锁时有条件的区段应采用三点检查；进路中存在多列车时，进路应随最后一列车的运行解锁。

b. 人工解锁/取消进路：CI系统应具备取消进路、人工解锁及区段故障解锁的功能。进路接近锁闭后，人工解锁可采用延时解锁或在收到列车停车保证的情况下立即解锁。

⑤ 系统可提供自动通过进路的功能，处于自动通过模式的进路不随列车运行自动解锁，其防护信号机的显示随着列车的运行自动开放或关闭。

⑥ 系统可根据需要提供自动折返进路功能。办理自动折返进路后，CI系统自动排列列车进入折返线和驶出折返线的进路，并开放信号。当折返轨多于一个时，CI系统可提供全自动折返进路功能，办理全自动折返进路后，CI系统根据折返线的使用情况选择合适的折返线，排列折返进路。

⑦ 系统应具备引导进路功能，可提供引导总锁功能，引导总锁将CI系统控制范围内道岔全部锁闭。正线仅在进路引导的情况下才能开放引导信号。

5) 保护区段。系统应能提供不同路径的保护区段，当保护区段与后续进路方向一致时，两者可以重复锁闭。

① 保护区段的设置：

a. 为非CBTC控制级列车办理列车进路时，保护区段随着列车进路的建立而建立，进路始端信号开放需要检查保护区段锁闭且空闲。

b. 为CBTC控制级列车办理进路时，保护区段随着列车的走行而建立，进路始端信号机的开放宜不检查保护区段。

c. 当保护区段不唯一，CI系统可根据操作意图设置不同的列车保护区段；当保护区段唯一，联锁自动设置保护区段。

② 保护区段的锁闭：保护区段空闲且道岔转换到保护区段所需位置，相关联锁条件满足后，保护区段锁闭。

③ 保护区段的解锁：

a. 列车进入列车进路停稳后，保护区段自动解锁。

b. 保护区段被后续进路重复锁闭时，保护区段随着后续进路的正常解锁而自动解锁。

c. 保护区段随着主进路的取消或人工解锁而自动解锁。

3. 其他功能

1) 系统应具备站台紧急关闭接口功能。办理了紧急关闭作业，对相应的引入该站台的和由此站台出发的非 CBTC 列车用进路（不含引导）的信号机应立即关闭；由此站台出发的 CBTC 列车用进路的信号应立即关闭。

2）系统应具备站台门接口功能。

① 系统应采集站台门的状态，站台门条件不满足的站台，对相应的引入该站台的和由此站台出发的非 CBTC 列车用进路（不含引导）的信号机应立即关闭；由此站台出发的 CBTC 列车用进路的信号应立即关闭。由于站台门条件不满足引起的信号关闭，在站台门条件满足后，CI 系统可自动重开信号。

② 系统可根据来自 ATP 系统的站台门命令开关站台门。

③ 系统可提供扣车接口功能。办理了扣车作业后，CI 系统可关闭对应站台的出发信号机；由于扣车引起的信号机关闭，在扣车取消后可自动重开信号。

【想一想】
正线的联锁系统与车辆段的联锁系统有哪些不同？

三、联锁表简介

联锁表又称为进路表，根据信号平面布置图编制，反映了进路、道岔、信号机及相关设备之间的联锁关系。

联锁表的基本要素包括进路号码、进路名称、进路性质、排列进路按钮、信号机、道岔、敌对信号、侵限区段和轨道区段等。

正线联锁表根据设备功能要求，在上述基础上增加了保护区段、接近区段、进路延时解锁时间、其他联锁、自动通过、ATS 自动进路开始触发区段等。

正线联锁设备需要满足列车自动运行、降级运行、自动折返以及引导接车等不同功能，因此正线的联锁表包括基本进路表（CBTC 模式）、基本进路表（降级模式）、引导进路表、自动折返进路表等。

正线与车辆段联锁表的差异，不仅体现出两者联锁设备功能的不同，也表明了两者在基本操作、行车指挥方面的区别。

四、联锁系统功能

我国早期的城市轨道交通以引进国外联锁系统为主，2015 年中国城市轨道交通协会技术装备专业委员会发布的《城市轨道交通 CBTC 信号系统——ATS 子系统规范》（CZJS/T 0030—2015）、《城市轨道交通 CBTC 信号系统——CI 子系统规范》（CZJS/T 0031—2015）、《城市轨道交通 CBTC 信号系统——DCS 子系统规范》（CZJS/T 0032—2015）等规范对我国城市轨道交通联锁系统功能做了总体要求。下面以西门子公司 SICAS 联锁系统为例进行说明。

1. 进路设置

为了确保城市轨道交通高密度行车下的安全，SICAS 联锁系统与 ATP 相结合，进路由防护信号机防护，但列车在进路中的运行安全由 ATP 负责。SICAS 联锁系统共有四种进路设置方式。

项目三 联锁设备

（1）**ATS 的自动列车进路** ATS 按照运行图，根据列车的车次号，结合列车的运行位置，发送排列进路的命令给 SICAS 联锁，自动排列进路。

（2）**RTU 的自动列车进路** 当中央 ATS 系统故障或与 OCC 中央设备的传输通道故障时，司机在列车上人工输入目的地码，车站 ATS 的远程终端单元（RTU）能根据从轨旁 PTI 环线（即车-地通信轨旁接收设备）接收到的目的地码，向 SICAS 联锁发布排列进路命令，自动排列进路。

（3）**追踪进路** SICAS 联锁自有的功能，在列车占用触发轨时，SICAS 可向带有追踪功能的信号机发布排列进路命令，自动排列出一条固定的进路，开放追踪进路的信号。

（4）**人工排列进路** 可由操作员在获得操作权的 LOW（现地操作工作站）或中央 ATS 的 MMI（人机接口）上，通过鼠标和键盘输入排列进路命令，人工排列进路。

人工排列进路始终优先，自动列车进路与追踪进路功能是对立的，对于单个信号机而言，选择了自动排列进路，就不能选择追踪进路。操作员可在 LOW 或 MMI 输入命令，开放、关闭信号机的自动排列进路或追踪进路功能。

2. 进路排列的条件

1）进路中的道岔没有被征用在相反的位置上。
2）进路中的道岔没有被人工锁定在相反的位置上。
3）进路中的道岔区段、轨道区段没有被封锁。
4）进路中的信号机没有被反方向进路征用。
5）进路中的监控区段没有被进路征用（如：列车正在通过进路的监控区段或列车通过进路后，监控区段不能正常解锁，出现绿光带现象，则进路不能排列）。
6）进路的非监控区段没有被其他方向进路征用［如：要排列进路的轨道区段（含保护区段）被其他方向的进路征用或其他方向进路的轨道区段在解锁时出现非正常解锁且这些区段刚好属于要排列的进路的某些区段，则进路不能排列］。注：如果进路的非监控区段是被同方向的进路征用，则可以再次征用。
7）从洗车场接收到一个允许洗车的信号（只适用于排列进洗车线的进路）。
8）与相邻联锁通信正常（只适用于排列跨联锁区的进路）。
9）防淹门打开且未请求关闭（只适用于排列通过防淹门的进路）。
10）与车场的照查功能正常（只适用于排列进车场的进路）。

符合以上条件，进路能排列。进路在排列过程中，进路的道岔（含侧防道岔）能自动转换至进路的正确位置。

3. 有关概念

（1）**进路的组成** 进路一般由三部分组成，分别为主进路、保护区段及侧面防护。主进路是指进路上从始端信号机至终端信号机的路径，分为监控区段（含道岔区段）、非监控区段。保护区段是指终端信号机后方的 1~2 个区段。侧面防护由道岔、信号机及轨道区段的单个元素或组合元素组成。

（2）**多列车进路** SICAS 联锁中一般不设通过信号机，只设置防护信号机，有些进路包含了若干个轨道区段（多至十几个轨道区段以上）。由于城市轨道交通运行间隔小、车流密度大，列车运行安全由 ATP 系统保护，因此一条进路中允许多个列车运行。如图 3-9 所示，S1→S2 为多列车进路，只要监控区空闲即可排出以 S1 为始端的进路，开放 S1。

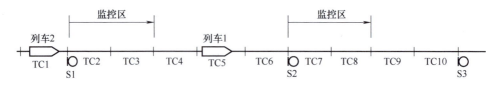

图 3-9 多列车进路示意图

对于多列车进路，当列车 1 出清监控区后，即可排列第二条相同始端的进路。进路排出后，只有当列车 2 通过后才能解锁。

（3）**联锁监控区段** 为了提高建立进路的效率，联锁系统把进路的区段分为监控区段和非监控区段两部分。进路建立后，当列车没有出清监控区段时，该进路不能再排列。当列车出清监控区段进入非监控区段时，即使非监控区段还没有全部解锁，该进路仍可再次排列，且信号能正常开放。

在无岔进路中，通常始端信号机后两个区段为监控区段，如图 3-9 所示，其他为非监控区段。

在有岔进路中，从进路的第一个轨道区段开始，一直到最后一个道岔区段的后一区段为止都是监控区段，其他为非监控区段。

监控区段的长度应足够完成列车驾驶模式的转换。列车通过监控区段后自动将运行模式转换为 ATO 模式或 SM 模式（ATP 监督下的人工驾驶模式），列车之间的追踪保护就由 ATP 来实现。

监控区段有故障，信号只能达到非监控层或引导层。非监控区段有故障，信号能正常开放，但列车以 SM、ATO 或 AR 模式驾驶时，由于具有 ATP 的保护功能，列车会在故障区段的前一区段自动停稳。

（4）**保护区段** 保护区段（Over Lap）也叫作重叠区段，如图 3-10 所示，设置保护区段的目的是为了避免列车由于某种原因不能在信号机前方停车而冲出信号机导致危及列车安全的事故发生。

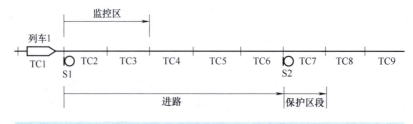

图 3-10 进路保护区段示意图

进路可以带保护区段或不带保护区段排出。对于短进路，保护区段与进路同时建立；为了不妨碍其他列车运行，对于长进路，可以通过目的轨的占用来触发使保护区段延时设置。

如进路短，排列进路时带保护区段；多列车进路无保护区段时，进路的防护信号机可以正常开放。

当 SICAS 联锁不能提供保护区段或其侧防条件不满足时，ATP 会计算出自己的保护区段，列车会在终端信号机前方一段距离（ATP 保护区段的长度）停车，确保行车安全。

从保护区段的接近区段被占用开始经过一个设计的延时（默认为 30s），保护区段解锁。

（5）侧面防护（侧防）　SICAS 联锁中没有联动道岔的概念，所有道岔都按单动道岔处理。排列进路时通过侧面防护把相关的道岔及信号机锁闭在联锁要求的位置，以避免其他列车从侧面进入进路，确保安全。侧面防护包括主进路的侧面防护和保护区段的侧面防护，如图 3-11 所示。

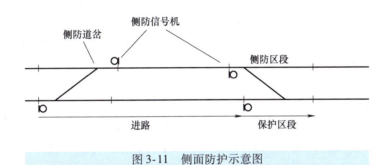

图 3-11　侧面防护示意图

侧面防护的任务是通过转换、锁闭和检查相邻分歧道岔位置，切断所有通向已排进路的路径。如果侧防道岔实际位置与要求的位置不一致，则发出转换道岔命令，当命令不被执行时（如道岔已锁闭），操作命令被存储，直到达到要求的终端位置。否则通过取消或解锁该进路来取消操作命令。

侧面防护也可由位于进路需要侧面防护方向的主体信号机显示禁止信号来完成。

道岔为一级侧面防护，信号机为二级侧面防护。排列进路是首先确定一级侧面防护，再确定二级侧面防护。没有一级侧面防护时，则将信号机作为侧面防护。

（6）进路的解锁　SICAS 联锁中正常的进路解锁采用类似国内铁路集中联锁的三点检查方式，列车出清后，后方的进路元素自动解锁。

人工取消多列车进路时，进路的第一个轨道电路必须空闲。如果接近区段逻辑空闲，进路及时解锁，如果接近区段非逻辑空闲，进路延时 60s 解锁。

多列车进路排出后，如果进路中有列车运行，则人工取消进路时只能取消最后一次排列的进路至前行列车所在位置的部分，其余部分随前行列车通过后自动解锁。

进路解锁后，相应的侧防道岔、侧防信号机及保护区段都随之解锁。

（7）轨道区段的 Kick-off 功能

1）物理空闲和物理占用。

轨道区段的物理空闲是指列车检测设备（轨道电路、计轴设备等）反映室外的轨道电路区段实际没有被列车占用的状态，此时轨道继电器处于吸起状态。

轨道区段的物理占用是指列车检测设备（轨道电路、计轴设备等）反映室外的轨道电路区段实际被列车占用的状态，此时轨道继电器处于落下状态。

2）逻辑空闲和逻辑占用。

轨道区段物理占用时，系统认为该区段也处于逻辑占用状态。

当轨道区段从物理占用状态切换为物理空闲状态时，系统将结合相邻区段的状态变化判断是否符合列车运行轨迹（列车通过和列车折返轨迹），如果符合则系统认为该区段逻辑空闲，否则认为该区段逻辑占用。此项功能可以根据相邻轨道区段"出清"和"占用"的变化序列进行判断，即不合理的序列将导致系统输出"逻辑占用"状态，可以避免轨道电路分路不良带来的不安全因素。

为了更好地判断逻辑空闲状态，系统引进了 Kick-off 状态。一般每个轨道区段均有两个 Kick-off 状态，每端一个，分别记录本区段与相邻轨道区段被同时占用的状态。当区段物理空闲且有两个 Kick-off 状态时，系统认为该区段逻辑空闲并重置 Kick-off，否则认为逻辑占用。

在计轴系统中，不存在"分路不良"情况，可关闭逻辑空闲/占用的处理功能，此时轨道空闲检测处理功能的"逻辑出清"和"逻辑占用"输出与"物理出清"和"物理占用"输入是一致的。

4. 与其他设备接口

（1）与车辆段联锁接口　正线车站与车辆段的信号接口设有相互进路照查电路，操作人员只有确认设置于控制台或计算机屏幕的照查表示灯显示后才能开放信号。主要联锁关系包括：

1）不能同时向对方联锁区排列进路。

2）当进路中包含有对方轨道电路时，必须根据对方相关轨道电路空闲信息进行进路检查，进路排出后需将排列信息传送至对方并要求对方排出进路的另一部分。

3）列车入段时，车辆段必须先排接车进路，正线车站才能排列入段进路，以减少对咽喉区的影响。为了提高段内作业效率，列车到达入段信号机后才排列接车进路。

（2）与洗车机接口　只有得到洗车机给出的同意洗车信号时，才能排列进入洗车线的进路，否则，不能排列进路。

（3）与防淹门接口　在特别情况发生时，SICAS 联锁通过与防淹门的接口保证列车运行安全。联锁设备与防淹门间传递的信息包括：防淹门"开门状态"信息、"非开状态"信息、"请求关门"信号以及信号设备给出的"关门允许"信号。有些地铁公司根据防淹门的特点，取消了"开门状态信息"。其基本联锁关系主要表现为：

1）只有检测到防淹门的"开门状态"信息而且未收到"请求关门"信号时才能排列进路。

2）信号机开放后，收到防淹门"非开状态"信息时，立即关闭并封锁信号机。

3）信号机开放后，收到防淹门"请求关门"信号时，关闭并封锁始端信号机并取消进路（接近区段有车时延时 30s 取消进路），通过轨道电路确认隧道内没有列车后立即发出"关门允许"信号，否则需要防淹门操作人员人工确认列车运行情况并根据有关规定人工关门。

（4）与 ATC 接口　SICAS 联锁与 ATC 的连接通过逻辑的连接来实现，响应来自 ATS 的命令，进行联锁逻辑运算，在满足安全的前提下，控制进路、道岔和信号机，并将轨道电路、道岔、信号机的状态信息提供给 ATS、ATP、ATO，主要设备状态信息包括：

信号机的状态——信号机的开放、关闭。

道岔位置——道岔的定位、反位、四开、挤岔。

轨道电路状态——占用、锁闭、空闲。

(5) 与相邻联锁系统接口　城市轨道交通正线车站被划分为数个联锁区，各联锁区的相互连接经由联锁总线通过连接中央逻辑层实现，联锁边界处的每个设备均以其进路特征反映至相邻联锁系统。

当一条进路的始端信号机和终端信号机位于不同联锁区时，进路由始端信号机所在的联锁区来设定，进路包括带有自身联锁区内进路部分和相邻联锁区内进路部分的连接点，两部分相互作用实现 SICAS 联锁的连接。

【想一想】
在保障安全的前提下，正线信号系统通过哪些方式提高列车运行效率？

一、联锁设备的认知

◇ 设备设施	联锁设备、继电接口电路及轨旁设备实物
◇ 实践形式	1) 观察联锁设备的组成 2) 观察联锁设备对轨旁设备的控制、表示方式
◇ 预期目标	1) 了解联锁设备各部分的功能 2) 能够明确联锁操作终端（称为控显机、LOW、LCW、MMI 等）在行车工作中的作用

（以 EI32-JD 为例）

1. 操作表示机

操作表示机又称为上位机，与联锁计算机（包括驱动采集机）构成上下位控制的分层结构。

操作表示机采用 PC 系列工业控制计算机，主要作用是为值班员提供操作显示界面。操作表示机从联锁计算机取得站场当前状态，驱动站场屏幕显示器，采集操作信息传输给联锁计算机，将当前联锁状态信息传输给电务维修机和监测机。

2. 联锁机

联锁计算机简称为联锁机，接收来自操作表示机传来的操作命令、接收驱动采集机传来的室外信号设备状态，进行联锁运算，向驱动采集机传输室外信号设备动作命令，同时向操作表示机传输表示信息。

联锁机为二乘二取二结构，由Ⅰ系、Ⅱ系组成，每系的核心部件为二取二安全型CPU板，正常情况下，A、B两套CPU电路应当工作完全相同，证明该CPU板双套电路工作正常并且同步，形成真实的输出，从硬件上保证设备的安全。

Ⅰ系、Ⅱ系之间为热备关系，只有主系对外的输出才会被采纳。当联锁机的主系发生故障时，自动地倒向备系。

3. 驱采机

驱动采集计算机为二乘二取二容错结构。其作用为采集室外信号设备的状态，并将采集到的站场状态传送到联锁机；接收联锁机传送的控制命令，并根据控制命令控制相应驱动电路，驱动室外信号设备动作。

采集电路在驱采机的控制下，采集组合架继电器状态；驱动电路在驱采机的控制下，驱动组合架继电器动作。

4. 轨旁设备

轨旁设备包括道岔、信号机、轨道区段、屏蔽门和紧急停车按钮等，通过继电电路与驱采机连接。

5. 维修机

维修机与操作表示机相连，显示站场运行状况、车站值班员操作信息、故障信息和系统运行状况等，可查看一个月内站场运行状况、车站值班员操作、设备故障等回放信息。

二、联锁设备操作及显示的认知

◇ 设备设施	联锁仿真设备或仿真软件
◇ 实践形式	1）观察联锁操作终端的典型状态： ① 轨道区段的红光带、白光带及分路不良等 ② 道岔：定位、反位、单锁、封锁及失表等 ③ 信号机：开放、关闭、封锁及灯光故障熄灭等 2）熟练掌握基本操作方法： ① 进路的办理及解锁（包括取消解锁、人工解锁、区段解锁） ② 道岔的单独操纵及锁闭、封锁 ③ 引导信号的开放
◇ 预期目标	1）能够联锁操纵终端的基本显示、基本操作 2）能够分析设备故障对列车运行、调车作业的影响 3）初步具备学习非正常行车预案的能力

一、6502 电气集中简介

1973年，铁道部指示当时的电务工程总队在以往设计的继电式电气集中电路基础上，设计一套便于推广使用的大站电气集中标准电路,定名为"电号6502"。1977年铁道部决定,今后车站信号设备新建和大修时,均以"电号6502"为主要形式,这就是6502电气集中定型电路,是我国应用最普遍的一种继电式电气集中联锁。

6502电气集中电路包括选择组和执行组两部分,采用站场型网络式结构,电路图形结构形状模拟了站场线路和道岔位置的形状,每条站场线路有15条网络线相对应。这样的电路结构,使信号机、道岔、轨道区段选用相应的定型组合,按照站场形状拼接,使设计过程比较容易,而且相同用途的继电器可以接在同一条网络线上,避免反复检查同样的条件,简化了电路,减少继电器接点使用,使电路规律性强,安全程度高。

6502电气集中通过独立的道岔控制电路和信号机点灯电路实现了对各道岔和信号机的控制和状态表示。计算机联锁基本完全借用了6502的道岔控制电路和信号机点灯电路,实现与轨旁设备的接口。

我国的计算机联锁设备从界面设计到操作原则、从基本功能到联锁关系、从软件结构到接口电路,都最大程度借鉴了6502的设计理念,并在实现6502全部功能的基础上,发挥计算机和网络的优势进行了功能扩展,提高系统的安全性与可靠性。从图3-12可以看出,计算机联锁软件中同类型设备采用相同软件模块,各模块按照站场型网络式结构连接。因此学习必要的6502电气集中知识,有助于掌握联锁关系的本质,探究联锁系统的设计理念。

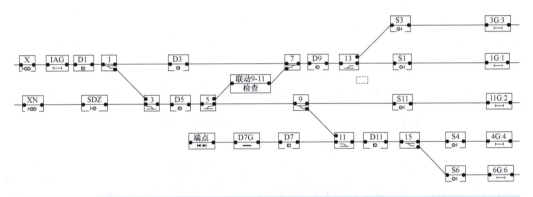

图3-12 某型计算机联锁软件结构举例

二、联锁表举例

联锁表以表格的形式反映了城市轨道交通车辆段、正线信号系统的联锁关系,学习并读懂联锁表,有助于掌握信号设备的基本原理,为正常情况下监视设备状态以及非正常情况下正确操纵设备、准备进路、确保行车安全提供依据。

附录E联锁区的联锁表部分内容见表3-1,从表中主要可以学习以下内容:
1)进路的范围,以及人工办理进路使用的按钮。
2)信号开放需要检查的基本联锁条件及信号的显示。
3)进路是否存在保护区段。
4)车—地通信对于进路解锁时机的影响。
5)特定轨道区段、屏蔽门状态、扣车按钮等对信号的影响。

表 3-1 基本进路

联锁区	进路号码	进 路	进路性质	排列进路按下按钮	信号机 名称	信号机 显示	道 岔	敌对信号	侵限区段	轨道区段
	1	X0901-X0801	基本进路	X0901A,X0801A	X0901	L		VS09,S0701		G0901
	2	X1001-X0901	基本进路	X1001A-X0901A	X1001	L		VS09		G1001
	3	S1003-S1019	折返进路	S1003A-X1005A	S1003	L	SW1001	X1005		G1005,DG1007-A,G1011
	4	S1003-S1013	基本进路	S1003A-S1013A	S1003	U	(SW1001),SW1003/SW1006,SW1004/SW1005,(SW1007),SW1009	X1009		G1005
	5	S1003-S1013	折返进路	S1003A-X1009A	S1003	U	(SW1001),SW1003/SW1006,SW1004/SW1005,(SW1007),SW1009	X1009		G1005,DG1007-B,DG1009-A,DG1013-B,1G
	6	S1003-S1015	基本进路	S1003A-S1015A	S1003	U	(SW1001),SW1003/SW1006,SW1004/SW1005,(SW1007),(SW1009)	X1011		G1005
	7	S1003-S1015	折返进路	S1003A-X1011A	S1003	U	(SW1001),SW1003/SW1006,SW1004/SW1005,(SW1007),(SW1009)	X1001		G1005,DG1007-B,DG1009-A,DG1013-B,2G

项目三 联锁设备

表（CBTC 模式）

区段名称	保护区段			开始解锁区段	接近区段	进路延时解锁时间		其他联锁	自动通过进路功能	ATS 自动进路开始触发区段
	保护区段侵限区段	保护区段锁闭道岔				未收到停车保证信息	收到停车保证信息			
G0801				G0803	G0903，G0905-A，G0905-B，G0905-C，G0905-D，G0905-E	45	0	G0903 紧急关闭，PSD0901，X0901 扣车	是	G0905-E
G0901				G0903	G1003，G1005，DG1007-A，<X1005 开放>G1011-A	45	0	G1003 紧急关闭，PSD1001，X1001 扣车，S1003 不能同时开放	是	G1011-E
					G1003，G1005，DG1007-B，DG1009-A					DG1009-A
					G1003，G1005，DG1007-B，DG1009-B，DG1010-C					DG1010-C
					G1003，G1001，G0905-E，G0905-D，G0905-C，G0905-B，G0905-A	45	0	G1003 紧急关闭，PSD1001，X1001 不能同时开放	否	G0905-A
					G1003，G1001，G0905-E，G0905-D，G0905-C，G0905-B，G0905-A	45	0	G1003 紧急关闭，PSD1001，X1001 不能同时开放	否	G0905-A
					G1003，G1001，G0905-E，G0905-D，G0905-C，G0905-B，G0905-A	45	0	G1003 紧急关闭，PSD1001，X1001 不能同时开放	否	G0905-A
					G1003，G1001，G0905-E，G0905-D，G0905-C，G0905-B，G0905-A	45	0	G1003 紧急关闭，PSD1001，X1001 不能同时开放	否	G0905-A
					G1003，G1001，G0905-E，G0905-D，G0905-C，G0905-B，G0905-A	45	0	G1003 紧急关闭，PSD1001，X1001 不能同时开放	否	G0905-A

思考研讨

1. 什么是进路？举例说明怎样办理进路。
2. 联锁关系的基本要求是什么？
3. 联锁设备在信号系统中的作用是什么？
4. SICAS 联锁有哪几种进路设置方式？
5. 比较车辆段与正线联锁设备的功能有哪些不同。

项目四

列控设备（ATP/ATO）

列控设备是现代城市轨道交通信号系统的核心，CBTC 已成为主流城市轨道交通信号系统，取代了基于轨道电路以及地面环线的列控系统，在 ATP 设备的基础上实现了 ATO，并逐步向无人驾驶方向发展，实现了城市轨道交通高速度、高密度、高安全、高可靠地运行。

1. 了解轨道交通系统中关于闭塞的基本知识。
2. 能看懂正线信号系统结构图中与列控相关设备的作用。
3. 掌握列车在正线运行时各种驾驶模式及其特点。
4. 掌握 ATP 系统各设备的组成和主要功能。
5. 掌握 ATO 系统各设备的组成和主要功能。

课题一　闭塞的基本概念

一、闭塞

1. 基本概念

"闭塞"的概念来自铁路信号系统。由于列车速度快、质量大、制动距离长，而且在区间运行时无法避让，因此必须采取技术措施确保列车在区间运行安全。铁路车站之间的线路称为站间区间，双线铁路在区间装设通过信号机，将站间区间划分为若干闭塞分区。列车在区间运行时，一般在单线区段以站间区间、双线区段以闭塞分区作为行车间隔，在区间每个行车间隔内同一时间只允许一个列车运行，这种保证列车按照空间间隔运行的技术方法称为行车闭塞法，简称为闭塞。

为了保证列车在区间的运行安全，必须确认站间区间（或闭塞分区）空闲并获得行车凭证后，列车方可驶入，然后使该区间（或闭塞分区）处于闭塞状态，不允许其他列车进入。实现这些功能的技术设备称为闭塞设备。

2. 闭塞的应用

我国铁路早期曾使用电气路签（路牌）闭塞，这种闭塞方式需要人工交接凭证，效率低下，目前已基本被淘汰。

目前在我国铁路的单线区段，一般使用 64D 型继电半自动闭塞。在采用这种闭塞设备的区段，车站发出列车前需要与邻站人工办理闭塞手续，办好闭塞后，方可开放出站信号。列车以出站信号的允许显示作为进入区间的行车凭证；列车出发后，信号自动关闭、区间自动转为闭塞状态，此时双方均不能再办理闭塞、向区间发出列车；列车到达接车站后，由车站人工确认区间空闲后，办理闭塞设备的复原手续。这种闭塞设备的主要缺点是没有区间空闲检查设备，需要人工确认区间空闲。在部分单线区段，将 64D 型半自动闭塞与计轴设备相结合，能够实现自动办理闭塞、利用设备检查区间空闲、自动复原闭塞设备的功能，但仍以站间区间作为行车间隔，因此称为自动站间闭塞。

我国铁路的双线区段主要使用以 ZPW-2000A 型无绝缘轨道电路为基础的四显示自动闭塞。自动闭塞设备将站间区间划分为若干闭塞分区（轨道区段），每个闭塞分区由通过信号机防护，借助轨道电路和继电器，将信号机的显示与列车在区间的位置联系起来，如图 4-1 所示，两站之间同一方向能够开行追踪列车，提高了通过能力。

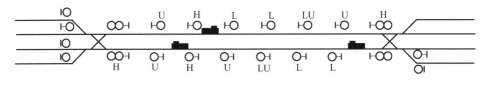

图 4-1 铁路双线区段自动闭塞示意图

与上述不同的是，城市轨道交通列车靠右侧行驶，不论采用轨道电路还是计轴设备，也将正线区间划分为若干闭塞分区（轨道区段或逻辑区段），不设置通过信号机，以车载信号作为主体信号。正常情况按照上下行线单方向运行，发生线路故障等特殊情况时，允许列车反方向运行。

3. 电话闭塞

电话闭塞法是车站之间通过电话联系的方式办理闭塞，以电话记录号作为确认闭塞区间空闲的凭证，以路票作为列车占用区间的凭证，以车站值班站长（或指定胜任人员）的发车手信号作为发车凭证的一种行车方法。

例如某城轨公司规定遇下列情况，经值班主任批准，可采用电话闭塞法组织行车：

1）正线一个或多个联锁区联锁设备故障时。

2）正线一个或多个联锁区在中央 ATS 工作站和车站 ATS/LCW 工作站上均失去监控功能时。

3）正线车站与车辆段信号设备故障联锁失效时，或正线与车辆段信号接口故障时。

4）其他情况需采用电话闭塞法组织行车时。

二、固定闭塞

固定闭塞（Fixed Block）指的是前方列车与追踪列车之间的最小安全追踪间隔距离预先

设定且固定不变的闭塞方式，是实现闭塞功能的基本形式。

固定闭塞又称为分级速度控制方式或阶梯式速度控制方式，如图4-2所示。其特点是采用固定划分区段的轨道区段（或计轴区段），提供分级速度信息，实施台阶式的速度监督，使列车由最高速度逐步降至零。列车超速时由设备自动实施最大常用制动或紧急制动。

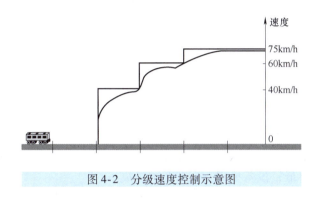

图4-2 分级速度控制示意图

列控系统使用分级速度控制方式，列车运行间隔为若干个闭塞分区，闭塞分区数量依据速度等级而定。追踪列车的目标点为前行列车所占用闭塞分区的始端，追踪列车从最高速开始制动的计算点为要求开始减速的闭塞分区的始端，这两个点都是固定的，空间间隔长度也是固定的，所以称为固定闭塞。

采用这种方式的ATC系统设备构成简单，具有投资成本低、性能可靠等优点。固定闭塞轨道电路传输的信息是模拟信号，抗干扰能力差。此外，轨道电路传输的信息量有限，速度信息划分为若干等级，因此，采用阶梯式速度控制方式的ATC系统控制精度不高，不易实现列车优化和节能控制，也限制了行车效率的提高。

三、移动闭塞

移动闭塞（Moving Block）指的是前方列车与后续列车之间的最小安全追踪间隔距离不预先设定，并随列车的移动和速度的变化而变化的闭塞方式。

移动闭塞没有固定的闭塞分区，无须依靠轨道电路（或计轴设备）装置判别列车是否占用闭塞分区。移动闭塞ATC系统利用无线通信实现车—地双向数据传输。轨旁ATC设备根据控制区列车的连续位置、速度及其他信息计算出列车移动授权，并传送给列车，车载ATC设备根据接收到的移动授权信息和列车自身运行状态计算出列车运行速度曲线，对列车进行牵引、巡航、惰行和制动控制，如图4-3所示。

移动闭塞系统是现代通信、计算机、控制技术相结合的列车控制系统，国际上又习惯称为CBTC系统，其列控系统同样采用目标距离控制模式，采用一次制动方式。不同的是，其追踪目标点是前行列车的尾部，并留有一定的安全距离，与前行列车的走行和速度有关，制动的起始点随线路参数和列车本身动能的不同而变化。

移动闭塞的主要特点是利用通信技术实现"车-地通信"并实时地传递"列车定位"信息，通过精确的列车定位分辨率来提高安全和增加运能，不需要将区间划分为若干闭塞分

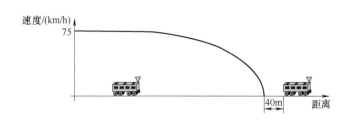

图 4-3 移动闭塞示意图

区,一般采用无线通信和无线定位技术自动调整两列车的运行间隔,可以允许多列车安全占用同一区域,使列车之间保持最小"安全距离"进行追踪运行。该安全距离,即后续列车安全行车间隔停车点与前行列车尾部位置之间的动态距离。

由于在移动闭塞制式下,列车安全行车间隔停车点较准移动闭塞和固定闭塞更靠近前行列车,因此追踪间隔更小,在保证安全的前提下,可以大大提高区间通过能力。并且由于轨旁设备数量的减少,降低了设备投资、运营及维护成本。

在固定闭塞和移动闭塞之间,还存在一种准移动闭塞,基于闭塞分区(或者轨道区段)和车-地无线通信技术,前方列车与后续列车之间的最小安全追踪间隔距离预先设定且固定不变,并根据前方目标状态设定列车的可行车距离和运行速度,采用目标距离控制模式,采用一次制动方式,其追踪目标点是前行列车所占用闭塞分区的入口,并留有一定的安全距离。

在普速铁路的信号系统中,将铁路线路划分为了界限分明的车站和区间两部分,闭塞设备属于区间信号设备。在高速铁路和现代城市轨道交通的信号系统中,闭塞设备已经不再是一个独立的设备,而成为列控系统的一部分,为列控车载设备提供信息。

【想一想】
移动闭塞中使用逻辑区段时,怎样定位列车的位置?

四、列车运行

在正常的运行模式下,列车接收移动授权报文保证列车安全地运行。该移动授权报文随着每个无线报文更新,一般是每秒钟更新一次。

如果由于干扰作用或暂时性无线通信中断,列车损失一个或两个无线通信报文,列车将以允许的速度继续运行至最后一个已知的移动授权限制点,并且一旦无线通信重新建立了,列车将得到一个更新的移动授权限制报文,从而可以无干扰地继续运行。

如果由于某些原因,无线通信中断变成永久性的,列车在运行至上一个已知的移动授权限制点之前,采用常用制动停车,列车司机可以切换至人工驾驶模式继续运行。

1. 列车运行控制

(1) 自动运行 ATO 的主要功能是进行列车定位和速度控制,以实现精确停车、追踪间隔最小及节能。为了适用不同的坡道,ATO 使用了位置、速度和加速度三种传感器。其中,加速度传感器的信息用于检查和修正空转和滑行。空转/滑行开始时,列车使用空转/滑行开始前的速度，利用加速度传感器进行补偿，来计算当前的速度和位置。一旦空转/滑行结束，速度和位移的测量将切换回速度传感器。为了提高旅客的乘坐舒适度，ATO 的定位和速度控制算法还要增加对于急加速冲击的控制。

(2) 站停控制　根据 ATS 的运行图，CC 会按照站停程序控制列车在每个车站站台停靠，并且只有在正方向上才能提供自动停车。

依靠传感器和站台信标的位置输入数据，列车实现了站台精确停车，其中，位置数据输入通常用来确定停车曲线的起始点，站台信标可提供距离分界，以满足位置精度要求。

(3) 跳停控制　CC 可在需要跳站的前站通过数据传输子系统（DCS）从 ATS 处接收跳至下一站的指令，当 ATS 命令跳过某个车站或指定仅有的几个车站为停靠点时，CC 控制车辆继续运行并通过车站。

(4) 扣车控制　扣车是指列车停车后保持零速的状态。收到 ATS 的"关门（停站结束）"指令后，扣车会禁止列车司机控制台上的停站结束指示灯闪亮。

ATS 向调度员（含车站值班员）提供人工扣车功能，可对停靠在当前车站的列车实施扣车，若来不及在当前车站扣车，可在列车进入下一车站时实施扣车。列车停下后，车门保持打开，直至调度员（含车站值班员）取消扣车，此时，列车驶离车站，并按照运行图开始运行。

2. 驾驶模式

如项目一所述，ATC 系统为列车驾驶提供了 AM、SM、RM、NRM 等不同的驾驶模式。有的信号系统在具体应用中，将其细化为：

(1) ATO 模式（AM）　驾驶模式选择开关处于"ATO 模式"位置时，车载信号设备自动控制列车运行的加速、巡航、惰行、制动、精确停车、开关车门/屏蔽门以及折返等功能，不需司机操作。

车载信号设备对列车门的控制方式包括：自动开/自动关、自动开/人工关、人工开/人工关，且手动开关门的操作优先于自动开关门。列车停站、上下乘客、关闭车门后，在给出"车门关闭且锁紧"信息后，按压"启动"按钮，然后车载信号设备自动起动列车离站发车。

车载信号设备连续监控列车速度，超过预定速度时实施常用制动，在超过最大允许速度时实施紧急制动。一旦车载信号设备实施紧急制动，不得中途缓解，直至列车停止，由司机确认设备状况后，按压"启动"按钮人工解除紧急制动状态，车载信号设备才能自动起动列车，继续 ATO 模式的运行。

(2) ATP 模式（ATPM、SM）　驾驶模式选择开关处于"ATP 模式"位置时，列车的运行操作（起动、加速、惰行、减速、制动停车）由司机人工控制，车载信号设备对列车的实际运行速度实施连续监控，有的系统称为编码模式（CM）。

当列车速度接近速度安全限制曲线时，车载信号设备给出声、光报警提示信号，超过最大允许速度值，则启动紧急制动。

列车的精确停车和开/关车门由司机控制，但开车门的操作仅在列车停准停稳、车载信号设备给出（左或/和右）车门释放信号时才能有效。

(3) 点式 ATO 模式（PAM）　驾驶模式选择开关处于"点式 ATO 模式"位置时，车载信号设备在点式 ATP 的安全防护下，完成与 AM 模式相同监控功能。

车门/屏蔽门的关闭需要司机人工确认及操作，车载信号设备对列车门的控制方式包括：自动开/人工关、人工开/人工关。

(4) 点式 ATP 模式（PATPM）　驾驶模式选择开关处于"点式 ATP 模式"位置时，车载信号设备只根据接收到的点式有源应答器所发出的信息，生成当前列车位置至下一个停车点的列车速度安全监控曲线，实现车载信号设备对列车的实际运行速度实施监控。

(5) 限制人工驾驶模式（RM）　驾驶模式选择开关处于"限速人工驾驶模式"位置时，列车的运行操作由司机人工控制，车载信号设备仅对列车的运行速度设置一个上限（例如 25km/h），进行连续速度监控，当接近上限时，给出声光报警提示，若仍然超过限速，将启动紧急制动，迫使列车停车。

列车的精确停车和开/关车门由司机控制，开车门的操作同样要求列车停准停稳、车载信号设备给出（左或/和右）车门释放信号时才能有效。

(6) 非限制人工驾驶模式（ATP 切除 NRM/EUM）　驾驶模式选择开关处于"非限制人工驾驶模式"位置时，列车的运行操作由司机人工控制，车载信号设备不再对列车的实际运行速度进行监控，没有任何超速防护功能。

非限制人工驾驶模式不属于 ATC 驾驶模式，应由旁路开关通过阻断 ATP 常用制动、紧急制动和车门控制输出，实现断开超速防护设备制动输出的功能。

此种模式下，司机负责列车的精确停车，车载信号设备不再监控列车是否停准停稳，开/关车门完全由司机控制。

(7) 关断模式（OFF 模式）　模式选择开关位于 OFF 档位，关闭车载 ATP 电源，对列车实施连续的紧急制动防止列车无计划移动，适用于停于停车线上的列车。

3. 折返模式

列车到达折返站，在完成开车门、下乘客、关闭车门和站台屏蔽门的作业后，列车从到达站台折返至发车站台。信号系统可以提供五种折返模式：

(1) 无司机的 ATO 自动折返模式　自动折返模式只能在指定的车站运行，通常在线路的终点站，当所有乘客离开列车时可执行自动折返作业，在无人操作情况下进行更换列车运行方向（调头）作业。

在这种模式下，当列车在折返站规定的停车时间结束及旅客下车完毕，车门和站台安全门关闭后，由司机按压站台的自动折返 AR 按钮启动折返程序。列车可在无人驾驶的情况下，由车载设备驾驶车辆，并自动选择工作状态的驾驶室（考虑到驾驶方向）。列车从到达站台开始运行，到达调头区域，停在指定位置并更换工作状态的驾驶室，最后列车进入发车股道自动打开车门和站台安全门。

列车到达出发站台停稳，确保司机进入另一端驾驶室后方可起动列车。

(2) 有司机的 ATO 自动折返模式　当列车在折返站规定的停车时间结束及旅客下车完毕，车门和站台屏蔽门关闭后，由司机按压车上相关的折返按钮，列车以 ATO 模式自动驾驶进入折返线，返回发车站台后，自动打开车门和站台屏蔽门。司机在列车折返过程中任何时间均可终止自动折返，关闭本端驾驶台，开启反向端驾驶台，进行人工折返。

项目四　列控设备（ATP/ATO）

（3）**有 ATP 监督的人工折返模式**　有 ATP 监督的人工折返模式下，司机采用"控制手柄"控制列车运行，司机人工驾驶列车运行到折返线并停车，人工关闭本驾驶端驾驶台，并启动反向端驾驶台，之后人工驾驶列车进入发车股道并定位停车。司机按压开门按钮打开车门和站台屏蔽门，在整个过程中，列车速度在 ATP 的监督下运行。

（4）**限制人工折返模式**　在限制人工折返模式下，司机采用"控制手柄"控制列车运行，司机人工驾驶列车运行到折返线并停车，关闭本驾驶端驾驶台并启动反向端驾驶台，之后驾驶列车进入发车股道并定点停车，司机按压开门按钮打开车门和站台屏蔽门。整个折返过程中，车载 ATP 限制列车按照某一固定的低速（例如 25km/h）运行。

（5）**非限制人工折返模式**　司机根据调度命令和地面信号的显示，人工驾驶列车运行到折返线并停车，再驾驶列车进入发车股道并定点停车，司机按压开门按钮打开车门和站台屏蔽门。

五、典型系统结构举例

基于无线通信的移动闭塞列车控制系统（CBTC）包括控制中心 ATS 子系统、车站设备、车载设备、轨旁设备、通信网络设备。某城轨公司 CBTC 系统的结构如图 4-4 所示。

1. 控制中心 ATS 子系统

ATS 子系统包括 ATS 应用服务器、数据库服务器、通信服务器，一套大屏接口计算机以及调度员工作站、运行图/时刻表工作站、模拟培训工作站等，实现线网线路的集中控制、运营数据记录和模拟功能。

2. 车站设备

车站按照设备的不同，分为区域控制站、联锁设备集中站和非设备集中站三种类型。

其中，区域控制站收集轨旁联锁以及列车移动信息，并将其传送到控制中心，同时接收来自控制中心的控制信息，以实现对轨旁设备的联锁控制及列车移动的控制。

车站设置紧急停车按钮（ESB）、发车表示器、屏蔽门控制柜以及电源设备等。

3. 车载设备

每列车配置车载 ATP（VATP）/ATO（VATO），能与地面 ATP/ATO（RATP/RATO）共同实现列车间隔控制及列车追踪功能，实现 ATO 驾驶模式、ATP 驾驶模式、限制人工驾驶模式及端站折返模式。

4. 轨旁设备

轨旁设备包括了信号机、转辙机、计轴设备（或轨道电路）、信标以及车站室内设备等。

5. 通信网络设备

DTS 及 TWC 构成了整个系统的通信传输网络。其中：TWC（车—地通信网）是一个无线通信系统，负责地面 ATC 设备和车载 ATC 设备之间的数据通信。TWC 由网络核心设备、TWC 轨旁设备（RAP、漏缆或 LOS 天线等）、车载无线设备组成，采用冗余设计，克服单点故障，以提高可靠性。TWC 无线网络核心设备提供与轨旁 ATP 之间的通信，并与所有的轨旁分布式数据无线装置相连接。

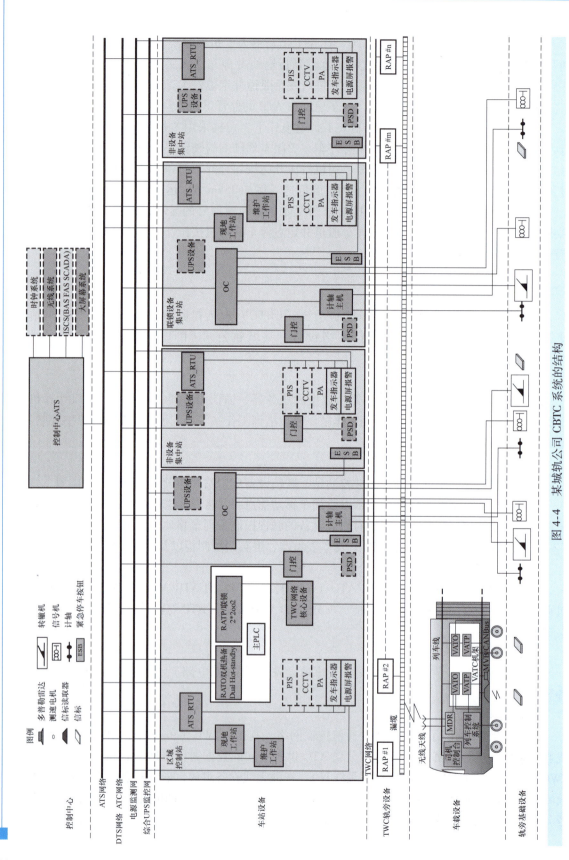

图 4-4 某城轨公司 CBTC 系统的结构

课题二　ATP 系统

ATP（Automatic Train Protection）系统，即列车自动防护系统，是城市轨道交通信号控制系统的重要组成部分，为列车运行提供安全保障，并有效降低列车司机的劳动强度，提高行车作业效率。

一、车载 ATP

车载 ATP 系统主要由车上设备、车底设备和车顶设备三部分组成，如图 4-5 所示。

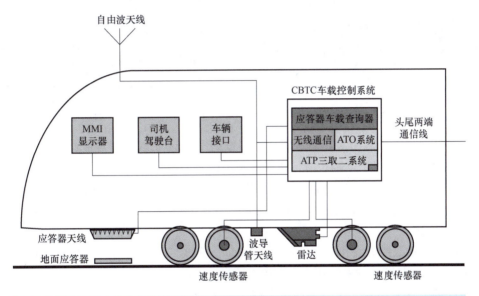

图 4-5　车载 ATP 系统的结构

1. 车上设备

（1）车载主机（VATC 机柜、CC 机柜）　车载主机由 VATP、VATO 及 I/O 电子接口等组成，具备生成速度防护曲线、速度监督、显示信息输出、自动驾驶列车等功能。

（2）司机控制台（TOD）　司机控制台的状态显示单元是车载系统与列车司机之间的人机界面，与车载安全计算机之间用通信线相连，用于显示列车运行过程中的各种参数和信息，例如：列车当前运行速度、目标速度、目标距离、驾驶模式等，并且可以进行信息的查询和参数设置。除显示屏外，还有控制列车运行及车门的按钮。

（3）继电器柜　车载 ATP/ATO 发出的制动指令通过继电器单元送给车辆系统，同时车辆自身的状态信息通过继电器单元反馈至车载控制单元。继电器单元还作为驾驶台输入条件到车载控制单元的接口。

（4）电源和辅助设备等　列车为车载设备提供所需的电源，以及列车运行模式选择开关、各种电源开关等辅助设备。

2. 车底设备

列车速度和位置测定功能由信标读取器、测速装置和多普勒雷达等完成。

(1) 信标读取器　如图4-6所示，信标读取器主要用于读取地面有源、无源信标的信息，提供列车位置精确校正功能并辅助补偿列车轮径误差。

(2) 测速装置　信号系统在列车的车轴上安装一个或多个速度传感器和加速度传感器，如图4-7所示，通过测量车轮转数计算列车的运行速度、列车运行距离及列车运行方向的判定。

图4-6　信标读取器

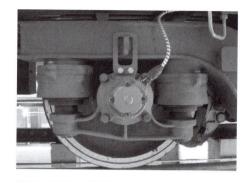

图4-7　速度传感器

(3) 多普勒雷达　利用多普勒原理用于测量列车5km/h以上的对地速度信号并检测空转/打滑，克服车轮磨损、空转、滑行造成的测量误差。

根据信号系统设计，列车底部还可以安装其他地面信号接收器，用于接收从轨道上传来的信息，例如轨道电路信息、地面环线信息等。

3. 车顶设备

车顶设备包括漏缆天线和LOS（Line of Sight）天线，作用均为发送列车的位置和状态信号，接收轨旁AP发送过来的轨旁列车控制信号。

例如：某地铁公司列车在隧道内由车载漏缆天线与轨旁漏缆天线AP通信，在高架区段由LOS天线与地面的LOS天线通信。前行列车基于轮速传感器和多普勒雷达连续计算自身位置，经过信标点时重置其误差，并生成虚拟占用，利用车载无线设备将其实时位置和虚拟占用传送给轨旁无线设备。ZC根据收到的信息计算移动授权，利用轨旁无线设备把移动授权连续地传送给追踪列车，追踪列车的车载设备计算安全曲线并进行自动防护。

二、ATP系统的基本功能

ATP系统是列车安全稳定运行的可靠保障，其基本功能主要包括：

(1) 防止运营列车超速运行　运营列车在线路上运行有多种速度限制，列车运行速度不能超出速度限制值，主要包括：

1）线路限制速度。
2）列车构造速度。
3）道岔侧向限速。
4）正线弯道等处的固定限速。
5）因设备故障、施工而设置的临时限速。

6）其他限速。

(2) 接收和处理来自地面的信息　安装在列车车体上的ATP系统设备会实时接收来自轨旁设备的信息，并对这些信息进行实时分析和处理，对列车的运行状态和运行速度进行控制。通常这些信息中包含有列车允许运行的最大速度值、线路位置等列控信息。

(3) 防止列车相撞　城市轨道交通正线有多列车同时运营作业，ATP系统为了防止列车的冲突提供了安全保障，并有效提高线路的利用效率，增强了城市轨道交通的运营能力。ATP系统防止列车冲突包括以下内容：

1）防止运营列车撞上前行列车。
2）防止运营列车进入未开通的进路。
3）防止运营列车冲出尽头线。
4）防止运营列车进入封锁区段。
5）防止运营列车进入发生故障的进路。

(4) 车辆安全停靠站台　ATP系统会检测列车的速度和列车所处的位置，确保列车停靠站台时停稳不动，保障乘客上下车安全。

(5) 列车车门控制　城市轨道交通列车左右两侧都有车门，列车停靠站台后，ATP系统会根据列车停靠的站台控制列车开启相应的车门，保证乘客安全上下车。

(6) 空转、打滑防护　列车在线路上正常运行时，因某种原因列车车轮会发生空转或者滑动，这种情况一方面会对车辆的车轮造成损伤，另一方面会造成列车定位不准，以至于危及行车安全。ATP系统能够实时检测列车空转和打滑并及时采取措施，控制列车运营状态。

(7) 防止列车发生溜车　列车在线路的坡道处临时停车或在站台处停车，ATP系统能够自动给列车施加一定的制动力，保证列车不会发生溜逸，防止发生安全事故。

三、ATP系统的工作原理

车载ATP通过速度传感器和多普勒雷达来测量列车速度和运行距离，并通过测速设备对列车的走行距离进行累计。在地面固定位置铺设应答器来获得列车的初始位置，并对列车的定位进行校正，解决里程计的误差累积问题。在列车初始定位的基础上，通过测量列车的走行距离，结合电子地图可实现列车的持续定位。

车载ATP接收地面信息可通过两种不同的通道，不同的信息通道对应列车不同的运行级别。CBTC级别下，车载ATP将列车的位置通过双向大容量的无线通信系统实时汇报给ZC，并接收ZC计算的移动授权；点式级别下，车载ATP通过可变数据应答器或应答器环线接收移动授权信息。

车载ATP内存储全部的电子地图，包含了全线的线路状态信息和固定限速信息，车载ATP可根据列车的位置和移动授权信息，基于速度-距离曲线安全制动模型计算紧急制动触发曲线，并对列车的速度进行防护，防止列车超速或越过MA终点。

车载ATP可根据MA信息的来源管理列车的运行级别，并根据列车状态管理列车驾驶模式的转换，支持ATO自动驾驶、基于ATP防护的人工驾驶，以及限制人工驾驶等模式。

课题三 ATO 系统

一、ATO 系统概述

人工驾驶列车运行时，列车司机操纵列车驾驶手柄，控制列车运行，实现列车加速、减速和停车。ATO 系统，主要实现"地对车控制"，实现正常情况下高质量的自动驾驶，提高列车运行效率，提高列车运行舒适度，节省能源。与 ATP 系统为列车运行提供安全保障相比，ATO 是提高城市轨道交通列车运行水平的技术措施。

ATO 系统车载设备根据列车运行计划，以及列车的运行速度、当前线路限速和目标速度等信息，实时计算列车达到目标速度值所需要的牵引力或制动力的大小，通过列车接口电路，由列车的牵引系统或制动系统完成对列车进行加速或减速控制。

ATO 系统实现列车自动驾驶，它需要 ATP 系统和 ATS 系统提供支持。ATP 系统向 ATO 系统提供列车的运行速度、线路允许速度、限速和目标速度以及列车所处位置等基本信息；ATS 系统向 ATO 系统提供列车运行作业和计划。

ATO 系统对列车进行控制，使列车驾驶处于最佳的运行状态，列车运行更加平稳，可以有效提高运营效率，降低列车运行能耗。

ATO 系统在站台可以精确对位停车，为乘客上下车提供便捷的条件，列车在站台精确停车的同时为站台加装安全门或屏蔽门提供了有利的条件。

二、ATO 系统设备的组成

ATO 系统是非故障-安全系统，包括车载 ATO 模块、ATO 车载天线、人机界面。

(1) **车载 ATO 模块** 车载 ATO 模块是 ATO 系统的核心组成部分，它包含硬件和软件两部分。车载 ATO 模块从车载 ATP 子系统获得必要的信息，如列车运行速度和列车位置等，车载 ATO 模块软件对这些数据进行实时处理，计算出列车当前所需的牵引力或制动力，向列车发出请求，列车牵引或制动系统收到请求指令后，对列车施加牵引或制动，对列车进行实时控制。

车载 ATO 模块与列车的牵引和制动系统相互作用，实现列车在站台区精确对位停车。

车载 ATO 系统主要完成的是非安全功能，故未采用冗余设计，但是整个系统设计为：若处于人工驾驶模式或不满足 ATO 的启动条件，即使 ATO 故障，ATP 也能将 ATO 所有的输出切除掉，使 ATO 不会干扰正常的司机驾驶。当 ATO 设备在运行过程中发生故障，ATP 也能立即切除 ATO 的控制，保证系统的安全。

(2) **ATO 车载天线** ATO 系统的车载模块与地面设备之间的信息交换是通过 ATO 车载天线来完成的，以实现 ATO 系统与 ATS 系统之间的信息交换。

ATO 车载天线一般安装在列车第一列编组的车体下，它接收来自 ATS 系统的信息，同时向 ATS 系统发送有关的列车状态信息。这些信息一般包括以下内容：

1）从列车向地面发送的信息。

ATO 系统车载模块通过 ATO 车载天线向地面 ATS 系统发送的信息有列车识别号信息，该列车识别号信息包括了列车的车组号、车次号、目的地编码等内容；列车向地面发送的信息还有列车运行方向、列车车门状态、车轮磨损指示、列车车轮打滑和空转、车载 ATO 模块状态和报警信息等。

2）从地面向列车 ATO 车载设备发送的信息。

从地面向列车 ATO 车载设备发送的信息有列车开关门命令、列车车次号确认、列车测试指令、门循环测试、主时钟参考信号、跳停/扣车指令和列车运行等级等。

(3) 人机界面　列车司机通过人机界面可以将列车运行的模式选择为"ATO"，起动列车在 ATO 模式下运行。

三、ATO 系统的基本功能

ATO 系统的基本功能包括列车车站发车控制、列车区间运行控制、列车精确停站、列车自动折返、跳停和扣车功能等。

1. 车站发车控制功能

列车在 ATO 模式下运行时，列车司机按压发车按钮起动列车运行，ATO 根据 ATP 系统发给的控制速度和 ATS 系统发送的运行等级，自动运行到下一车站。

在 ATO 自动模式下，必须具备一定条件的列车才能从车站出发，这些条件包括：ATO 模块与 ATP 模块通信正常；有效的列车运行目的地代码；有效的司机代码；在出发测试期间没有检测到故障；列车所处的轨道电路，能够建立 ATO 模式；以及其他必要的信息等。

2. 列车区间运行速度控制

ATO 系统车载模块接收到从车载 ATP 发出的列车速度控制指令后，它向列车的牵引系统或制动系统发出请求，以施加牵引力将列车加速到控制速度，保存列车的运行速度在一个速度控制窗口内，如图 4-8 所示。

图 4-8 中列车在 ATO 模式下，其实际运行速度曲线在 ATP 限制速度曲线以下，在一个较小的速度范围内波动，使列车以接近 ATP 限制速度运行，有效提高了列车运行效率，降低列车能耗，减少列车在牵引、惰行和制动状态之间的不断切换次数，有效提高乘客的舒适度。

3. 车站精确停车

车站精确停车是 ATO 系统非常重要的功能，它实现列车在车站站台区精确对位停靠，可以有效提高列车运营效率，有利于引导乘客上下车。

列车实现车站精确停车，需要 ATO 车载模块与列车的牵引系统和制动系统共同参与，相互配合。在列车接近站台时，ATO 车载模块实时对列车的速度进行采集和比较，并及时向列车的牵引系统和制动系统发出控制指令，实现对列车速度的实时控制，最终实现列车精确停车。

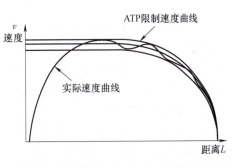

图 4-8　ATO 模式下的速度距离曲线

列车实现车站精确停车，可以在站台区安装轨道环线，提高停车的精度。列车在站台精确停车，有利于在车站站台设置屏蔽门或安全门，保障乘客安全候车。

4. 列车自动折返

列车在 ATO 运行模式下，可以实现在运营线路两端自动折返作业，控制列车回到下一个运营作业的站台区。

在这种驾驶模式下无须司机控制列车，而且列车上的全部控制台被锁闭。接到自动折返运行许可后自动进入 AR 模式，司机通过驾驶室 MMI 的显示确认得到授权。只有按下站台的 AR 按钮后，才实施列车自动折返运行。ATC 轨旁设备提供所需的数据以控制列车进入折返轨，列车运行至出发站台后，ATC 车载设备自动退出 AR 模式。

5. 执行跳停和扣车功能

（1）跳停　跳停作业是指在线路上运营的列车，在某一指定车站不停车，而以规定的速度通过该车站。ATO 系统收到来自 ATS 系统发出的跳停指令后，完成跳停作业。

（2）扣车　扣车作业是指列车在某站台停靠，不允许列车继续运行。ATO 系统收到来自 ATS 系统发出的扣车指令后，完成扣车作业。

6. 控制车门

由 ATP 系统监督开门条件，当 ATP 系统给出开门命令时，可以按照事先设定由 ATO 系统自动打开车门，也可由司机手动打开正确一侧的车门。车门的关闭只能由司机完成。

车门打开功能的输入来自 ATP 功能的车门释放、运行方向和打开车门数据，以及来自 ATS 的目的地号。当列车空车运行时，从 ATS 接收到的指定目的地号阻止车门的打开。

四、ATO 系统的工作原理

1. 列车自动驾驶

ATO 系统存储了轨道布局和坡度信息，能够优化列车控制命令，保证列车在 ATP 监督下按照最大允许速度运行。

ATO 通过地面 ATP 设备传来的编码确定前方空闲轨道电路数目或前行列车位置，根据本次列车位置，列车在综合考虑安全因素的前提下可尽量全速行驶至本次列车的停车点。

ATO 系统的自动驾驶功能是通过 ATO 车载设备控制列车牵引和制动系统实现的。所需的 ATP 数据包括：从 ATP 轨旁单元接收到的全部 ATP 运行命令、测速单元提供的当前列车位置和实际速度信息、位置识别和定位系统的信息、列车长度、ATS 通过 ATP 轨旁单元发送的出站命令和达到下一车站的计划时间。

由 ATO 系统执行的自动驾驶过程是一个闭环反馈控制过程，反馈回路从 ATP 数据和运营数据得出基准输入，测速单元通过 ATP 向 ATO 发送列车实际位置信息，ATO 向牵引和制动控制设备提供数据输出。到达计算速度时，系统根据速度曲线控制列车运行，接近制动启动点时，ATO 设备自动控制常用制动是列车运行跟随制动曲线。

2. 车站程序停车

正线上的车站都有预先确定的停站时间间隔。控制中心 ATS 监督列车时刻表，计算需要的停站时间，以保证列车正点到达下一个车站。

控制中心通过集中站 ATS 缩短或延长车站停站时间，数据由集中站 ATS 通过 ATO 环线传送给 ATO 车载设备。如果控制中心离线，集中站 ATS 预置一个缺省的停站时间。集中站 ATS 还可向列车传送跳停命令。

3. 车站定位停车

车站精确停车通过在车站区域内的轨道电路标识、分界过渡和 ATO 环线变换来进行。轨道电路标识被用来确定停车特征的合适起始点。轨道电路分界过渡和轨旁 ATO 环线变换提供了距离分界。该距离分界用于达到所要求的位置精度。

停车特征启动后，ATO 基于列车速度、预先确定的制动率和距停止点的距离计算制动特征。制动率调整值通过轨旁 ATO 获得，并且可以在 OCC 或 SCR（车站控制室）中进行选择。

列车停车后，ATO 会保持制动，避免列车运动。

4. 车门控制

ATO 只有在自动模式下才执行车门开启，在手动模式下由司机进行车门操作。

列车的定位天线连接至车辆定位器和接收器，车站站台定位环线位于线路中央，连接站台定位发送器和接收器。列车停站过程如下：

1）当列车停于定位停车的允许精度范围内，车辆定位接收器通过列车定位天线接收到站台定位发送器发送的列车停站信号，ATO 系统确认列车到达确定的定位区域后向 ATP 系统发出"列车停站"信号确保列车制动。

2）ATP 系统检测到零速度，通过列车定位发送器向地面站台定位接收器发送 ATP 列车停车信号，站台接收器检测到此信号进行译码，使地面"列车停站"继电器开始工作。

3）车站轨道电路 ATP 发送器发送允许开门（左车门或右车门）的信号。

4）车辆收到允许开门信号，使相应门控继电器工作，并提供相应广播和允许开门的信号显示。

5）此时司机按压与此信号显示相一致的门控按钮才能打开规定的车门。

6）车辆定位发送器改发打开屏蔽门信号，当站台定位接收器收到此信号后，打开屏蔽门继电器吸起，使与列车车门相对应的屏蔽门打开。

7）列车停站时间结束，地面停站控制单元启动车站 ATP 模块，轨道电路停发开门信号，使门控继电器落下。

8）司机按压关门按钮，关闭车门，同时车辆停发打开屏蔽门信号。

9）车站检查屏蔽门已关闭并锁好后，允许 ATP 系统向轨道电路发送运行速度命令信息。

10）车辆收到速度命令，并检查车门已关闭并锁好，ATP 发车表示灯点亮，列车按照车载 ATP 收到的速度命令进行出发控制。

5. 地—车数据交换

列车与轨旁设备的通信是非安全的，轨旁设备是控制中心与列车通信时的数据交换接口。

列车发至轨旁的数据包括：分配列车号、目的地、车门状态、车轮磨损表示、接近车站时制动所产生的过量车轮滑动、紧急情况或异常情况（如不正确的开门）。

轨旁发至列车的数据包括：车辆车门开启命令、列车号的确认、列车长度、性能修改数据、出发测试命令、车门循环测试、主时钟参考信号、跳停指令、搁置命令、申请车载系统和报警状态。

五、列车运行节能控制

列车运行能耗约占轨道交通总耗能的 50% 左右，在保障城市轨道交通安全、效率和服务的前提下，降低列车运行牵引能耗，是列车运行控制系统的最新发展方向。

1. 基本要求

1）ATO 系统应与 ATS 系统和 ATP 系统结合，合理控制牵引、惰行、制动工况转换的频度。

2）ATS 系统根据节能计划运行图规定的列车进站/出站时间，统筹控制同一牵引供电分区内的列车运行，适当调整进出站时间，充分利用再生制动能量。

3）当列车运行正点时，列车运行控制应充分利用惰行工况；当列车运行晚点时，应结合运行秩序、服务水平和节能策略，以渐进的方式恢复运行计划。

4）ATO 系统自动控制列车运行的曲线应平滑，避免出现尖峰。

5）ATO 系统控制列车运行过程中，应结合线路节能坡的设计，合理控制牵引/制动的转换时机。

2. 列车运行等级的划分

按照《城市轨道交通列车运行节能控制导则》的要求，ATO 系统应能设定不同列车运行等级，见表 4-1。

表 4-1　列车运行等级对应允许速度设置参照表　　　　　（单位：km/h）

运行等级	列车最高运行速度（km/h）	
	80	100
列车运行等级 4	80	100
列车运行等级 3	72	90
列车运行等级 2	64	80
列车运行等级 1	56	70

ATO 系统能按照 ATS 计划运行图规定的站停时间和区间运行时间控制列车运行，在高峰时段避免行车间隔不均匀引起列车运行调整、区间停车、再起动；在平峰时段适当减小牵引加速度。列车运行控制曲线站间距较小的区间采用牵引—惰行—制动工况，站间距较大的区间采用牵引—巡航—惰行—制动运行工况，维持合理运行速度，减少再牵引次数。

一、车载 ATP/ATO 的认知

◇ 设备设施	电客车司机模拟驾驶器
◇ 实践形式	1）观察司机操作台上与 ATP/ATO 相关按钮及表示灯显示含义 2）通过模拟驾驶，了解司机基本操作
◇ 预期目标	1）掌握典型驾驶模式的基本功能 2）理解地面设备对车载 ATP/ATO 的控制方式

项目四 列控设备（ATP/ATO）

相关资料：

司机操作台和显示单元如图 4-9 和图 4-10 所示。

图 4-9　司机操作台

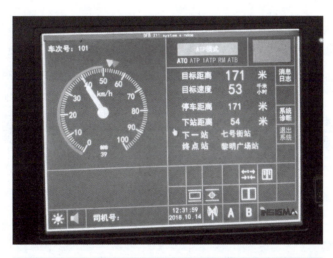

图 4-10　显示单元

二、车站控制室列控相关设备的认知

◇ 设备设施	车站控制室 IBP 盘
◇ 实践形式	1）观察车站控制室 IBP 盘的组成 2）通过操作掌握扣车、紧急停车等按钮的功能
◇ 预期目标	1）掌握扣车按钮、紧急停车按钮电路的工作原理 2）了解扣车按钮、紧急停车按钮的使用时机

相关资料：

车站控制室 IBP 盘和 IBP 盘信号部分如图 4-11 和图 4-12 所示。

图 4-11　车站控制室 IBP 盘

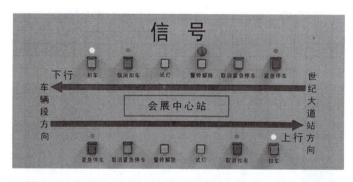

图 4-12　IBP 盘信号部分

知识拓展

一、区域控制器（ZC）

ZC 是 CBTC 系统的 ATP 子系统的核心控制设备，是车-地信息处理的枢纽，采用二乘二取二冗余结构的安全计算机平台，主要负责监督并控制信号机、转辙机，监督站台屏蔽门、防淹门、站台紧急停车按钮、计轴区段，并根据 CBTC 列车所发送的列车编号、位置、速度和方向等信息，为其控制范围内的 CBTC 列车计算生成移动授权（MA），确保在其控制区域内 CBTC 列车的安全运行。

例如，某公司轨旁的 ZC 由 PMI 和 MAU 组成。其中 PMI，通常称为 CI，即 Computer-Based Interlocking，计算机联锁；MAU，即 Movement Authority Unit，移动授权单元。

PMI 具有通用软件，通过联锁表为每个联锁区域定制不同的联锁关系，执行由 ATS 触发并由 MAU 请求的进路，控制和监督信号机和道岔状态，保证设备联锁。PMI 接收除 PSD 外其他所有轨旁设备状态，且 PMI 向 MAU 发送信号状态。

MAU 基于设备及系统中其他列车状态决定移动授权，MAU 与 VOBC 及设备间进行连续的通信，并使用这些信息和请求的进路来不断地确定和发送移动授权给每列列车以实现移动闭塞列车控制。MAU 在某些条件下关闭区域，例如紧急停车按钮激活、站台屏蔽门非预期开启或 ATS 操作员关闭区域时。此外它还支持临时限速（TSR）命令允许 ATS 操作员为轨道区段实施限速。

概括起来，ZC 的主要功能有以下几方面：

1）通过接收其控制范围内列车通过无线通道发出的所有位置信息，根据控制中心 ATS 发出的进路请求，控制道岔、信号机，并完成联锁功能，向 ATS 提供轨旁设备状态。

2）站台屏蔽门的控制和状态监视。

3）站台紧急停车按钮及防护隔断门的监视。

4）按所管辖区域内轨道上的障碍物位置，通过无线通道向所辖区域的所有列车提供各自移动授权。

5）与相邻区域控制器通信，将列车移动授权延伸至相邻控制器。

二、铁路列车运行监控装置（LKJ-2000）简介

LKJ-2000 型列车运行监控装置是国内研制的列车超速防护设备。它能准确地记录列车运行状况、信号设备状况及乘务员操纵状况，并采用双机热备冗余工作方式，工作性能更加可靠；装置的屏幕显示器以图形、曲线和文字等方式来显示前方线路状况、运行情况等信息，如图 4-13 所示。

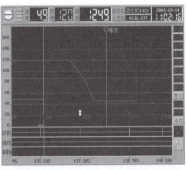

图 4-13　LKJ-2000 列车运行监控装置应用及操作界面

LKJ-2000 型列车运行监控装置主要功能包括：

（1）监控功能　主要包括：防止列车越过关闭的信号机；防止列车超过线路（或道岔）允许速度以及机车、车辆的构造速度；防止机车高于规定的限制速度进行调车作业；在列车停车情况下，防止列车溜逸；可按临时增加的运行要求控制列车不超过临时限速等。

（2）记录功能　主要包括：开机记录，例如机型、机车轮径、车次、司机号、牵引总重等；运行参数记录，例如前方信号机种类及编号、距前方信号机距离、机车信号显示状态、运行实际速度、限制速度、机车工况等。

（3）**显示和提示功能** 主要包括：显示实际运行速度、限制速度/目标速度，显示机车信号色灯信息，显示车站号、公里标、信号机编号、机车工况等运行参数；声音提示机车信号状况、前方信号处限速值变化、装置实施动力切除、常用或紧急制动、装置报警等信息。

LKJ-2000 型列车运行监控装置在国内普铁路得到广泛应用，有效地预防"两冒一超"事故的发生。

思考研讨

1. 闭塞设备的作用是什么？
2. CBTC 系统由哪些子系统组成？
3. 正线列车有哪几种驾驶模式？
4. ATP 系统的主要功能有哪些？
5. ATO 系统的主要功能有哪些？
6. 结合信号机的应用，对比常态点灯、常态灭灯的轨道交通信号系统，分析轨道交通技术的"高端化、智能化、绿色化"的发展趋势。

项目五

城市轨道交通通信系统

通信系统作为地铁运营调度、企业管理、服务乘客、治安反恐、应急指挥的网络平台，它是地铁正常运转的神经系统。

通信系统是城市轨道交通运营生产的基础，是保证行车安全、提高运营效率、提升运营服务质量的重要设施。通信系统在正常情况下应保证列车安全高效运营、为乘客出行提供高质量的服务保证，在异常情况下能迅速转变为供防灾救援和事故处理的指挥通信系统。因此，具有现代化特征的专业通信网是城市轨道交通的重要标志之一。

知识要点

1. 了解城市轨道交通通信系统的组成。
2. 熟悉各通信系统的基本功能。
3. 能够正确运用常用通信设备。
4. 了解轨道交通行业通信设备的发展趋势。

课题一　行车组织通信系统

一、城市轨道交通通信系统的组成

城市轨道交通通信系统的组成如图 5-1 所示，其主要功能是为地铁工作人员提供内部、外部联络用通信手段，为地铁运营调度指挥列车运行、下达调度命令、维护列车运营、电力供应、日常维修、防灾救护、票务管理等提供指挥专用通信工具，为旅客及工作人员以及运营所需各系统提供通信网络。此外，还能够为公安警务人员提供地铁警务指挥和业务联系的语音、数据、图像等业务，是市政府相关职能部门调度联络的重要无线通信保障。

二、专用电话系统

专用电话系统包含站内及轨旁电话系统、调度系统、公务电话系统，主要为轨道交通运营及维修服务，是行车调度员和车站（车辆段）值班员指挥列车运行和维护人员指导使用人员操作设备的重要通信工具，是为列车运营、电力供应、日常维修、防灾救护提供指挥手段的专用有线通信系统。

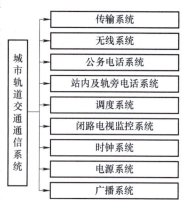

图 5-1　城市轨道交通通信系统的组成

1. 专用电话系统的结构

城市轨道交通专用电话系统包括调度通信、站场通信、站间通信和区间通信等。系统可为控制中心指挥人员，如行车调度员、维修调度员、电力调度员、环控调度员、防灾调度员等提供专用直达通信，并且具有单呼、组呼、全呼、紧急呼叫和录音等功能，同时可为站内各有关部门提供与车站值班员之间的直达通话，并且车站值班员可以呼叫相邻车站的车站值班员。专用电话系统示意图如图 5-2 所示。

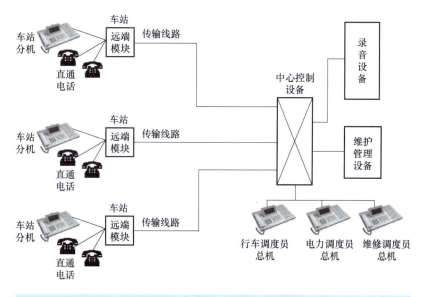

图 5-2　专用电话系统示意图

（1）调度通信　调度通信包括行车调度、维修调度、电力调度、环控调度和防灾调度等。

调度通信采用以各调度子系统的调度员为中心的一点对多点的通信方式。调度员可按个别呼叫（呼叫单独一个用户）、组呼（按调度台的不同分组方式，呼叫某一组调度分机用户）或全呼（呼叫调度台系统中的所有调度分机用户）等方式呼叫调度辖区范围内相关的所属用户并通话，并接受所属用户的呼叫通话。通话方式为全双工方式，也可根据需要设置为单呼定位通话方式。调度台与调度台之间可进行通话。

调度员一般使用键控式操作台或触摸式操作台，调度分机根据使用人员的具体需求配置，如车站值班员需要与多个调度联系，一般采用键控式操作台；变电所值班员只与电力调度员联系，一般采用电话机。

（2）**站场通信**　站内通信供行车值班室或站长与本站内运营业务有关人员进行通话联系。

站场通信一般采用直通电话，室内作业人员设置普通分机，室外或在站台上设置紧急电话。紧急电话机选用单键式、外置扬声器话机，在紧急情况下只要按下按键即可与值班室通话。

场内通信主要是解决车辆段、停车场内行车指挥、乘务运转、段内调度指挥和车辆检修人员之间的专用通信。每个车辆段或停车场设置专用的调度电话，其上与行车调动联系，下与段场内专用调动电话分机联系，其通话方式与调度通信方式相同。

站场直通电话为一点对多点的辐射式集中连接方式，应能满足车站值班员、车辆段和停车场信号楼值班员、车辆段运转值班员、列检值班员、信号维修值班员等与本站场相关部门构成直通电话，并且只允许值班员与分机相互呼叫通话，分机间不允许通话。

（3）**站间通信**　站间通信是指相邻两个车站值班员之间进行通话联络的点对点通信方式。

站间通信电话是为相邻两站（包括上行和下行）值班员办理行车有关业务使用，车站值班员一般使用按键式操作台作为值班台，站间通话单键操作即可接通。

（4）**区间通信**　区间通信主要是指区间电话，其主要作用是供司机、区间维修人员与邻站值班员及相关部门联系通话。

区间电话是在轨道线路沿线每隔一段距离设置区间通话柱。由于区间通话设施在室外或隧道内，环境较差，其设备需要具有防潮、防火、防爆、防尘、防冻、防破坏性等特殊要求。

区间电话业务一般分为区间专用电话和区间直通电话两种模式。在区间专用自动方式上，用户摘机后需要拨号呼叫，由车站分机根据所播号码进行转接；在区间直通方式上，用户选择通话的用户，一般包括上下行车站、行车调度员、电力调度员、信号、通信、线路桥梁等，摘机后直接接通。

2. 专用电话系统的功能

城市轨道交通专用电话系统一般包括调度总机、调度分机、站间直通电话机、紧急电话、区间通话柱和轨旁电话等终端设备。

（1）**调度电话**　调度电话分为总机和分机，其基本功能一样，根据不同用户的需求进行不同功能设置，其功能如下：

1）调度总机能对分机进行选呼、组呼、全呼，任何情况下均不能发生阻塞。
2）分机能对总机进行一般呼叫和紧急呼叫。
3）调度台具有优先级别设置功能，高优先级别的可强拆、强插低级别的通话。
4）调度总机与分机间呼叫通话，分机间不允许通话。
5）各调度总机之间具有台间联络功能。
6）调度总机能显示分机呼叫号码，区分呼叫类别，对双方通话进行录音。

（2）**其他终端**　站间直通、紧急电话、轨旁电话、区间通话柱都具有一键直通功能，除紧急电话外其他终端还具有拨号呼叫功能。电话实物图如图5-3所示。

三、无线调度通信系统

1. 城市轨道交通中无线调度通信系统的组成

城市轨道交通中无线调度通信系统主要解决固定人员（调度员、值班员）与流动人员

（司机、站务、维修人员与列检人员等）及其相互之间的通话及数据传输问题。其网络结构一般为带状网络，如图 5-4 所示。系统主要包括以下几部分：控制中心交换机、控制中心网络管理终端、调度台、基站、移动设备（便携式手持台、车载电台、车站固定台）、传输设备等。

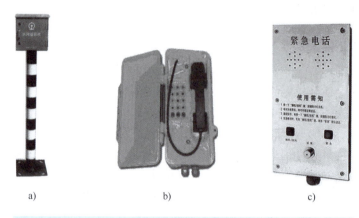

图 5-3 电话实物图
a) 区间通话柱 b) 轨旁电话 c) 紧急电话

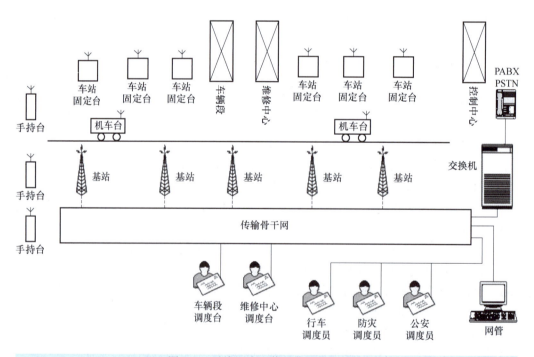

图 5-4 无线调度通信系统网络的结构

城市轨道交通无线调度通信系统在功能组成上一般分为六个无线通信子系统，分别为这六个不同部门提供服务，既可实现不同通信组的相互独立性，使其各自通信操作互不妨碍，又可以实现系统设备和频率资源的共享。这六个无线通信子系统包括：行车调度通信子系统、站务通信子系统、车辆段调度通信子系统、维修调度通信子系统、公安调度通信子系统、防灾调度通信子系统。

行车调度通信子系统负责完成正线行车调度员与机车司机的通信联系，传送行车指挥话音和数据指挥命令。呼叫方式采用选号呼叫，行车调度员通过行车调度台完成对机车司机的一对一个别选呼，并可以发送数据指令和接收列车上传来的信息。

　　站务通信子系统负责完成车站车控室内勤人员与车站外勤人员及本站控制内列车司机间通话。车站人员与司机间通话由调度派接进行通话，在本站采取组呼方式进行通话。

　　车辆段调度通信子系统负责完成段、场内的行车调度员与机车司机的通信联系，传送行车指挥话音和数据指挥命令。

　　维修调度通信子系统提供维修调度、各专业调度员及本专业维修人员的无线调度通信，一般采取组呼方式。不同专业各自分组，专业之间如要进行通话，可由维修调度临时派接通话。

　　公安调度通信子系统、防灾调度通信子系统提供公安人员、防灾调度员、沿线指挥人员和抢险救灾人员之间的调度通信（采用组呼方式）。此系统是在突发事件情况下才启用，由网络调度员通过动态重组功能设置临时通话小组，将应急指挥人员、各专业的抢修人员、车站值班人员等组成一组，以适应现场抢险应急需要。

2. 城市轨道交通中无线调度通信系统的功能

(1) 通话功能

1）无线用户可与有线用户进行通话，移动台呼叫调度台。

2）有线用户可与无线用户选址通话（个人直呼和组呼），调度台呼叫移动台。

3）无线用户之间进行通话（个人选呼和组呼），移动台通过拨打移动台号码进行选呼，还可进行同组移动台之间的组呼。

4）呼叫类型（调度功能）包括个别呼叫（单呼）、组呼、全呼（通播呼叫所有通话组）、电话呼叫（有线、无线互联呼叫）等。

(2) 系统入网功能

1）自动重发：按下 PTT 开关时，自动重发电话号码，直到接通为止。

2）忙时排队自动回叫：当所有话务信道都在使用时，请求入网的用户进入排队等候。当信道空闲时中央控制器自动依照先来先服务的原则为用户分配信道，让其通话。

3）紧急呼叫：遇到紧急情况，用户按紧急呼叫键，系统保证开放一条信道用于紧急呼叫。

4）限时通话：系统可设置用户通话时间，当到达通话设定时间后，系统将释放占用信道。

5）私密通话：移动用户之间通过拨打对方身份号，即 ID 号码进行通话。

(3) 优先级别　　系统有 5~8 个优先级别，特权用户具有强插、通话不限时、全呼、选呼功能；普通用户不具备强插通话、全呼、选呼功能。

(4) 特殊功能

1）常用扫描：移动台可设置对几个通话组进行扫描监听，当某一组有通话时自动建立通话。

2）自动多站选择：移动台可根据接收信号的强弱选择注册的基地台。

3）无线电禁止：又称为遥毙，系统可以将遗失或有问题的电台关机，使其失去正常通话功能，可以防止非法用户进入系统工作。

4）动态重组：中央控制器通过控制信道发送指令，更改移动台的组别。

(5) 系统可靠性能

1）多信道：按申请分配，一个信道故障，其他信道仍正常工作。

2）接收机干扰关闭：当接收机受干扰或故障时自动关闭。

3）发射机故障关闭：当发射机故障时系统自动将其关闭。

4）系统自我诊断：系统可进行各种参数的自我诊断，出现软件故障时可自动重新修复，出现硬件故障时提供报警或将其自动关闭。

5）故障弱化：系统中央控制器出现故障后，系统保持常规通信状态，不能进行跨区漫游通信。

（6）系统维护管理功能

1）系统参数配置功能：基站及中央控制器系统参数设置、更改和更新等可由系统维护终端远程控制实现。

2）统计报表功能：计算机管理软件自动统计各信道话务量、移动台话务量和调度台话务量等，并具有显示、数据分析、按用户需求输出打印报表的功能。

3）网络维护用户管理功能：系统管理员可根据不同用户的管理需要设置用户的权限，级别较低的管理员权限只能查看系统参数，级别较高的管理员权限可以对移动用户参数进行设置，更高权限的管理员可以修改系统参数。

4）故障报警功能：系统故障管理软件实时监控整个系统设备运行状态，具有声、光显示方式同时报警功能。

5）基站无人值守：基站信息全部由中央管理软件监控，不需要现场人员监控基站信息。

课题二　乘客服务通信系统

城市轨道交通与乘客服务相关的通信系统主要包括广播系统和乘客信息系统（PIS）。

一、广播系统

1. 广播系统的作用

广播系统作为城市轨道交通运营行车组织的必要手段，具有快速响应的能力，它用于对乘客进行广播，通知列车到站、离站、线路换乘、时刻表变化、列车晚点和安全状况等信息；在突发事故或紧急情况时，作为事故抢险、组织指挥的防灾广播，对乘客进行及时有效的疏导和指引，提高应急响应能力。此外，广播系统还可以对运营人员进行广播，发布有关通知信息，便于协同配合工作，提高服务质量。

城市轨道交通系统中广播系统按设备安装的地点可分为两部分，一部分为地面广播，另一部分为车载广播。

地面广播的作用是对乘客进行广播，通知列车到站和离站的信息，或播放音乐以改善候车环境，或在发生意外情况时疏导乘客。对乘客广播的播音范围主要是站台和站厅区。广播的另一个作用是对工作人员进行广播，其播音范围为办公区域、站台、站厅、隧道及车辆段、停车场范围内，以便及时发布与行车有关的信息，使工作人员协同配合工作。地面广播信息可以由控制中心广播台发出，也可由车站值班员发出。

车载广播的主要作用是给乘客发布到站信息以及播放一些背景音乐，同时在紧急情况下可向乘客播放信息。

2. 地面广播系统

地面广播系统一般由车站设备、传输线路和控制中心设备组成，图 5-5 所示为广播系统示意图。

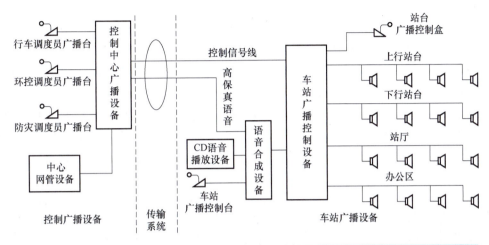

图 5-5　广播系统示意图

（1）车站广播系统设备　车站广播系统由车站值班员操作，通过操作车站广播控制台的键盘对信源、广播区和控制模式进行选择，对车站各广播区定向广播。车站分为上行站台、下行站台、站厅和办公区四个广播区域。

车站广播系统是由车站广播控制台、站台广播控制台、数字播放器、功放、系统控制切换设备、接口装置和扬声器系统组成的。

车站广播控制台——用于车站值班员进行广播，车站广播控制台面板上设有话筒、液晶显示屏和键盘区等，键盘区分为信源选择键、广播区选择键和语音合成选择键、监听控制功能键、应急广播操作键等，包括以下功能：

1）选区广播功能：控制台可对车站内的四个广播控制区中一个区域、多个区域或全部区域进行广播。

2）播放声源选区功能：控制台可通过按键选取声源，声源的种类包括话筒、语音合成、CD 或 DVD 播放机。

3）音量调整功能：播音人员可通过控制台音量按键来调节扬声器的音量，有些系统还具有自动调节音量的功能，其工作原理是：系统安装噪声检测控制器，用来采集广播声场的背景噪声，向车站广播控制设备提供量化后的噪声电平数据。根据噪声的大小经过计算自动调整音频信号的幅度，使现场的声强保持一定的强度，达到良好的收听效果。

4）优先级功能：站台广播控制台是为站台值班人员进行广播而设置的，当其正在广播时，车站控制室内控制台可直接强拆其广播进行播音，车站广播控制台具有高优先级广播功能。

5）监听选择功能：中心控制调度员可选择监听各车站广播区工作状态与广播内容，车站值班员可监听本站广播区工作状态和广播内容。

6）语音合成广播功能：车站的日常业务广播用语及专业用语可录制在语音合成存储器

内，播音员通过键盘操作控制台播放已经存储的话音。

功率放大器对声源信号进行放大处理传送到扬声器。广播系统每个广播区域配置一个功率放大器，而且功放设备一般为模块化，主备冗余配置，即使某一路功放故障，冗余后备功放自动切换，无须人工倒机，提供了系统的可靠性。

系统控制切换装置完成广播系统各部分之间的切换及控制，包括控制台切换声源、控制台切换广播区、噪声检测自动调节播放声音等都是由系统控制切换装置完成的。

接口装置完成各控制模块之间的接口转换，同时将车站广播告警信息传送到控制中心网管设备，接收控制中心发出的声音及控制信息等。

(2) 控制中心广播系统设备　控制中心设备主要由调度人员操作，控制中心可对任意一个，或多个车站的任意广播区进行广播，可对车站播放语音进行监听等。控制中心广播具有高优先级，广播系统平时运营时以车站广播为主，主要是对乘客进行公告信息广播，在紧急情况下如发生火灾时，以中心防灾广播为主。

控制中心对各站广播时，中心广播控制台上输出的语音信号和控制信息，经符合有线传输设备规范的接口设备输出，经光缆传输到各个车站的接口装置；语音信号经由信源转换处理器转换后，根据中心发来的指令，对指定的广播区进行广播。同时车站广播控制设备将本站执行的状态反馈到控制中心，并在控制中心广播控制台上显示。

(3) 传输线路　广播系统传输线路包括两部分：一部分为本地传输线路，另一部分为控制中心到车站的传输线路。控制中心广播设备与车站广播设备之间的传输线路包括控制线路和语音线路，其中控制线路用来传送控制信号，如优先级选择、车站设备告警信号等；语音线路用来传送控制中心播发的语音信号，也可将车站广播的信号传送到控制中心设备，以供控制中心监听使用。

(4) 自动广播设备　随着城市轨道交通系统中通信与信号新技术的应用发展，两者之间的联系越来越紧密，有些信号系统可向广播系统提供列车进出站触发信号，广播系统设备将这些信号转化后，由广播控制台启动自动广播设备进行全自动广播，其内容包括列车停靠、进出站信息、安全提示和向导。

3. 车载广播系统

车载广播的主要作用是给乘客发布到站信息以及播放一些背景音乐，同时在紧急情况下向乘客播放信息。车载广播系统有两种模式：一种是为地面上行驶的列车设计的，另一种是为隧道内行驶的列车设计的。

(1) 地面列车车载广播系统　由于列车行驶在地面，车上可接收到 GPS 定位信号，车载广播一般采用 GPS 接收机定位触发，实现自动广播方式，如图 5-6 所示。其系统设备由 GPS 接收天线、车载广播控制设备和车厢内扬声器组成。

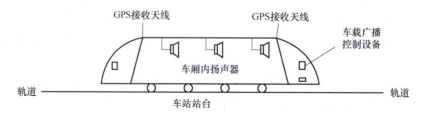

图 5-6　地面列车车载广播系统

GPS 接收天线接收卫星定位信号，并将信号传送到广播控制设备，实现列车信息定位的功能。

车载广播控制设备接收 GPS 接收机发出的列车定位信号，并判断播发信息的内容，将事先存储的语音信息播发出去。同时具有人工广播的功能，当需要播发紧急信息或 GPS 接收机故障时，司机可通过控制面板上的控制按键人工播发信息。

车厢内扬声器对列车上的乘客进行广播，一般采取并联方式。

（2）隧道列车车载广播系统　地铁内的列车一般行驶在隧道内，无法接收 GPS 定位信息，需要通过地面触发设备来实现自动播发广播信息的功能，系统结构如图 5-7 所示。其系统设备由轨道电路触发设备、车载接收设备、车载广播控制设备和车厢内扬声器组成。

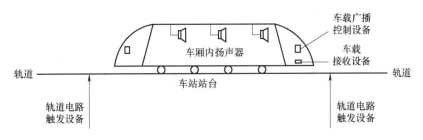

图 5-7　隧道列车车载广播系统

在图 5-7 中，轨道电路触发设备安装在列车进出站时需要广播的轨道上，为车载接收设备发送位置信息。车载接收设备接收轨道电路触发设备发送的位置信息，并将信号传送到车载广播控制设备。车载广播控制设备接收车载广播接收设备的位置信息，并判断播发信息内容，其他功能与地面车载广播控制设备相同。

二、乘客信息系统

乘客信息系统（Passenger Information System，PIS）是以计算机及多媒体应用为平台，以车站和车载显示终端为媒介向乘客提供信息的系统。乘客信息系统在正常情况下，提供乘车须知、服务时间、列车到发时间、列车时刻表、管理者公告、政府公告、出行参考、股票信息、媒体新闻、赛事直播、广告等实时动态的多媒体信息；在火灾、阻塞及暴恐等非正常情况下，提供动态紧急疏散提示。车载设备通过无线传输实时或预录接收信息，经处理后在列车客室 LCD 显示屏上进行音视频播放，如图 5-8 所示。

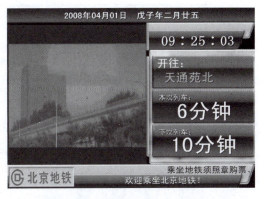

图 5-8　乘客信息系统显示举例

1. 系统结构

乘客信息系统的结构如图 5-9 和图 5-10 所示，控制中心系统可以向全线统一发布数据（视频、图片、文本等）和指令，也可以选择指定的车站或列车进行发布。所有车站、列车、停车场和车辆段的计算机设备具备自检功能，向控制中心系统汇报自身的工况并接收控制中心系统下达的指令执行，实现全线乘客信息系统的设备监控。控制中心操作员具备全局权限，可对所有车站、列车的设备和系统进行监控，各车站、列车的操作员仅对各自范围内的设备和系统拥有监控权限。

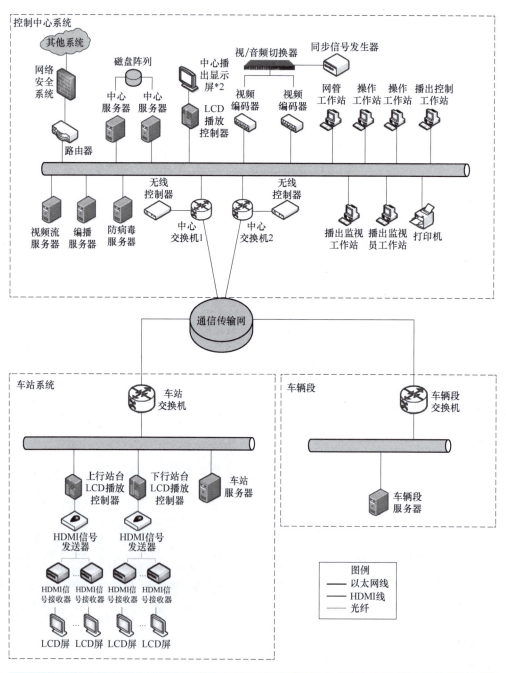

图 5-9 乘客信息系统结构（控制中心、车站、车辆段）

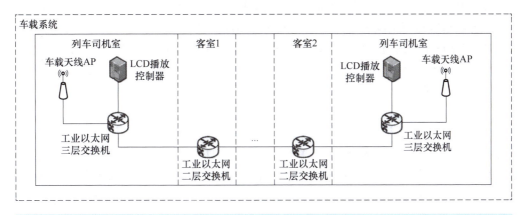

图 5-10　乘客信息系统结构（车载）

2. 运行模式

（1）车站系统运行模式

1）正常模式：系统由控制中心直接组织信息播放，车站子系统接收实时节目内容，并按照接收到的播放列表和窗口框架播出。

2）降级模式（应急模式）：当控制中心故障或网络通信中断时，受到影响的车站子系统迅速自动转入降级模式，按已预先定义的应急播放列表和本地存储的节目内容自行组织播放。

3）单点故障模式：当个别终端显示设备与系统通信中断时，通信中断的终端设备按已预先定义的应急播放列表和本地存储的节目内容自行组织播放。其余设备按照原有模式运行。

（2）车载系统运行模式

1）实时模式：车载子系统实时接收播出的视频和文本信息。

2）准实时模式：当车载系统无法与地面进行不间断实时通信时，车载子系统在列车进站停靠期间或车辆回库期间，通过无线网络在非移动的情况下高速传输并预存显示信息、播放列表和窗口框架，供车载系统组织播出，以保证列车在整个运行期间，播出节目不间断。

3）录播模式：每天运营结束后，车载子系统车辆段集中接收存储控制中心下发的次日播放列表及节目内容。车辆运营时，车载系统按照接收到的播放列表，自行播放预存的节目内容。

4）单点故障模式：当个别列车车载显示设备与系统通信中断时，通信中断的列车按照预先定义的应急播放列表和本地存储的节目内容自行组织播放。其余设备按照原有模式运行。

课题三　闭路电视系统

一、闭路电视系统基本作用

在城市轨道交通中，闭路电视系统（Closed Circuit TV，CCTV）可对各车站主要生产装置、设施、关键设备及重要部位进行全面直观的实时安全监视，为控制中心调度员、各车站值班员、公安值班人员等提供有关列车运行、旅客疏导、防灾救火、突发事件等现场视频信息，是保证城市轨道交通各车站安全运行的重要手段。其主要作用表现为：

1）向调度中心一级行车管理人员（行车调度员、环控调度员、公安值班员、值班主任等）提供各站台区行车情况和站厅区旅客流向的图像信息。

2）向车站行车值班员提供本站列车停靠、起动、车门开闭以及售票机、闸机出入口等处的现场实时图像信息。

3）向列车司机和站台工作人员提供相应站台旅客上下列车的图像信息。

二、闭路电视系统组成

闭路电视系统是安全技术防范体系中的一个重要组成部分，是一种先进的、防范能力强的综合系统，典型的闭路电视系统如图5-11所示，包括有摄像装置、传输部分、控制部分以及图像处理显示和记录设备等。

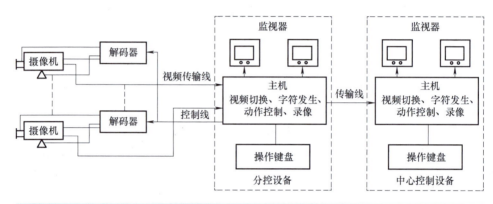

图5-11 典型的闭路电视系统

1. 摄像部分

摄像部分是电视监控系统的前沿部分，把监视的内容变为图像信号，作为系统的原始信号源，摄像部分的好坏以及产生图像信号的质量将影响整个系统的质量。

摄像部分根据监视需要，可将摄像机安装在电动云台上，并加装变焦镜头，在室外应用的情况下为了防尘、防雨、抗高低温、抗腐蚀等，对摄像机及其镜头还应加装专门的防护罩。

2. 传输部分

传输部分就是系统的图像信号传送的通路。图像信号的传输，要求在图像信号经过传输系统后，不产生明显的噪声、失真，保证原始图像信号的清晰度和灰度等级没有明显下降。这要求传输系统在衰减方面、引入噪声方面、幅频特性和相频特性方面都有良好的性能。

3. 控制部分

控制部分是整个系统的指挥中心，主要功能有：视频信号放大与分配、图像信号的校正与补偿、图像信号的切换、图像信号的记录、摄像机及其辅助部件（如镜头、云台、防护罩等）的控制等。

控制部分能对摄像机、镜头、云台和防护罩等进行遥控，完成对被监视的场所全面、详细的监视或跟踪监视。控制部分设有录像设备，可以随时把被监视场所的图像记录下来，以便事后备查。

控制部分设有"多画面分割器"，可以在一台监视器上同时显示出4个、9个、16个摄像机送来的画面，并用一台常规录像机或长延时录像机进行记录。控制部分还设有时间及地址字符发生器,通过这个装置可以把录像时间及被监视场所的地址、名称显示出来。

4. 显示部分

显示部分一般由多台监视器、监视屏幕墙或计算机显示器组成。其功能是将传送过来的图像显示出来。在由多台摄像机组成的电视监控系统中,用画面分割器把某几台摄像机送来的图像信号同时显示在同一台监视器上,即在一台较大屏幕的监视器上,把屏幕分成几个面积相等的小画面,每个画面显示一个摄像机送来的画面。

当某个被监视的场所发生情况时,可以通过切换器将这一路信号切换到某一台监视器上一直显示,并通过控制台对其遥控跟踪记录。在一般的系统中通常都采用4∶1、8∶1,甚至16∶1的摄像机对监视器的比例数设置监视器的数量。

三、闭路电视系统应用

城市轨道交通闭路电视监控系统一般分为以下三部分:

1)用于指挥行车及控制客流,监控场所包括车站站厅、站台和车站轨道等。

2)用于消防楼宇监控,监控场所包括轨道交通企业安装重要设施的场所,一般在控制中心大楼使用。

3)用于公安安防系统,监控场所包括地铁进入车站内的通道、站厅和站台等,为公安人员提供车站视频信息的系统,一般用于处理纠纷、事故等情况使用。

1. 行车指挥用监控系统的结构

行车指挥用监控系统提供城市轨道交通车站内站厅、站台、轨道上列车停靠、起动、车门开关、客流等与行车有关的现场图像信息,以确保城市轨道交通系统正常运行。其使用人员包括车站值班人员、列车司机及控制中心调度人员等。其系统结构如图5-12所示。

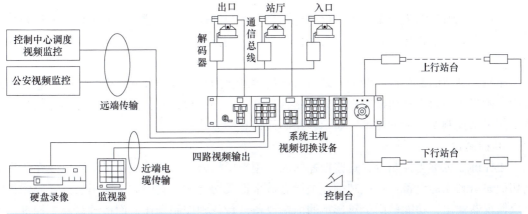

图5-12 行车指挥用监控系统的结构

行车指挥用监控系统包括车站设备、控制中心设备以及传输设备三部分。

(1)车站监控设备 车站监控设备主要为车站值班员提供本车站内站厅、站台客流图像及轨道上列车图像信息,并进行录像,同时将图像上传到控制中心和公安视频监控中心。

① 摄像机及其设置。

车站的站台区、站厅区及其出、入口处均应设置摄像机进行监视,有些还在地铁通道内设置摄像点,常用的摄像机如图5-13所示。

图 5-13 常用的摄像机
a）半球摄像机 b）枪形摄像机 c）一体化摄像机 d）红外一体摄像机
e）智能球形摄像机 f）云台 + 摄像机

站台区摄像机的摄像范围应能覆盖上、下行站台。站厅区和出、入口的摄像机为车站值班员及控制中心调度部门提供图像信息，摄像机取景范围要求大而且可变，故常采用球形摄像机或带云台的摄像机，以调节摄像方位和角度等。

② 监视器及其设置。

监视器使用人员包括车站值班员和列车司机，监视器一般设置在站台和车站控制室两个地方。

站台上的监视器为列车司机提供站台信息及车门开启、关闭信息，监视器一般设置在站台的头尾上方，采用悬挂式安装。其图像可采用分割方式显示，也可采用一个屏幕单独显示一个画面。

车站控制室的监视器一般为车站值班员提供站台列车、客流及站厅内的图像信息，车站控制室监视器一般设置两台监视器显示站台信息，另外一台或两台监视器显示站厅信息；也可采用车站控制主机上的显示屏显示多路画面信息的方式。

③ 控制台。

主控键盘也称为控制台，是监控操作人员用来操控云台、调节摄像机焦距以及在监视器上切换显示画面的设备。在控制键盘上设有数字键及功能键，其中数字键用于选择摄像机输入及监视器输出，功能键用于对选定的前端设备进行各种控制操作，面板键盘、主控键盘允许对系统进行编程设置。

车站设备除上述外，还包括处理各路摄像机图像信息的视频分配设备和用于在监视器上加载摄像的时间、日期以及摄像机的区域位置信息的字符叠加器等。

(2) 控制中心监控设备　控制中心监控设备为控制中心行车调度员、环控调度员、总调度员等提供车站的图像信息，用于控制中心调度人员指挥行车及应急抢险。控制中心监控设备主要包括监视屏幕墙、系统服务器、图像切换设备、控制台和控制接口转换设备等，其系统结构如图 5-14 所示。

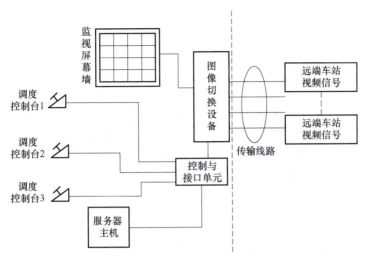

图 5-14 控制中心监控设备

其中调度控制台的级别一般优先于车站级控制台，即当调度操控某一车站的摄像机时，本地就不能进行操控；或本地正在操控时，调度可强行切断操控。所有车站的视频信息全部上传到控制中心，不同的调度员分别可使用不同的调度控制台，调节不同车站的摄像机，查看相关车站视频信息。

（3）传输设备 传输设备是用来将车站视频信号和控制信号传送到控制中心，一般本地传输直接用电缆连接方式就可实现，而控制中心与车站一般距离较远，需要相应的传输设备实现视频及控制信号的传送，控制中心传输设备再将接收的信号转换成视频信号送到视频矩阵及控制信号接口。

2. 消防楼宇监控系统

消防楼宇监控系统一般设置在轨道交通企业的重要设施内，如控制中心、车辆段和停车场等地。此部分的主要功能是进行楼宇内的安防及消防，与消防系统有联动功能。

消防楼宇监控系统的摄像机安装在楼道、出入口及重要的设备机房内。消防楼宇监控系统一般单独组网，视频图只上传到本地监视器和硬盘录像设备。其系统一般由前端摄像机、后端的控制主机、视频切换、视频分配、硬盘录像和监视设备组成。

公安安防系统设备的组成与行车调度指挥系统结构相同，不再赘述。

一、典型通信设备的认知

◇ 设备设施	仿真调度中心、车站控制室及驾驶室的有线及无线通信设备
◇ 实践形式	1）与操作手册相结合，学习各岗位通信设备的应用 2）结合具体工作要求规定用语，完成指定岗位之间的联系
◇ 预期目标	1）掌握车站控制室、调度中心通信设备的操作方法 2）熟悉调度、车站和司机等岗位之间常用的通信内容

> **参考资料**
>
> 专用调度台如图 5-15 所示,专用值班台如图 5-16 所示,专用分机如图 5-17 所示,车辆段广播设备如图 5-18 所示,驾驶室通信设备如图 5-19 所示。
>
>
>
> 图 5-15　专用调度台（48 键）
>
>
>
> 图 5-16　专用值班台（24 键）
>
>
>
> 图 5-17　专用分机
>
>
>
> 图 5-18　车辆段广播设备
>
>
>
> 图 5-19　驾驶室通信设备

二、闭路电视设备的认知

◇ 设备设施	仿真车站控制室视频监控设备
◇ 实践形式	1）根据要求选择指定摄像机画面 2）调节摄像方位和角度
◇ 预期目标	1）熟练掌握视频监控设备的基本操作方法 2）能够调取指定时段视频资料

项目五 城市轨道交通通信系统

 相关资料：

不同岗位实训内容如下：

(1) 控制中心调度员

1) 呼叫司机：无线调度台→无线车载台。
2) 呼叫车站控制室：专用电话调度台→专用电话值班台。
3) 呼叫供电值班室：专用电话调度台→调度分机。
4) 调看站台图像：闭路电视系统客户端。
5) 发布重要信息：中心广播操作台。

(2) 车站控制室行车值班员

1) 呼叫列车：无线固定台→无线车载台。
2) 呼叫本站其他人员。
3) 呼叫控制中心：专用电话值班台→专用电话调度台。
4) 呼叫站长室、票务室、供电值班室、相邻车站：专用电话值班台→调度分机。
5) 发布信息：车站广播控制盒。
6) 调看车站图像：闭路电视系统键盘、监视器。
7) 办公联络：公务电话。

一、公安通信系统

地铁公安通信系统包括有线电话子系统、视频监控子系统、公安消防无线子系统、计算机网络子系统、电源与搭铁子系统，是市公安乃至全国公安通信网络的延伸。

公安通信系统应与专用通信系统同步建设、同期开通，满足地铁警务指挥和业务联系的语音、数据和图像等业务需要。为了保证公安通信系统的安全和保密性，其在物理上应是相对独立的网络。但为了避免重复建设、节约投资，应充分考虑与专用通信系统的信息资源共享。

1) 有线电话子系统为地铁公安分局、派出所、车站公安值班室之间提供电话通信。同时，作为市公安专用电话网的延伸，可提供驻站公安人员与其他公安部门之间的公务联系。同时运营值班人员在车站发生突发事件时应能第一时间通知驻站公安值班人员，派出所人员能够通过公安专用电话系统及时联系指挥各站公安值班人员。

2) 视频监控子系统由本地监控、异地监控（地铁公安分局监视全线、派出所监视辖区）两部分构成，组成一个统一的视频监控网络，为公安指挥中心提供全线各站实时场景，及时了解全线安全情况，发现治安事件，判断事件性质和规模，从而实施快速反应和高效指挥。其中派出所值班员可通过控制终端远程调看所管辖区域车站的摄像机图像，地铁分局值班员可通过控制终端远程调看全线车站的摄像机图像。

3) 公安消防无线子系统将市公安、消防的地面无线调度信号引入地下车站、区间，覆盖地铁站厅、站台、出入口通道和隧道等，用于加强地铁管辖范围内日常治安管理，确保各

105

车站范围内出现重大案情、治安事件时，市公安局及地铁分局各级公安指挥人员能够对现场各警务人员进行统一的指挥调度。

4) 计算机网络子系统是为地铁公安分局与派出所及车站提供数据及视频信息传送的网络平台，同时与市公安计算机网络互联，其应用包括对内信息浏览、处理以及对外信息发布、查询等，为应急指挥中心与市公安通信系统的网络互联提供条件。

二、综合监控系统

综合监控系统（Integrated Supervisory Control System，ISCS）面向的对象主要包括控制中心的各调度员（行车调度员、电力调度员、环控调度员、值班调度和值班主任助理）、车站控制室的值班人员和车辆段维修中心的系统维护人员等，主要目的是将各分散孤立的自动化系统联结为一个有机的整体，实现地铁各专业相关系统间的信息互通、资源共享，提高各系统的协调配合能力，提高地铁全线的整体自动化水平。

ISCS 提供了数据收集、数据分析、决策支持功能和安全性能，为中心、车站等各级操作员提供了监视和控制城市轨道交通所有子系统设备的手段和工具。

例如某城市地铁 ISCS 主系统集成的监控对象包括：电力监控系统（PSCADA）、环境与机电设备监控系统（BAS）、屏蔽门系统（PSD）、闭路电视系统（CCTV）、广播系统（PA）。主体系统互联的监控对象包括：门禁系统（ACS）、乘客信息系统（PIS）、信号系统（SIG）、售检票系统（AFC）、时钟系统（CLK）、火灾自动报警系统（FAS）等。ISCS 在车站控制室的应用如图 5-20 所示。

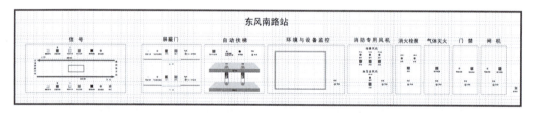

图 5-20　ISCS 在车站控制室的应用

> **思考研讨**
>
> 1. 车站控制室的通信设备有哪些？分别联系哪些岗位？
> 2. 控制中心的通信设备有哪些？分别联系哪些岗位？
> 3. 电动客车司机室的通信设备有哪些？分别联系哪些岗位？
> 4. 乘客信息系统（PIS）的功能是什么？
> 5. 综合监控系统（ISCS）的监控对象有哪些？

项目六

车站信号及通信设备的应用

项目导入

车站控制室是车站的指挥中心,如图 6-1 所示。正常情况下,车站值班站长和值班员在车站控制室内监视列车运行,发生设备故障等非正常情况,按照调度员的指示现地操纵信号设备。

图 6-1 车站控制室设备

知识要点

1. 熟悉车站信号设备操作终端的显示含义。
2. 掌握车站信号设备操作终端的操作方法。
3. 熟练使用车站通信及视频监控设备。
4. 熟悉车站 LCP 盘与信号系统相关部分的操作时机。
5. 掌握车站准备进路的基本要求。

课题一　车站行车值班员岗位要求

一、岗位工作标准

1. 岗位职责

1）执行分公司、部、中心和车站的有关规章制度，做到有令必行，有禁必止。
2）在值班站长的领导下，主管车站行车工作。
3）服从行车调度员指挥，执行行车调度员命令，严格按列车运行图组织行车。
4）严格执行作业程序，熟悉行车设备的性能，掌握操作方法。
5）控制车站广播，密切关注监视屏，掌握站台乘客动态。
6）ATS 车站终端停用时负责现场人工排路。
7）非运营时间做好巡道、设备维修的登记和销记手续。
8）保管、使用行车设备备品，正确填写各种行车日志，字迹清楚。
9）值班站长不在车站控制室时代理其职责。
10）完成上级领导临时交办或外部门需协办的其他工作。

2. 工作内容

以某地铁公司《车站运作管理细则》为例，与信号、通信设备有关的工作内容包括：

1）监视车站行车、客运和票务等各类设备的运行情况，设备、设施发生故障时，及时上报相关维修部门并在《车站设备、设施故障登记本》做好登记。
2）负责车站行车工作，通过闭路电视系统（CCTV）监视列车到发情况及乘客动态，定时查看车站内各路视频录像，并按规定进行广播。
3）遇突发事件、事故时，操作车站控制室内相关设备，根据值班站长指示执行相应的应急处理程序。
4）联锁站行车值班员负责通过车站信号系统对管辖内列车运行情况进行监控。根据行车组织的需要，在车站信号系统上办理本联锁区段的行车工作。
5）要求做好施工请销点登记手续及安全防护监督工作，使用《车站施工登记本》登记施工作业。

3. 交接班内容

行车值班员交接班内容见表 6-1。

表 6-1　行车值班员交接班内容

交接内容	台账记录
进路开通及信号设备工作状态	
车站控制室 SC 系统、安防系统（CCTV、门禁等）、广播系统、电话系统、PIS、ISCS、FAS 等运行情况	

(续)

交 接 内 容	台 账 记 录
列车运行情况	"值班人员登记表"
车站设备设施、工器具、备品状态	"车站设备、设施故障登记表"
行车备品情况（数量及状态），钥匙、备品借用情况	"车站钥匙借用登记簿""车站备品借用/归还登记表"
车站施工情况	"车站施工登记本""调度命令本"
消防设施情况	"防火巡查记录表Ⅰ""防火巡查记录表Ⅱ"
核实上一班完成或未完成的工作	"值班人员登记表"
其他需特别说明的情况	"值班人员登记表"

二、非正常情况下车站行车组织

正常情况下，各联锁站值班站长/行车值班员通过车站信号系统监视本联锁区列车运行情况，根据列车运行情况，对照当日"运营时刻表"列车的到发时刻，通过CCTV监控列车进出车站；监视站台乘客候车秩序，确保站台安全。

特殊情况下的车站行车组织按《行车组织规则》相关规定执行，典型要求包括：

1. 中央ATS系统故障

当中央ATS系统有故障或必要时，车站取得联锁控制权后使用本地ATS系统监控，行车值班员/值班站长加强监视列车在该联锁区的运行情况，发现问题按规定处理并及时报告行车调度员。

当ATS系统不能自动排列进路时，行车调度员应立即人工介入操作，站控时由值班员人工操作。非安全相关命令可在中央ATS系统上操作，安全相关命令执行前经行车值班员进行安全确认后操作。非联锁站应加强站台监控，发现问题及时报告所属联锁站及行车调度员。

2. 电话闭塞

1）当一个或多个联锁区发生联锁故障、中央及车站工作站上一个或多个联锁区均无法对线路运行车辆进行监控时或正线与车场信号接口故障时，由值班主任决定在故障区域及与故障区域两端相邻的车站间采用电话闭塞法组织行车，采用电话闭塞法行车的区段内，行车指挥权在车站。

2）采用电话闭塞法，每一个闭塞区段（一个闭塞区段指一站两区间）内只允许一趟列车占用，发车凭证为路票及车站发车信号，采用电话闭塞法行车的各车站不得办理通过列车，相邻车站间办理接发车作业程序时需使用行车专用电话。

3）执行电话闭塞法行车的区段，进路上的道岔优先使用ATS工作站锁闭道岔，当ATS工作站电子锁闭道岔无法使用时，由车站人员现场确认进路正确后使用钩锁器锁定（折返道岔钩锁器只挂不锁）。

4）闭塞区段内各站发出的首列车采用NRM模式限速25km/h运行，后续列车采用NRM模式限速45km/h运行。

5）采用电话闭塞法组织行车时，原则上两端折返站按调车方式组织列车站后折返，在执行电话闭塞法组织行车的区段内车站折返时，按调车方式限速15km/h运行。司机与车站人员共同确认线路安全及道岔位置正确后,凭车站人员道岔开通信号进行折返作业。

3. 人工排列进路

1)需要人工准备进路时,车站控制室人员负责召集人员,相关人员到位后应做好人工排列进路准备工作。

2)人工准备进路需不少于 2 人,原则上其中一人岗位职务必须为值班站长,另一人岗位职务必须是站务员及以上。

人工准备进路人员穿荧光衣,戴手套,携带对讲设备和工具包,按照规定赶赴现场。工具包内需有红闪灯、信号灯(红/绿)、手摇把、转辙机断电钥匙、钩锁器(另有存放要求的除外)、锁具及其钥匙和手电筒等。

3)人工准备进路时必须确认进路上所有故障道岔开通位置正确。如一条进路有多副道岔故障,从车站方向由近及远人工准备进路,返回时由远及近确认整条进路是否正确。

4)现场确认道岔,需要转向时应一人操作,两人共同确认。确认道岔位置正确后,用钩锁器锁定(折返站需经常转换的道岔钩锁器锁可只挂不锁)。

5)行车调度员接到进路准备好、线路出清的报告后指示车站接(发)列车;采取电话闭塞法组织行车时,确认道岔位置开通正确后,准备进路人员向车站控制室汇报(通过无线便携台或轨旁电话)。车站控制室接到进路准备好、线路出清的报告后,指示接发列车人员接(发)列车。

课题二 车站 ATS 终端的应用

正线联锁设备有多种形式,在这部分以 SICAS 型、VPI-3 型、DS6-60 型为例,介绍正线联锁的基本操作,学习正线联锁设备的主要功能以及设计理念。

一、SICAS 联锁基本操作

1. 操作终端 LOW

LOW 的全称是 Local Operator Workstation,即现场操作员工作站。

LOW 是信号系统网络的区域终端设备,每个联锁站设置一套 LOW 设备。SICAS 联锁系统的本地操作和表示是通过 LOW 工作站来完成的。联锁等设备和行车状况(轨道占用、道岔开通位置和信号显示等)在显示器上以站场图形式显示,使用鼠标和键盘,在命令对话窗口上可以实现常规命令及安全相关命令的联锁操作。所有安全相关命令的操作、操作员登录/退出操作、设备故障报警等信息将被记录存档。根据实际控制需要,可以每个联锁系统拥有几个操作控制台,或者几个联锁系统采用一个控制台。

2. 屏幕显示

LOW 的屏幕显示由三部分组成,自上而下为:

(1)基本窗口 计算机启动进入后的第一个出现的窗口为基本窗口,如图 6-2 所示。按钮的主要功能如下:

1)登记进入/登记退出按钮:系统将检查姓名及口令,如果正确,登记进入按钮将改为登记退出按钮,并且下面的输入框将使用者的姓名显示灰色,说明已成功登录 LOW,可以根据权限对 LOW 进行操作。

图 6-2 LOW 基本窗口

2）图像按钮：用于在主窗口中显示联锁区的站场图。

3）报警按钮：分为 A、B、C 三类，A 类级别最高，C 类级别最低。如果不存在报警，报警按钮显示灰色。一旦出现报警，相应级别的报警按钮开始闪烁并发出声音报警，报警级别越高，报警声越持久响亮。单击相应的报警按钮即可对报警进行确认，就可以打开相应的报警单，然后选择需要确认的报警信息，再在对话窗口中单击报警确认按钮就可以对报警进行应答。报警单中只要有一个报警未被应答，报警按钮会保持红色闪烁，当报警单中的所有报警都被应答，报警按钮呈永久红色，报警声被关闭。

4）管理员按钮：只有用管理员身份及密码登记进入时才显示出来，并可以设置或更改操作员的操作权利，不是管理员登录时，此按钮会显示灰色。

5）调档按钮：用于查询、打印联锁装置 48h 内的特别情况记录存档，例如来自现场设备或联锁的信息和报警、来自 RTU/ATS 的信息和报警、LOW 内部出现的错误、登记进入/登记退出报告等。

6）音响按钮：单击该按钮可关闭报警声音，直到下一次报警出现。

7）日期和时间显示按钮：显示当前日期和时间。

8）版本号：显示现用的版本，版本号必须在故障信息报告中注明。

（2）主窗口　启动 LOW 后进入主窗口，显示整个联锁区线路、信号等设备状态，并能够选择元件进行操作。

（3）对话窗口　对话窗口主要由命令按钮栏、执行按钮、取消按钮、记事按钮以及综合信息显示栏组成。

1）命令按钮栏：可以显示当前的所有命令按钮，以供操作员选择，命令按钮栏可根据不同的要素选择，显示出所选要素的所有操作命令，如果没有选择任何要素，命令按钮栏显示的命令为对联锁的所有操作。

2）执行按钮：用于执行当前的操作，当单击了执行按钮，当前的操作就会被联锁记录执行。

3）取消按钮：用于取消当前的操作。

4）记事按钮：用于打开记事输入框、记录情况（平时不用）。

5）综合信息显示栏：用于显示信号系统的各种供电情况以及自排、追踪情况。如果相应的供电正常，相应的显示为绿色字体，如果故障则显示红色字体，而如果没有打开自排功能时，自排全开的字体为白色，一旦打开了自排功能则自排全开字体为绿色。对于追踪进路，如果打开追踪功能，追踪进路字体为黄色，没有打开追踪功能，则追踪进路字体为白色。

3. LOW 的操作命令

操作命令根据安全等级分为"常规操作命令"（用 R 表示）和"安全相关操作命令"

（用 K 表示）。

安全相关操作命令是指该命令执行后可能会影响行车安全或设备安全的命令。安全相关命令只有在 LOW 上才可以操作，其安全责任主要由操作员负责，故必须确认相关的操作前提，并且需输入正确的命令，操作完毕后必须在值班日记中做好记录。

持有 LOW 操作证者，在 LOW 工作站上的操作命令见表 6-2。

表 6-2　LOW 工作站上操作命令

相关设备	按钮名称	命令含义	安全相关命令	备注
联锁	自排全开	本联锁区全部信号机处于自动排列进路状态	否	关闭所有具有自排功能的信号机的追踪进路功能
	自排全关	本联锁区全部信号机处于人工排列进路状态	否	
	追踪全开	本联锁区全部信号机处于联锁自动排列进路状态	否	关闭所有具有追踪功能的信号机的自排功能
	追踪全关	本联锁区全部信号机取消联锁自动排列进路状态	否	
	关区信号	关闭并封锁联锁区全部信号机	否	
	交出控制	向 OCC 交出控制权	否	
	接收控制	从 OCC 接收控制权	否	控制中心（ATS）已交出控制权
	强行站控	在紧急情况下，车站强行取得 LOW 的控制权	是	强行站控后必须报告行车调度员（C-LOW 无此命令）
	重启令解	系统重新启动后，解除全部命令的锁闭	是	指的是 SICAS 重新启动
	全区逻空	设定全部轨道区段空闲	是	
轨道区段	封锁区段	将区段封锁，禁止通过该区段排列进路	否	
	解封区段	取消对区段的封锁，允许通过该轨道区段排列进路	是	
	强解区段	解锁进路中的轨道区段	是	
	轨区逻空	把轨道区段设为逻辑空闲	是	
	轨区设限	设置该轨道区段的限制速度	是	无进路状态下使用
	轨区消限	取消对轨道区段的限制速度	是	
	终止站停	取消运营停车点	否	只能用于正常运营方向
道岔	单独锁定	锁定单个道岔，阻止电操作转换	否	
	取消锁定	取消对单个道岔的转换，道岔可以转换	是	
	转换道岔	转换道岔	否	
	强行转岔	轨道区段占用时，强行转换道岔	是	

(续)

相关设备	按钮名称	命令含义	安全相关命令	备注
道岔	封锁道岔	将道岔封锁，禁止通过道岔排列进路	否	道岔可通过转换道岔命令进行位置转换
	解封道岔	取消对道岔的封锁，允许通过道岔排列进路	是	
	强解道岔	解锁进路中的道岔	是	接近区段有车延时30s解锁
	岔区逻空	把道岔区段设置为逻辑空闲	是	
	岔区设限	对道岔区设置限制速度	是	
	岔区消限	取消对道岔区段的限制速度	是	在LCP盘上用消限钥匙接通消限电路，并在30s内完成操作
	挤岔恢复	取消挤岔逻辑标记	是	
信号	关单信号	设置信号机为关闭状态	否	只能作用于已开放的信号机
	封锁信号	封锁关闭状态下的信号机	否	只能开放引导信号
	解封信号	取消对关闭状态下信号机的封锁	是	
	开放信号	设置信号机为开放状态	否	信号达到主信号层，没有被封锁
	自排单开	设置单个信号机为自动排列进路状态	否	信号机具备自排功能且追踪全开功能没有打开
	自排单关	设置单个信号机为人工排列状态	否	
	追踪单开	设置单个信号机为联锁自动排列进路状态	否	
	追踪单关	单个信号机取消由联锁自动排列进路状态	否	信号机具备追踪功能且自排全开功能没有打开
	开放引导	开放引导信号	是	

在操作LOW工作站过程中，操作员必须确认进路要素以正确的方式显示，否则应立即停止和取消该项操作，并报告行车调度员。行车调度员根据具体情况，当确认LOW不能正常操作时，发布停止使用命令，按LOW工作站设备故障进行处理，组织行车。

LOW工作站操作员在结束操作或临时离开车站控制室时，应将工作站退回登记进入状态，严禁中断LOW工作站工作，进行与行车无关的工作。

LOW工作站的设备管理人员或维修人员操作LOW工作站时，应征得车站值班站长同意，并经行车调度员授权，以自己的用户名和口令登记进入系统后，在不影响行车的情况下方可进行操作。

4．对进路的操作

（1）排列进路　在LOW排列进路，用鼠标的左键单击LOW主窗口上要排列进路的始端信号机，再用鼠标的右键单击要排列进路的终端信号机，所选始端信号机和终端信号机都会被打上灰色底色，然后在对话窗口中的命令显示栏（在LOW的左下角）用鼠标的左键单击"排列进路"的命令，最后用鼠标的左键单击对话窗口中的"执行"按钮即可。

联锁计算机就会自动检查该进路的进路建立条件，如果满足进路的建立条件，相应的进路会自动建立,并进入相应的监控层,如果达到了主信号层,且始端信号机正常时,始端信号机就会自动开放,但如果只达到了引导层,始端信号机不会开放,只能在满足开放引导信号的条件下人工开放引导信号。

(2) 取消进路 在 LOW 上取消一条已排好的进路,用鼠标的左键单击 LOW 主窗口上该进路的始端信号机,再用鼠标的右键单击该进路的终端信号机,此时所选始端信号机和终端信号机都会被打上灰色底色,然后在对话窗口中的命令显示栏(在 LOW 的左下角)用鼠标的左键单击"取消进路"的命令,最后用鼠标的左键单击对话窗口中的"执行"按钮即可。

说明:在对 LOW 进行操作过程中,只有在排列进路及取消进路时,才会用到鼠标的右键,其他的操作都只用鼠标的左键。

5. 对道岔的操作

(1) 显示意义 LOW 上的道岔结构如图 6-3 所示,显示意义见表 6-3。

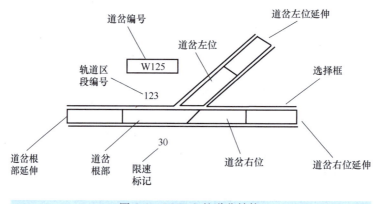

图 6-3 LOW 上的道岔结构

表 6-3 LOW 工作站上道岔的显示意义

元 素	状 态	显 示 意 义
道岔编号	白色	道岔无锁定
	红色	道岔单独锁定
	稳定	正常
	闪烁	出现 kick-off 存储故障
道岔编号框	显示	没有被进路征用
	不显示	被进路征用锁闭
岔体	黄色	常态、空闲、没有被进路征用
	绿色	空闲、被进路征用
	淡绿色	空闲、被进路征用为保护区段
	红色	占用、物理占用
	粉红色(中部)	占用、逻辑占用
	深蓝色(中部)	已被封锁,拒绝通过该区段排列进路
	灰色	无数据

(续)

元　素	状　态	显　示　意　义
道岔位置	有颜色显示	在左位或右位
	道岔左位闪烁（短闪）	道岔左位转不到位（左位无表示）
	道岔右位闪烁（短闪）	道岔右位转不到位（右位无表示）
	道岔左右位及延伸部分闪烁（长闪）	道岔挤岔

（2）基本操作　在 LOW 上对道岔进行操作，必须用鼠标的左键单击 LOW 主窗口上的道岔元件或道岔编号，此时所选元件被打上灰色底色，然后在对话窗口中的命令显示栏（在 LOW 的左下角）用鼠标的左键单击所需的命令，最后用鼠标的左键单击对话窗口中的"执行"按钮即可。

道岔区段设置了限速，限速的列车最高速度会以红色的 60、45、30、15 字体在相应的区段下方显示出来。此时，列车通过该道岔区段的最高速度不能大于此限制速度，可设置的速度分别为 60km/h、45km/h、30km/h、15km/h 四种。

6. 对轨道区段的操作

（1）显示意义　LOW 上的轨道区段各部分如图 6-4 所示。

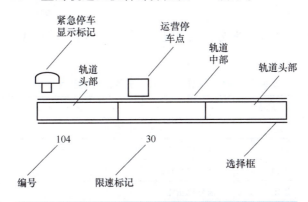

图 6-4　LOW 上的轨道区段各部分

LOW 工作站上轨道区段的显示意义见表 6-4。

表 6-4　LOW 工作站上轨道区段的显示意义

元　素	显示及状态	显　示　意　义
轨道区段	黄色	常态、空闲、没有被进路征用
	绿色	空闲、被进路征用
	淡绿色	空闲、被进路征用为保护区段
	红色	占用、物理占用
	粉红色（中部）	占用、逻辑占用
	深蓝色（中部）	已被封锁，拒绝通过该区段排列进路
	灰色	无数据
	稳定	表示正常
	闪烁	表示在延时解锁中

(续)

元　素	显示及状态	显示意义
运营停车点	红色	常态，设置了停车点
	绿色	取消了停车点
紧急停车标记	站台区段会出现一个红色闪烁的♇	按压了紧急停车按钮，紧急停车生效
	红色闪烁的♇消失	按压了取消紧停按钮，列车可正常运行
区段限速标记	区段下方显示红色字体的60、45、30、15	列车以不大于此限速通过该区段

（2）基本操作　对轨道区段进行操作，用鼠标的左键单击 LOW 主窗口上的轨道元件或轨道编号，此时所选元件被打上灰色底色，然后在对话窗口中的命令显示栏用鼠标的左键单击所需的命令，最后用鼠标的左键单击对话窗口中的"执行"按钮即可。

7. 对信号机的操作

（1）显示意义　LOW 上的信号机各部分如图 6-5 所示。

LOW 工作站上的信号机各部分的显示意义见表 6-5。

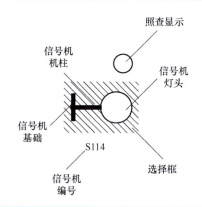

图 6-5　LOW 上的信号机各部分

表 6-5　LOW 工作站上信号机各部分的显示意义

元　素	显示及状态	显示意义
信号机编号	红色	处于人工排列进路状态
	绿色	处于自动排列进路状态
	黄色	处于追踪进路状态
	稳定	信号机正常
	闪烁	信号机红灯断主丝故障或绿灯/黄灯灭灯
信号机基础	绿色	主信号控制层（处于监控层：在进路状态）
	黄色	引导信号控制层（处于监控层：在进路状态）
	红色	非监控层（无进路状态或进路未建立）
	稳定	信号机正常
	闪烁	在延时中（进路延时取消，进路延时建立或保护区段延时解锁）
信号机机柱	绿色	信号机开放，且开放主信号
	黄色	信号机开放引导信号
	红色	信号机关闭，且未开放过（针对本次进路）
	蓝色	信号机关闭，但曾经开放过（针对本次进路：在重复锁闭状态）
信号机灯头	绿色	信号机处于开放主信号状态
	红色	信号机处于关闭状态（但可以开放引导信号）
	蓝色	信号机处于关闭状态，且被封锁（但可以开放引导信号）

项目六 车站信号及通信设备的应用

（续）

元　　素	显示及状态	显示意义
照查显示	绿色	可排列相应进路入车辆段
	红色	不能排列相应进路入车辆段（车辆段已排列了进路）
	灰色	无数据

（2）**基本操作**　对信号机进行操作，用鼠标的左键单击 LOW 主窗口上的信号机元件或信号机编号，此时所选元件被打上灰色底色，然后在对话窗口中的命令显示栏用鼠标的左键单击所需的命令，最后用鼠标的左键单击对话窗口中的"执行"按钮即可。

（3）**虚拟信号机**　虚拟信号机是为了解决现场不需要设置防护信号机，但由于进路太长而导致运营效率降低的问题而设置的。虚拟信号机在 LOW 上的显示跟正常的信号机是一样的，功能也一样，只是在编号前加了一个"F"，如 FX302 等。

需要说明的是：虚拟信号机在现场设备中是不存在的。

8. 基本操作要求

在操作 LOW 工作站过程中，操作员必须确认进路要素以正确的方式显示，否则应立即停止和取消该项操作，并报告行车调度员。行车调度员根据具体情况，当确认 LOW 不能正常操作时，发布停止使用命令，按 LOW 工作站设备故障进行处理，组织行车。

LOW 工作站操作员在结束操作或临时离开车站控制室时，应将工作站退回登记进入状态，严禁中断 LOW 工作站工作，进行与行车无关的工作。

LOW 工作站的设备管理人员或维修人员需操作 LOW 工作站时，应征得车站值班站长同意，并经行车调度员授权，以自己的用户名和口令登记进入系统后，在不影响行车的情况下方可进行操作。

9. LCP 盘操作

（1）**紧急停车**

1）有效操作紧急停车的前提条件是：列车在 SM、ATO 及 AR 模式下驾驶。

2）紧急停车有效的区段范围是：相应的站台区段及其相邻的区段（或者列车运行正方向离去的第一个区段）。

在必要时，可以按压站台的紧急停车箱里的按钮或 LCP 盘上的紧急停车按钮。

（2）**在 LCP 盘上对紧急停车的操作步骤及现象**

1）在 LCP 盘上按压相应的紧急停车按钮。

2）LCP 盘上相应的紧急停车指示灯亮红灯，并发出电铃报警声音，同时在 LOW 上相应的站台区段出现红色 ▆ 闪烁。

3）执行切除报警操作，按压相应的切除报警按钮，消除报警声音。

（3）**在 LCP 盘上切除紧急停车功能的操作步骤及现象**

1）在 LCP 盘上按压相应的"取消紧停"按钮。

2）LCP 盘上相应的紧急停车指示灯灭，并发出电铃报警声音，同时在 LOW 上相应站台区段的红色 ▆ 消失。

3）此时应执行切除报警操作，按压相应的切除报警按钮，消除报警声音。

（4）在站台上操作紧急停车按钮后，在 LCP 盘上出现的现象

1）在站台上按压紧急停车箱里的按钮，LCP 盘上相应的紧急停车指示灯亮红灯，并发出报警声音，同时在 LOW 上相应的站台区段出现红色👕闪烁。当执行切除报警操作后，电铃报警声音消除。

2）当需要切除紧急停车功能时，在 LCP 盘上按压相应的"取消紧停"按钮，LCP 盘上相应的紧急停车指示灯灭，并发出电铃报警声音，同时在 LOW 上相应的站台区段的红色👕消失。当执行切除报警操作后，电铃报警声音消除。

（5）在 LCP 盘上进行扣车的操作及出现的现象

1）有效操作扣车的前提条件是：列车在 SM、ATO 及 AR 模式下驾驶，列车未进入站台或停稳在站台时运营停车点未取消。满足以上两个条件，扣车操作才有效。

2）扣车的有效区段是：站台区段。

3）"扣车"操作的步骤及现象：在 LCP 盘上按压相应的"扣车"按钮，在 LCP 盘上相应的扣车指示灯红灯闪烁（说明：如果是 OCC 扣车，LCP 盘上相应的扣车指示灯为稳定红灯），同时在 LOW 上发生 B 类报警，记录了对应站台区段的扣车提示内容，并发出报警声音，此时应单击 LOW 基础窗口上音响按钮，消除报警声音。

4）在 LCP 盘上对扣车进行"放行"操作的步骤及现象：在 LCP 盘上按压相应的"取消扣车"按钮，在 LCP 盘上相应的扣车指示灯灭，然后再按压相应的"扣车"按钮一次（复位），最后再按压相应的"取消扣车"按钮一次（复位）。同时在 LOW 上对应的 B 类报警有"扣车恢复"的提示信息。

5）扣车的原则：如果 LCP 盘上运营停车点指示灯亮黄灯时，扣车操作有效；在 ATS 系统正常时，如果 LCP 盘上运营停车点指示灯黄灯灭时，扣车操作无效，因为此时运营停车点已被取消。如果只是黄灯指示灯灯丝断丝，可以进行扣车操作；在 ATS 系统故障时，信号系统将自动进入 RTU 降级模式或 LOW 人工控制模式，此时只要运营停车点未取消，扣车操作有效。

二、VPI-3/iLOCK 型联锁操作举例

VPI-3 型计算机联锁系统由卡斯柯信号有限公司研发，车站正线的车站操作员工作站（以下简称为 HMI）由工控机、显示器、鼠标和键盘等设备组成。系统采用多窗口界面，在正常运行状态下主窗口的下方是命令工具条，上方是设备状态栏，中间显示站场图，主要包括站场显示、各类报警表示灯、状态表示灯及操作按钮等。HMI 子系统操作界面如图 6-6 所示。

1. 界面显示

（1）信号机　当系统工作正常时，轨旁信号机不点亮，列车运行以车载信号为行车信号。

当 CBTC 系统未正式投入使用，或主体信号发生故障时，系统将提供降级使用模式，通过办理相关手续点亮轨旁信号机，此时列车运行以轨旁信号显示为依据。在地面信号机点灯情况下，红灯信号和灭灯信号均视为禁止信号。

在 HMI 上，如果没有办理站间闭塞，没有办理全站点灯或者没有办理进路点灯手续，HMI 界面上显示信号机联锁逻辑实际状态并在信号机上画"×"，表示室外不点灯；当点灯时，隐藏"×"。

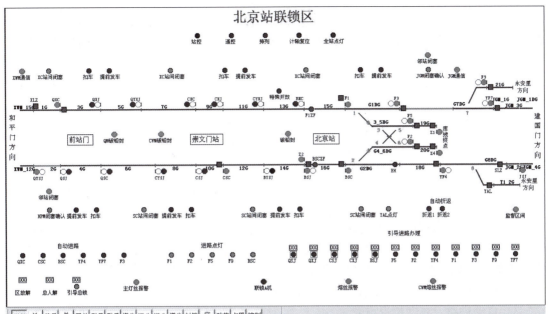

图 6-6 HMI 子系统操作界面（见彩插）

(2) 道岔 当道岔处在定位状态时道岔号显示绿色，处在反位状态时道岔号显示黄色，显示位置和信号平面图上的开通方向一致。

道岔在四开位置超过 15s 时，道岔名和岔尖红闪，同时发出"道岔挤岔"语音报警和电铃，弹出"报警确认"对话框，操作人员按下该按钮，语音报警切除；道岔修复后，语音再次响起，弹出"报警确认"对话框，操作人员再次按下"报警确认"对话框，切断语音。道岔显示正常开通方向，道岔号码变为绿色或黄色，该道岔恢复使用。

当以进路控制方式操纵道岔时，进路上的道岔顺序选出。为了使动作电流错开启动峰值，每次最多同时启动 2 组道岔，每次间隔时间为 300ms。

当联锁道岔处于区段占用、区段锁闭（进路锁闭）、保护进路锁闭以及人工单独锁闭时，道岔不能动作。

(3) 列车占用信息 联锁系统所采用的列车占用信息是基于计轴信息、ATP 的闭塞信息和计轴的工作状态组合运算后得出的。HMI 按照计轴区域划分的长度显示每个分区的状态：占用、空闲、锁闭等。

闭塞分区空闲时显示蓝色光带；当有车占用时，闭塞分区显示红色光带；当区段锁闭时，区段显示白色光带或绿色光带，其中白色光带表示该区段锁闭并且不能用"区故解"方式解锁，绿色光带表示该区段锁闭并且可用"区故解"方式解锁。

(4) 列车方向表示 仅在列车可折返的区段设置方向箭头，常态不显示，只有当进路建立并锁闭在一定的方向时才显示。列车运行方向用箭头表示，绿色（ ）表示正向，黄色（ ）表示反向。

其余正线部分不显示列车运行方向。

（5）设备状态表示灯　操作界面中设备状态表示灯主要有："主副电源"表示灯、"联锁机 A 机/联锁机 B 机"表示灯、"上/下行通信"表示灯、"邻站闭塞"表示灯、"停稳"表示灯、"安全门状态"表示灯、"隔断门状态"表示灯、"监督区间"表示灯、"破铅封"表示灯、"紧急关闭"表示灯、"保护进路"表示灯、延时解锁倒计时框等。

（6）按钮及其表示灯　操作界面中按钮均带有表示灯，主要包括列车按钮、引导按钮、引导总锁按钮、全站封锁按钮、站控按钮和遥控按钮等。

2. 中心控制（遥控）与车站控制（站控）的转换

中心控制转为站控或站控转为遥控，均由车站值班员根据中心调度员命令，采用按下"站控"或"遥控"按钮来完成，按钮表示灯同时给出车站状态显示。

（1）中心控制转为车站控制　车站信号设备处于中心控制状态时，"站控"按钮灯为灰色，"遥控"按钮灯为绿色。

车站值班员根据中心的调度命令，先单击"功能按钮"图标，再单击"站控"按钮灯，输入相应后按下"确定"键，"站控"按钮灯显示黄色，"遥控"按钮灯显示灰色。在车站控制状态下，车站值班员可办理以下作业：

1）进路始、终端按钮方式排列进路及取消。

2）自动进路、自动折返设置。

3）进路点灯和全站点灯/灭灯，重复开放信号及关闭。

4）自动站间闭塞办理及解除。

5）扣车及取消扣车、提前发车。

6）引导信号及引导总锁闭建立及取消。

7）单独操纵道岔及单独锁闭道岔和解锁。

8）区段人工解锁、上电解锁。

9）显示信号名、道岔名、轨道区段名、车次窗。

10）站控/遥控转换。

车站由中心控制转为车站控制后，除扣车命令以外的中心控制状态下的所有自动触发命令均被取消，如果中心有扣车命令，则车站保留该扣车命令，且该命令应由中心取消，只有在"中心故障"表示灯点亮时，车站才可取消该扣车命令。

（2）车站控制转为中心控制　车站未办理站间闭塞、自动进路、自动折返进路、引导、引导总锁、扣车等作业时方可进行转换，否则信息提示窗口给出报警。

车站值班员根据中心的调度命令，先单击"功能按钮"图标，再单击"遥控"按钮灯，输入口令后按下"确定"键，"遥控"按钮灯显示绿色，"站控"按钮灯显示灰色，车站控制转为中心控制。

车站联锁系统处于中心控制状态时，正常运营的各种进路均由 ATS 系统自动办理；车站值班员只是利用 HMI 监督列车运行和 ATS 系统办理进路的情况。在中心控制状态下，车站值班员可办理以下作业：

1）单独锁闭道岔及解锁。

2）显示或隐藏信号名、道岔名、轨道区段名、车次窗。

3）操作控制权的切换。

4）站控/遥控转换。

项目六　车站信号及通信设备的应用

3. 典型操作举例

（1）扣车　每个车站的上、下行发车口各设一套"扣车"按钮灯，常态为灰色。

在每个车站的操作员工作站和控制中心 ATS 均可进行扣车操作。其中，中心在站控/遥控状态下均可实现扣车功能，车站扣车功能只能在站控状态下实施。车站办理了扣车作业，表示灯点亮为黄色；当在遥控状态下中心办理了扣车作业，该表示灯点亮为绿色；当在站控状态下中心和车站都办理了扣车作业，该表示灯点亮为红色。

在自动站间闭塞模式下，当信号机内方有进路时，人工关闭车站正方向出站（或出站兼防护）信号机（所防护的进路继续保持进路的锁闭），即可实现扣车作业。

取消"扣车"作业由办理方实施，通过办理"总取消"按钮再单击"扣车"按钮即可。

终止扣车作业后，检查有关联锁条件满足时，在站间闭塞模式下，相应的出站（或出站兼防护）信号机自动开放。

（2）提前发车　在车站和控制中心均可进行提前发车操作。在站控/遥控状态下中心均可实现提前发车功能，车站提前发车功能只能在站控状态下实施。车站操作的"提前发车"按钮灯点亮为黄色；当在遥控状态下中心办理了提前发车作业，该按钮灯点亮为绿色；表示灯点亮 3s 后自动恢复常态。提前发车功能仅控制发车计时器，不与信号机发生关系。

（3）自动进路　值班员单击"功能按钮"图标，再单击相应"自动进路"按钮表示灯，"自动进路"按钮灯绿色闪光，此时若满足联锁条件，相应进路自动建立、锁闭并开放信号，按钮灯转为绿色稳定灯光。

在 CBTC 模式下，自动进路在列车顺序占用、出清后进路区段保持锁闭，其防护信号机的显示一直保持开放，不随列车的运行而自动关闭或开放。在后备模式下，自动进路在列车顺序占用、出清后进路区段保持锁闭，其防护信号机的显示根据区段占用情况自动开放或关闭信号。

自动进路建立后进路空闲时，值班员单击"总取消"图标，再单击相应"自动进路"按钮灯，"自动进路"按钮灯恢复灰色，该进路转为普通列车进路，在列车顺序占用、出清后进路自动解锁；若进路占用时办理取消自动进路功能，则列车出清进路后，一般进路不能正常解锁，需要总取消或总人解方式将进路解锁。

（4）自动折返　值班员单击"功能按钮"图标，再单击相应"自动折返"按钮灯，"自动折返"按钮灯点亮为黄色，此时若满足联锁条件，由联锁自动进行进路建立、锁闭并开放信号。

在"自动折返"进路设置前若相应进路已存在，此时办理自动折返进路，则原进路转为自动折返进路。

自动折返进路由多条进路组成，随自动折返按钮的按下和列车运行循环选路；在列车顺序占用、出清后进路自动分段解锁，并能按顺序在收到列车停稳信息后排列自动折返的其他进路。

有两条（或以上）折返线的车站，根据需要设自动折返进路按钮，同时只能有一个按钮有效。

（5）全站点灯　值班员单击"功能按钮"图标，再单击"全站点灯"按钮灯，屏幕上弹出"操作确认窗口"，值班员确认办理后，该设备站所辖范围内的所有闭塞、进路点灯均启用，"全站点灯"按钮灯点亮为绿色，此时室外信号机点亮相应状态灯光，室内 HMI 上信

121

号机灯位给出相应颜色显示。

(6) 进路点灯　"进路点灯"只能在站控下办理该操作。

值班员单击"功能按钮"图标，再单击"进路点灯"，该按钮显示红色。该"进路点灯"所定义范围内的顺向信号机点亮。如果之前进路已锁闭并信号开放条件成立，则信号机显示从"×"转为正常显示。如果没有进路，则办理该范围内的进路，在检查联锁条件且进路锁闭，信号机开放并点灯。

(7) 自动闭塞　"自动闭塞"操作只能在站控下办理。

值班员单击"功能按钮"图标，再单击"自动闭塞"，如果该区间无车，则该灯显示红色；如果区间有车，则弹出"操作确认窗口"，需要值班员人工确认列车已经停止后，才能办理该操作。一旦该操作有效，则相关信号机点亮。

对于无进路的区间，办理了"自动闭塞"操作后，如果区间无车，则出站信号机绿闪；如果区间有车，则出站信号机点红灯；对于有进路的区间，办理了"自动闭塞"操作后，如果进路已经办理，则条件满足后，信号机直接点绿闪；如果进路未办理，则出站信号机红灯。

(8) 闭塞确认　"闭塞确认"操作只能在站控下办理。

值班员单击"功能按钮"图标，再单击"闭塞确认"，该灯显示红色。该操作需要办理的前提是：邻站要办理往本站的"站间闭塞"，此时需要本站的值班员按下"闭塞确认"后，邻站的操作才能最终有效。

除上述外，其余如排列进路、转换道岔、引导接车等操作与6502、计算机联锁基本一致。

4. 应急盘

当"联锁机 A 机"指示灯和"联锁机 B 机"指示灯都灭（即联锁机 A 机和联锁机 B 机的工作继电器都落下），系统会自动切换到应急盘控制状态，通过应急盘可办理道岔单操和引导接车。

当全站处于应急盘控制状态时，应急盘上的"VPI 故障"表示灯亮红色；值班员可办理单操道岔和引导接车，具体操作如下：

1）同时按下"总定"（或"总反"）和相应道岔的道岔按钮，将道岔单操至所需的位置。

2）再按下"引导总锁"按钮，引导总锁按钮表示灯亮红色，表示全站处于引导总锁状态。

3）然后再按下相应的"引导"按钮，此按钮亮黄色，松开此按钮，该按钮的黄色表示灯灭。

4）引导信号开放，进站信号机显示白灯。如要关闭引导信号时，需在人工确认列车已完全进入股道或列车确实还没进站的情况下，再次按下"引导总锁"按钮，引导总锁表示灯灭，引导信号关闭。

当系统恢复正常后，需要人工干预才能切换到计算机工作状态，只需按压一下应急盘上的"VPI 恢复"按钮，待"VPI 故障"表示灯灭后，就可恢复到计算机联锁工作状态。

需要说明的是：应急控制盘与 VPI 子系统不能同时操作，而且应急盘操作是属于无联锁操作，安全完全需要由人工保障。

三、DS6-60 型联锁操作举例

DS6-60 型计算机联锁由北京通号国铁城市轨道技术有限公司研发，其 ATS 车站终端人机界面如图 6-7 所示。

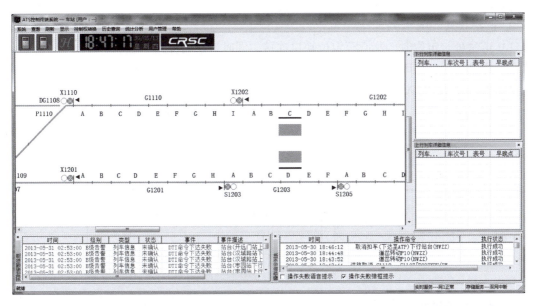

图 6-7　DS6-60 型联锁车站终端人机界面

1. 信号机状态（图 6-8）

（1）<u>自动信号模式显示</u>　信号机的自动/人工信号模式状态用信号机旁边的黄色三角图形显示：

黄色三角显示——该信号机为始端的进路中至少一条设置为禁止 ATS 自动触发。

黄色三角不显示——该信号机为始端的所有进路均设置为允许 ATS 自动触发。

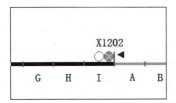 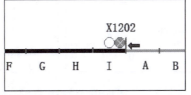

图 6-8　信号机状态举例

（2）<u>自动进路模式显示</u>　信号机的自动进路模式用信号机旁的绿色箭头图形显示。

绿色箭头显示——该信号机为始端的进路被 CI 设置了自动进路模式。

绿色箭头不显示——CI 未设置自动进路模式。

绿色箭头闪烁——自动进路正在选路过程中。

（3）<u>进路自动触发模式显示</u>　信号机的进路自动触发模式状态用信号机旁边的黄色箭头表示。

黄色箭头显示——CI 设置了该信号机为始端的进路自动触发模式。

黄色箭头不显示——CI 未设置该信号机为始端的进路自动触发模式。

黄色箭头闪烁——进路自动触发正在选路过程中。

（4）封锁状态

信号机名称被红色方框包围——信号封锁状态。

2. 道岔状态（图 6-9）

1）道岔处于定位时，岔心至定位缺口连接，同时道岔名称为绿色。

2）道岔处于反位时，岔心至反位缺口连接，同时道岔名称为黄色。

3）道岔处于单锁状态时，道岔名称显示为红色。

4）道岔处于单封（或封锁）状态时，道岔名称外加红色方框。

5）道岔无表示时，道岔四开显示，道岔名称显示为白色，岔心被红色虚线边框包围并闪烁。

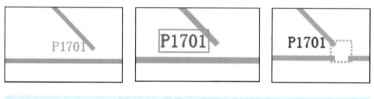

图 6-9　道岔显示状态举例

3. 轨道区段状态（图 6-10）

轨道区段包括道岔区段及无岔区段。

1）轨道区段空闲，线条为灰色。

2）非通信车占用时，显示红色光带。

3）通信车占用时，显示粉色光带。

4）轨道区段处于锁闭状态，显示白色光带。

5）轨道区段为 ARB 状态（轨道区段出清检测错误状态）时，线条颜色为棕色。

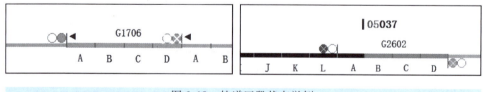

图 6-10　轨道区段状态举例

4. 进路操作（图 6-11）

人工办理进路、解锁进路时，右键单击进路始端信号机，在弹出菜单及对话框中选择相应功能。其中：

1）只有办理完毕的进路才能设置联锁自动进路。对于已设置联锁自动进路模式的进路，ATS 系统不再对其进行自动触发。自动排列进路时，进路始终端信号机信号按钮出现并闪烁。

设置联锁自动进路模式后，若人工干预已锁闭的进路，则自动解除自动进路状态。人工干预包括：取消进路、人工解锁进路、区段故障解锁进路。

2）只有在联锁表中配置了"联锁自动触发"的进路，才能被设置为联锁自动触发模式。当需要对全站设置联锁自动触发时，可右键单击一级集中站站名，选择全站设置联锁自动触发，向 ATP 下达"全站设置联锁自动触发命令"成功后，本集中站内，所有在联锁表中配置了联锁自动触发的进路都会被设置为联锁自动触发模式。

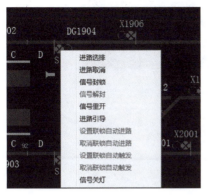 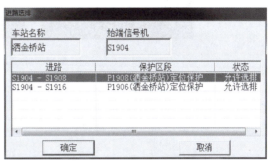

图 6-11 进路操作

5. 道岔操作

右键单击岔尖，在弹出的菜单中选择相应功能，执行道岔的转换、单锁/单解、封锁/解封，以及道岔区段的故障解锁、设置限速等操作，如图 6-12 所示。

6. 轨道区段操作

右键单击轨道区段，在弹出的菜单中选择相应功能，执行轨道区段的故障解锁、封锁、设置限速等操作，如图 6-13 所示。其中被封锁的区段为紫色光带，设置限速后，相应轨道区段夹黄线。

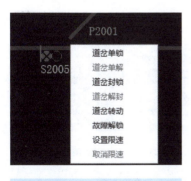 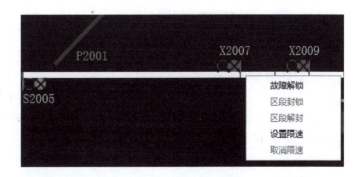

图 6-12 道岔操作　　　　图 6-13 轨道区段操作

7. 站台操作

右键单击站台图标，在系统弹出的菜单中选择相应命令，如图 6-14 所示。

例如车站扣车命令设置成功后，站台图标旁显示黄色"H"。此时若办理了该方向的出站进路，出站信号机已开放，则关闭该出站信号机。扣车取消后，被关闭的出站信号机自动重复开放。

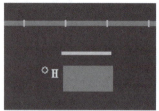

图 6-14　站台操作

【想一想】
哪些车站能够具有信号设备的操作权？

课题三　车站通信设备的应用

一、车站通信设备

车站的专用通信设备主要包括调度电话分机、站间行车电话、无线固定台、视频监视终端、车站广播系统以及乘客信息系统和时钟系统等。

1. 调度电话分机

行车调度台负责行车调度员与正线列车和车站值班员的通信，车站控制室设有调度电话分机，如图 6-15 所示，除正常通话外，典型功能包括：

（1）回叫　用于自动地回叫正在通话或无人应答的内部分机。当设置了回叫功能后，一旦正在通话的分机挂机，操作台就会有三声振铃，拿起手柄后对方话机会自动振铃。

（2）呼叫暂存　是指使用者可将正在进行的呼叫暂时中止同时播放背景音乐而保持对方不被挂断，并可在稍后重新接起，或通知第三方接起。

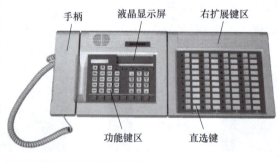

图 6-15　车站调度电话分机

（3）会议　通过分机与其他用户召开会议的方式是正与一方通话时，按 CONF（会议）键，请对方等待，拨第三方分机号码，等待应答，按 CONF，然后可继续增加。

退出会议，挂机或按 CANCEL 键。

（4）保持　与某用户通话时，按 HOLD 键，可以将当前通话保持，再应答新的来话或发起新的呼叫，不会自动和当前的通话形成会议；再按 HOLD 键可返回原先的呼叫。使用

HOLD 键可以反复切换当前通话和被保持通话。

（5）强插　拨分机号时听到忙音后按强插键（GHI/4），听到强插音 5s 后自动进入正在通话的双方中，建立了一个三方会议。

对于设定了强插功能的分机，就可插入正在通话的双方中，形成会议，如果对方具有强插保护功能，则强插无效。

2. 固定电台

车站控制室的固定电台是为车站用户使用的专用无线通信设备，如图 6-16 所示，用于与车站流动作业人员配备的手持电台通话。

图 6-16　无线固定电台

固定电台操作界面如图 6-17 所示，其主要功能见表 6-6。

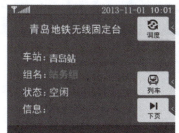 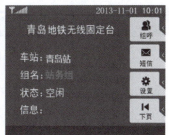

图 6-17　车站固定电台操作界面

表 6-6　车站固定电台使用说明

参数名	含　义	按键	含　义
车站	当前固定电台车站名称	调度	发送调度请求
组名	默认组呼名称，此时按下 PTT 即可发起对默认组的呼叫	列车	发起对车站内列车的呼叫
		下页	下一页
状态	当前状态，状态有"组呼"和"空闲"两种	组呼	进入组呼选择界面，可选择要发起的组呼
		短信	进入短信操作界面，可"查询短信"或者"发送短信"
信息	收到新的短信息会在此显示信息内容，并在状态显示区提示"新消息"，用户可在短信查询中查看最新收到的短信	设置	进入设置界面，可进行音量和其他设置
		上页	上一页

3. 闭路电视系统（CCTV）终端

闭路电视系统可以对车站站台及站厅进行监控。车站控制室配备视频监视终端，监视列车运行、客流情况和乘客乘降等情况。

车站控制室的闭路电视系统终端是为视频应用操作人员提供的操作界面，如图 6-18 所示，以直接单击命令图标的方式，实现视频的建立和切换等日常操作，并可实现远程的操作控制、摄像机预置位的设定、路径导航及多种预先定义的相关动作。

图 6-18 四画面实时视频显示

例如球机方向控制，选择一路球机，即可显示云台监控区域图像。将鼠标放置显示画面内，长按鼠标左键并拖动箭头，或者使用图形化的手摇杆进行控制，可进行不同方向视频区域查看。

4. 车站广播

OCC 调度人员、车站值班员通过广播设备可实现公众语音广播、通告地铁列车运行及向导等服务信息、发布作业命令等功能，车辆段调度人员通过本设备可实现发布作业命令等功能。

广播控制盒面板如图 6-19 所示，此外还有液晶触摸屏式。

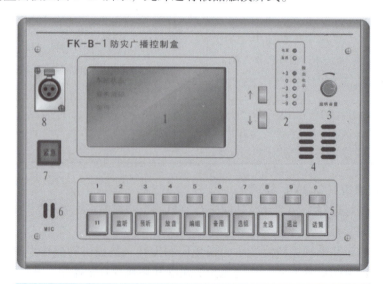

图 6-19 广播控制盒面板

(1) 广播控制

1) 广播区域选择：包括上行站台、站厅、出入口、下行站台、站厅设备区、站台设备区、全部站台、全部站厅、全部设备区、全部出入口等。

2) 播音形式：包括语音段、话筒、背景音、监听、语音合成（Text To Speech，TTS）等。

(2) 典型功能

1) 语音段广播：选择广播区，单击"语音段"按钮，选择需要播放的语音段，单击"播放"并确认后，开始语音广播。

2) 话筒广播：选择广播区，打开话筒开关，单击"话筒"按钮、"播放"按钮并确认后，开始话筒广播。

3) 背景音乐播放：选择广播区，确认关闭话筒开关，单击"背景音"按钮，选择背景音并确认后，开始背景音广播。当其他信源正常播音情况下，背景音乐自动降低音量。

4) 广播监听：选择广播区，打开监听音箱开关，单击"监听"按钮、"播放"按钮并确认后，开始监听。

5. 乘客信息系统（PIS）

乘客信息系统如图 5-8 所示，是地铁里为乘客提供各类资讯的服务系统。乘客信息系统依托多媒体网络技术，以计算机系统为核心，以车站和车载显示终端媒介向乘客提供信息服务。

有管理权限的人员和操作员在操作员工作站上，可通过直观的界面，应用车站工作站的管理服务功能，完成本站乘客服务信息系统的各项管理工作，如图 6-20 所示。车站操作员站与中心操作员站不同点是：中心操作员站管理全线设备，车站操作员站只管理本站设备。

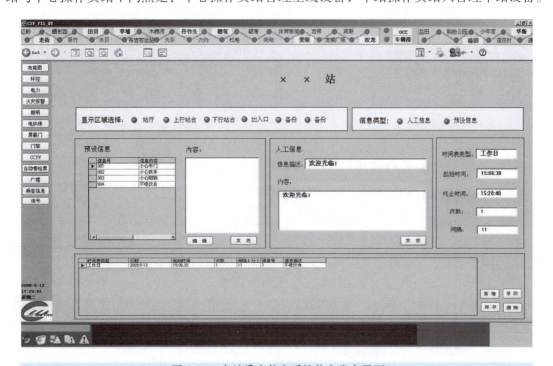

图 6-20　车站乘客信息系统信息发布界面

（1）用户登录　用户必须通过用户登录界面输入用户名和口令，验证通过后才能使用系统监控软件，系统根据用户操作权限控制各功能模块的显示。

（2）设备状态监视　用户登录后，打开设备状态监控界面，通过所在位置监视树形图或者设备类型监视树形图，选择需要查看的显示屏后可查看设备名称、编号、所在线路、所在位置和设备状态等信息，并提供故障告警。

（3）发布即时信息　选择要发布的即时信息，例如已编辑好的预制信息，设置信息类型（临时信息或紧急信息等）、优先级，选在要发布的位置后，单击发送按钮即可将信息发到指定位置。

（4）显示屏控制　在树形图中选择需要控制的显示屏，可进行开启/关闭、音量调节和设置静音等操作，如图 6-21 和图 6-22 所示。

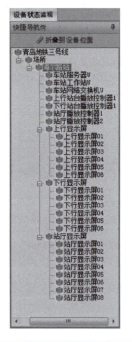

图 6-21　设备状态监视控制界面

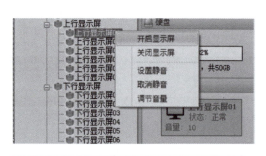

图 6-22　显示屏控制

二、通信设备的典型应用

1. 行车指挥用语举例

（1）从某站发车　自＿＿＿时（自＿＿＿次通过＿＿＿站）起，准＿＿＿站上（下）行（停车线）＿＿＿号电客车（工程车）开＿＿＿次凭信号（地面信号/车载信号）运行至＿＿＿待令（＿＿＿站经＿＿＿回段）。

（2）不停站通过　准＿＿＿次列车（全线列车）在＿＿＿站上（下）行不停站通过。

（3）下轨行区准备　现＿＿＿（位置）发生＿＿＿故障＿＿＿站做好下轨行区的准备，到达在＿＿＿（处）报行车调度员。

（4）到达指定位置　＿＿＿（人员）已到达＿＿＿（处），电台号码＿＿＿。

（5）改变列车驾驶模式　准＿＿＿站上（下）行＿＿＿次列车以＿＿＿模式运行

项目六　车站信号及通信设备的应用

至_____站上（下）行恢复_____模式。

（6）**切除旁路动车**　准_____站上（下）行_____次列车确认旁路条件满足后，旁路_____开关运行至_____站上（下）行恢复_____。

（7）**列车反方向运行**　准_____站上（下）行_____次列车以_____模式（经_____线折返到_____行线）反方向运行至站上（下）行。

（8）**允许列车越过红灯（灭灯信号）运行**　准_____站上（下）行（出站）_____次列车以_____模式越过_____信号机红灯（灭灯）信号运行，司机加强瞭望。

（9）**联锁故障**　联锁区故障，自发令时起，_____站至_____站采用电话闭塞法行车（_____站采用_____折返）。命令号码_____，发令时间_____点_____分，行车调度员_____。

（10）**取消联锁故障**　自发令时起，前发_____号命令取消，_____站至_____站恢复正常行车，发令时间_____点_____分，命令号码_____，行车调度员_____。

2. 车站广播用语举例

（1）**列车在下站通过**　尊敬的乘客，本次×号线开往××方向的列车因故在×××站通过不停车，请到×××站的乘客耐心等候下一趟列车，不便之处，敬请谅解。

（2）**小交路**　尊敬的乘客，由于设备故障，去往××方向的乘客请在对面往××方向（反方向）的站台候车。不便之处，敬请谅解。

（3）**屏蔽门故障**　尊敬的乘客，往××方向的屏蔽门全部故障不能开启，请按照车站工作人员引导上车。谢谢合作。

尊敬的乘客，车站屏蔽门全部故障不能开启，请按照车站工作人员引导上车。谢谢合作。

（4）**列车清客**　各位乘客请注意，由于运营需要，本次列车将退出服务，请全体乘客带齐行李物品，抓紧时间下车，不便之处，敬请谅解。

项目实施

一、通信设备的运用

◇ 设备设施	城市轨道交通非正常行车预案、广播设备、闭路电视系统设备
◇ 实践形式	执行典型预案
◇ 预期目标	1）熟练操作各种广播设备，掌握使用时机及用语 2）熟练操纵闭路电视系统进行监控，并能进行回放等操作 3）初步了解各种预案的应用

二、信号、通信设备综合运用

◇ 设备设施	城市轨道交通正线仿真教学沙盘及控制设备、专用通信设备
◇ 实践形式	按照设备故障时电话闭塞行车预案，模拟车站各岗位
◇ 预期目标	1）掌握信号设备故障正线列车运行的影响 2）熟练使用手摇把、钩锁器及专用通信设备 3）初步了解电话闭塞办理过程

相关资料

（以某公司正线《电话闭塞实施细则》为例）

1）控制权限：行车调度员发布电话闭塞法组织行车的命令前，行车指挥权在行车调度员，任何人员进入轨行区均需得到行车调度员同意。行车调度员发布电话闭塞法组织行车的命令后，采用电话闭塞法行车的区段内，行车指挥权在车站，除进路准备人员外，其他人员进入轨行区需得到行车调度员同意。

2）执行电话闭塞法区段，进路上的道岔优先使用本地 ATS 工作站/现地工作站锁定，当本地 ATS 工作站/现地工作站电子锁定无法使用时，由车站人员现场确认进路正确后使用钩锁器锁定（折返站需经常转换的道岔钩锁器锁可只挂不锁）。

3）首次人工准备进路需按照由近及远地摇岔，按由远及近、双人确认的原则进行。折返站后续办理列车折返，只需确认反复转换道岔开通位置正确即可。

4）采用电话闭塞法行车的各车站不得办理通过列车。

5）闭塞车站：闭塞车站即采用电话闭塞法组织行车的车站。正线全线信号联锁故障时所有车站均为闭塞车站；局部信号联锁故障时故障区域所有受影响的车站为闭塞车站（即故障区域所有车站及故障区域两端相邻车站为闭塞车站）。

6）闭塞区段：闭塞区段为一站一区间。

7）区段占用：每一个闭塞区段内只允许一趟列车占用。

8）行车凭证：行车凭证为路票（司机在车站需拿到路票后凭"好了"信号动车）。

9）驾驶模式和限速：闭塞区间内列车采用 NRM/EUM 模式驾驶，执行电话闭塞法行车的车站上、下行发出的首列车均限速为 25km/h，同方向后续列车限速为 45km/h。

10）岗位操作流程见表 6-7。

表 6-7 岗位操作流程

程序	项目	发车站		接车站	
		行车值班员	站台岗	行车值班员	站台岗
一、确认区间空闲	1. 确认区间空闲	1）接到行车调度员执行电话闭塞法的调度命令后，通知各岗位		1）接到行车调度员执行电话闭塞法的调度命令后，通知各岗位	
		2）确认发车进路准备好，在"行车日志"发车进路准备妥当栏打对勾		2）确认接车进路准备好，在"行车日志"接车进路准备妥当栏打对勾	
		3）根据行车日志确认区间空闲后，与接车站共同确认区间空闲："××站至××站上（下）行区间空闲，"在"行车日志"确认区间空闲栏打对勾		3）根据行车日志确认区间空闲，与站台岗确认接车站线空闲，折返站需确认前一列列车驶入折返线停稳或者折返线空闲。与发车站共同确认区间空闲："××站至××站上（下）行区间空闲，"在"行车日志"确认区间及接车站线空闲栏打对勾	3）根据车站控制室指令确认站线空闲无列车停靠报车站控制室："上（下）行站线空闲无列车停靠"

（续）

程序	项目	发车站		接车站	
		行车值班员	站台岗	行车值班员	站台岗
一、确认区间空闲	1. 确认区间空闲	4）向接车站请求闭塞："××站，××点××分请求××次列车至××站上（下）行闭塞。"在"行车日志"向接车站请求闭塞栏打对勾		4）复诵："××站，××点××分请求××次列车至××站上（下）行闭塞"	
二、办理闭塞	2. 办理闭塞手续	5）复诵："××点××分同意××次列车至××站上（下）行闭塞，电话记录号码××，××站收到。"并在"行车日志"电话记录号码栏填写电话记录号，接车站同意闭塞时分栏填写时间		5）同意发车站闭塞："××站，电话记录号码××，××点××分同意××次列车至××站上（下）行闭塞。"并在"行车日志"电话记录号码栏填写电话记录号，同意闭塞时分栏填写时间	
		6）复诵完毕后填写路票（上（下）行第一张路票左上角均需加盖"首列车限速25km/h 章）		6）听取发车站复诵确保正确无误	
	3. 路票填写及交接	7）路票确认无误后通知站台岗到车站控制室领取路票，站台岗至车站控制室后与其交接路票时手指口呼："上（下）行路票，车次××，电话记录号码××，××站至××站，××站行车专用章印有（首列车限速25km/h 章印有），××年××月××日。"做到手指口呼、双人复诵		7）接车站控制室通知领取路票，在车站控制室与行车值班员交接路票时手指口呼："上（下）行路票，车次××，电话记录号码××，××站至××站，××站行车专用章印有（首列车限速25km/h 章印有），××年××月××日。"做到手指口呼、双人复诵	
	4. 发车作业	8）通过闭路电视系统监控站台岗到达正确的端门处并在"行车日志"填写路票栏打对勾		8）领取路票到达正确端门处，交予司机。交路票时手指口呼："上（下）行路票，车次××，电话记录号码××，××站至××站，××站行车专用章印有（首列车限速25km/h 章印有），××年××月××日。"路票交接完毕报车站控制室，指示站台人员向司机显示"好了"信号，待列车动车后向车站控制室汇报："上（下）行列车已动车"	

(续)

程序	项目	发车站		接车站	
		行车值班员	站台岗	行车值班员	站台岗
二、办理闭塞	4. 发车作业	9）复诵发车通知："上（下）行列车已动车"查看时间在"行车日志"本站发出时分栏填写时间			
		10）向接车站报点："××站上（下）行××次列车××时××分开。"听取复诵确保正确无误		10）复诵发车站报点："××站上（下）行××次列车××时××分开，"并在"行车日志"发出站发出时分栏记录时间	
				11）复诵完毕后通知站台岗："准备上（下）行接车"并在"行车日志"通知站台接车栏打对勾	11）接车站控制室通知后复诵并做好接车准备
三、接车	5. 接车作业				12）列车进站停稳后向车站控制室报告："上（下）行列车到站停稳，"回收路票划"×"注销
				13）接站台报告并复诵："上（下）行列车到站停稳"查看时间在"行车日志"本站到达时分栏记录时间	
		14）收到接车站报点后复诵："××站上（下）行××次列车××时××分到"并在"行车日志"接车站到达时分栏记录时间		14）向发车站报点："××站上（下）行××次列车××时××分到，"听取复诵确保正确无误	

思考研讨

1. 车站控制室应配备哪些信号及通信设备？
2. 哪些情况需要在车站控制室操作信号设备？哪些情况需要现地操作信号设备？
3. 车站控制室 ATS 终端，对道岔有哪几种状态显示？分别表示什么含义？
4. 车站控制室 ATS 终端，对轨道区段有哪几种状态显示？分别表示什么含义？
5. 使用车站控制室行车专用通信设备，应执行哪些规定？

项目七

车辆段信号及通信设备应用

项目导入

车辆段是城市轨道交通系统中对车辆进行运营管理、停放及维修保养的场所,车辆段值班员负责操纵信号设备,如图7-1所示。有的公司也称为"车场""车厂"。一条线路设一个车辆段,线路长度超过20km时,可以考虑另设一个停车场。

图7-1 车辆段行车室

知识要点

1. 了解车辆段日常作业,掌握车辆段值班员岗位要求。
2. 熟悉车辆段信号设备操作终端的显示含义。
3. 掌握车辆段信号设备操作终端的操作方法。
4. 熟练使用车辆段通信设备。
5. 掌握车辆段准备进路的基本要求。

课题一　车辆段行车值班员岗位要求

一、车辆段行车工作简介

1. 行车组织机构

车辆段内主要行车岗位包括：

（1）车场调度员　车场调度员统一指挥车辆段内的行车组织工作，全面负责组织实施客车、机车车辆转轨和取送作业，组织实施调试作业、列车出入车辆段等工作，合理科学地调配人员、机车车辆，协调安排车辆段内行车设备、消防设备及库房等设备设施的检修维护。

（2）信号楼值班员　位于信号楼行车室，负责接收车场调度员的接发列车、调车作业计划，操作联锁设备终端办理列车、调车进路。

（3）正线/车场派班员　负责安排司机的出/退勤作业，制订和组织实施司机的派班计划，遇突发事件及时调整交路、调配好司机的派班。

（4）调车员（调车长）　车辆段调车作业时，负责现场指挥机车车辆移动，可由工程车司机（或副司机）担任。

（5）工程车司机　工程车开行时，由两名司机值守，一名负责驾驶列车；另一名担任车长，负责指挥列车运行及检查监视车辆调车作业的安全，推进运行时负责引导瞭望。

（6）电客车司机　电客车司机负责驾驶电客车在正线上运行及在车场内的调车作业和电客车运作的安全。

2. 调车作业

除列车在正线上的运行以外，凡因列车折返、转线、解体、编组和车辆摘挂、取送等作业需要，列车或车辆在线路上进行有目的的调动，都属于调车。

城市轨道交通的调车作业主要是在车辆段和折返站内进行。

（1）调车作业开始前　在调车作业前，调车长应将调车作业计划、作业方法向调车司机及其他调车人员传达清楚。

（2）调车作业过程中　在作业过程中，执行"要道还道"制度。要道还道是指调车长或调机司机向信号楼值班员要道，信号楼值班员在进路准备好后向调车长或调机司机还道。

（3）调车作业结束后　每班工作结束后，由调车长负责召集调车组人员，总结本班生产任务完成、安全等情况，遇非正常情况及时向车场调度员报告。

3. 列车作业

车辆段与衔接站的联锁设备工作正常时，采用正常情况接发列车方式组织列车出入段。

（1）列车出库、出段　发车计划由车场调度员根据列车运行图、运营检修车安排、车场线路存车情况等编制，内容包括列车车次、待发股道、运用车编号等。计划编制完毕后，除应将计划下达给信号楼值班员外，还应该将计划中列车车次、车号、有无备车、备车车号等内容上报给行车调度员。

信号楼值班员在办理列车发车作业时，应确认区间空闲（出、入段线视为区间），停止影响发车进路的调车作业。

列车起动前应确认信号开放与库门开启正常，并注意平交道是否有人员、车辆穿越。在规定的出库时间已到而出库信号仍未开放时，乘务员应主动询问信号楼值班员，联系不上时可通过车场调度员询问。

正常情况下，列车经由出段线出段。列车出段凭信号机的显示，在出段线的无码区按限速人工驾驶方式运行（限速 20km/h），在进入有码区前一度停车，待设置好车次号及接收到速度码后，以 ATO（或 ATP）方式投入线路运营。

(2) 列车入段、入库　信号楼值班员在办理列车接车作业时，应确认接车线路空闲，停止影响接车进路的调车作业。

正常情况下，列车经由入段线入段。列车入段凭信号机的显示，在入段线的有码区按人工 ATP 方式运行，在入段线的无码区按限速人工驾驶方式运行。

列车入库按调车作业有关规定进行，进入车库前应在车门外一度停车。有人接车时按入库手信号进入车库；无人接车时，乘务员应下车确认库门开启正常、接触网送电后方能进入车库。

(3) 设备故障时出入段　在设备故障（咽喉道岔、道岔区轨道电路、牵引供电）或检修施工（车场线路、信联闭设备、接触网）时，可采用引导接车方式，或者组织列车由入段线出段（由出段线入段），但应得到行车调度员准许。

当车辆段或衔接站的联锁系统故障时，应采用电话闭塞法或按调度命令组织行车。

【想一想】

信号设备的哪些故障会影响列车进、出车辆段？

4. 检修/施工作业

(1) 计划　检修/施工作业需按规定时间提报计划，临时补修计划由作业部门直接向车场调度员提出申请，车场调度员根据当时现场作业情况妥善安排。

日计划、临时补充计划由车场调度员协调、统筹审定后组织实施，车场调度员根据作业要求，需司机或其他部门配合时，应及时通知相关人员。

遇到检修/施工作业影响到机车车辆检修或转轨时，车场调度员应及时通知相关部门调整计划。

按提报的计划进行检修/施工作业区域发生变更时，作业部门应在检修/施工作业前规定时间内报补充计划进行变更。

已划定作业区域的检修/施工作业，检修/施工负责人必须在检修/施工作业前规定时间向车场调度员办理请点作业，由检修/施工负责人安排作业区域防护措施。

(2) 登记　信号、线路维修人员对信号设备、线路进行日常检修时，现场需设置防护，应有专职联络人员在信号楼行车控制室值班并加强与现场联系通报行车情况。

在线路上作业，请点不超过 10min（对列车、机车车辆运行有速度限制时除外），由专职联络人员向信号楼值班员提出申请，信号楼值班员报车场调度员准许后办理给点登记手续。

专职联络人员应认真按"车辆段施工/检修作业登记簿"规定的内容逐项（设备名称、编号、工作内容、请点时间、故障状态、是否影响行车等）填写清楚，认真确认信号楼值班员同意的起止时间后，与信号楼值班员互相核对签认。

当行车设备发生故障时，信号楼值班员应将故障情况记入"设备维修检查登记簿"，通知信号、工务人员进行修复，并向车场调度员汇报清楚。检修人员接到通知后立即派人修复。

二、信号楼值班员岗位职责

1. 相关岗位

车辆段行车工作由车场调度员集中领导、统一指挥，如图 7-2 所示。

2. 工作内容

以某地铁公司《车辆段运作手册》为例，与信号、通信设备有关的工作内容包括：

1）负责办理列车出入车辆段、调车进路的排列和微机联锁设备的操作。

2）负责按照"运营时刻表"接发列车，与行车调度员沟通、确认列车出入段安排，及时向车场调度员报告接发列车情况。

3）监视信号显示和列车出入车辆段运行状态，发现异常时及时向调度报告，并做好记录。

4）在微机联锁上按规定执行施工、停送电防护的操作。

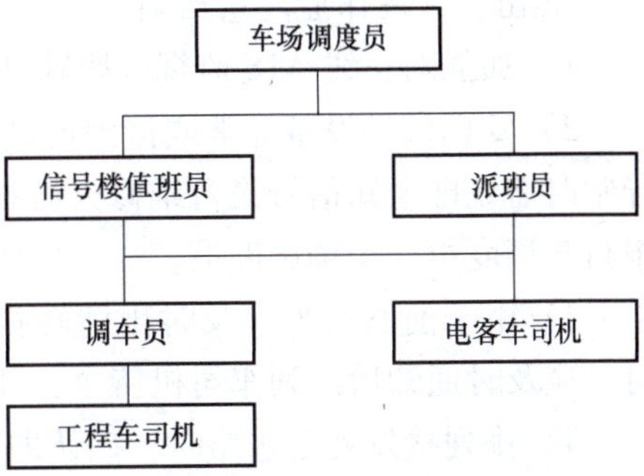

5）负责监控电客车与工程车调试、试验和调车工作。

6）检查行车设备、保管好行车备品，搞好岗位卫生，认真执行交接班制度。

图 7-2　车辆段统一指挥架构

三、接发列车工作

1. 行车凭证

接发列车工作行车凭证见表 7-1。

表 7-1　接发列车工作行车凭证

联锁设备	出段信号	出库信号	调车信号	转换轨	凭　证	备　注
正常	正常	正常	正常	正常	出段信号允许显示	
监控良好	不能开放	正常	正常	正常	车辆段值班员口头通知	行车调度员同意
监控良好	不能开放	不能开放	正常	正常	开放的调车信号及车辆段值班员口头通知	行车调度员同意
监控良好	不能开放	不能开放	不能开放	正常	车辆段值班员口头通知（+发车手信号）	行车调度员同意，排进路或单操单锁道岔开通进路
故障	—	—	—	—	路票+发车手信号	电话闭塞

当入段信号不能正常开放时，改按引导方式组织接车，列车凭入段信号机的引导信号

进入车场内，引导信号无法开放时改按调车方式运行，调车信号无法开放时按降级组织接车。

2. 开放出、入段信号时机

1）列车出段时，正常情况下按动车时间提前开放出段信号，特殊情况下不能及时开放出段信号时，应及时通知司机。

2）列车入场时，在进入出/入段线轨道区段前至少提前 2min 开放入段信号机，特殊情况下不能及时开放时，应及时通知司机。

3）联锁设备正常时，应在邻站开车或车场开车点至少提前 10min 停止影响列车进路的调车作业，准备接发车进路。

4）原则上不得在非接发车线上办理列车到发作业。特殊情况应经车场调度员同意。

3. 出、入段作业注意事项

1）加强对正线 ATS 监视，跟踪列车出场运行情况，有异常时及时通知车场调度员。

2）发现信号设备异常或接到司机报告车辆故障时，及时报车场调度员。如为信号设备异常时需立即通知信号设备维修人员处理并做好登记，影响到列车正点出/入场时，需立即报行车调度员、车场调度员。

3）由于前发列车未及时出清转换轨，以致不能按规定时间开放后续列车的出场信号时，应及时通知后续列车司机待令，并向行车调度员、车场调度员汇报。

4）排列接发列车进路时，确认即将排列的进路上没有光带和作业方可排列后续接发列车进路。

课题二　车辆段信号设备终端的应用

车辆段内每天进行大量列车进出车辆段作业及车辆段内调车作业，主要以人工办理为主，由人工保证列车在车辆段内的运行安全。在部分新建城市轨道交通的车辆段中，配置了全自动运行区域，列车在全自动区域具备 CBTC 控制下的 ATP/ATO 功能以及 ATS 监控功能，由信号系统防护列车运行安全，并能以 ATO 模式自动完成进出车辆段的运行功能。

一、信号设备操作基本要求

1）微机联锁控制台鼠标由车场值班员操作并负责管理，除故障处理可交由信号人员操作外，其他人员均不得使用鼠标。信号设备维修人员需要使用微机联锁鼠标时，经施工请点后与车场值班员做好交接，并在当班台账上做好登记。

2）操作信号设备时，执行"一看、二按（单击）、三确认、四呼唤"制度，各动作之间需有间隔停顿，不得同时进行其他作业。单击按钮时，需确认其显示正确后，方可操作另一按钮。

3）排列进路时，若第一次操作不成功，应间隔 3s 后方可进行下一次操作。

4）在列车未出清相关轨道区段时，不得排列经该区段的列车或调车进路。

5）不办理作业时，联锁控制台鼠标箭头需置于显示屏上无信号按钮及操作提示框的指定位置。

二、iLOCK 型典型显示及操作（具备全自动车辆段功能）

1. 站控/遥控转换

控制权转换操作窗口及表示灯显示如图 7-3 和图 7-4 所示。

图 7-3　站控/遥控转换

图 7-4　站控/遥控表示灯

1）站控指 ATS 系统工作正常时，单击"站控"按钮将联锁机切换到"站控"模式，"站控"表示灯显示黄色，此时 ATS 现地工作站既作为联锁上位机提供联锁的全部功能操作，又作为 ATS 车站终端提供 ATS 车站级别的所有功能。

2）遥控指 ATS 系统工作正常时，单击"遥控"按钮将联锁机切换到"遥控"模式，"遥控"表示灯显示绿色，此时 ATS 控制权转由中心控制，ATS 子系统根据行车计划，自动执行相应控制，实现全自动控制工作模式。

3）紧急站控指 ATS 系统出现故障无法使用时，单击"紧急站控"按钮将联锁机切换到"紧急站控"模式，"紧急站控"表示灯显示红色，ATS 现地工作站转为联锁上位机提供联锁的全部功能操作。

4）转换条件。站控转为遥控需检查的条件包括：引导总锁、强扳道岔授权、自动折返进路、自动进路、引导进路、与中心通信状态、紧急关闭、车站扣车命令。

紧急站控不允许直接转为遥控，必须先转为站控，当上述条件全部满足时，才可以将控制权转为遥控。

任何时刻，车站可以无条件将控制权从中心控制转为站控或紧急站控。

2. 屏幕显示

1）信号机。

信号机亮灯时，屏幕上信号复示器与室外信号机显示一致。

信号机灭灯时，屏幕上信号复示器在点亮灯位画"×"。

2）轨道区段。

紫色——轨道区段处于占用状态。

红色——计轴处于 CBTC 模式下逻辑区段占用状态。

白色——轨道区段处于出清状态，是一条锁闭进路的一部分。

绿色——轨道区段处于出清状态，故障锁闭。

闪烁——轨道区段被 ATS 切除跟踪，以当前颜色闪烁。

缺省色——轨道区段处于出清状态。

3）道岔。

紫色——道岔区段处于占用状态。

红色——道岔区段被 CBTC 报告占用。

白色——道岔区段未占用，处于正常锁闭状态（如有单独锁闭，道岔名为红色）。

绿色——道岔区段未占用，处于故障锁闭状态。

黄色——道岔区段未占用，处于单独锁闭状态。

闪烁——道岔区段被 ATS 切除跟踪，以当前颜色闪烁。

缺省色——道岔区段未占用且未锁闭。

3. 报警

当联锁邻站通信发生故障时，发出报警，如图 7-5 所示，表示灯红色表示双网通信中断，表示灯黄色表示单网通信中断。

图 7-5　通信中断报警

4. 典型操作

（1）设置进路　屏幕上信号机旁的绿色按钮为列车按钮，单击信号机相当于调车按钮，如图 7-6 所示。

图 7-6　办理进路（见彩插）

在屏幕下方的功能条选择"进路建立"按钮（默认状态为"进路建立"），鼠标左键单击始端按钮，按钮处于被按下状态，同时符合进路办理条件的所有终端按钮闪烁，单击终端按钮，排列进路，开放信号。

（2）取消/人工解锁进路　信号开放后接近区段空闲时，单击"总取消"按钮和进路始端按钮后，信号立即关闭，进路解锁。

当接近区段有车占用时，应使用人工解锁方式解锁进路。单击"总人解"按钮，输入口令"1234"并确认，再单击进路始端按钮，信号立即关闭，对应的信号机灯柱变为黄色，信号机旁显示"Y"标记，同时站场图右上方延时解锁倒计时开始。当倒计时为零时，进路自动解锁，如图 7-7 和图 7-8 所示。

（3）引导进路锁闭　当信号机故障或轨道区段故障不能正常办理进路时，由操作人员确认故障区段空闲，可采用引导进路锁闭方式开放引导信号。

单击功能条中的"引导按钮"，在弹出的窗口中输入口令并确认，然后单击站场图下方引导按钮框中对应信号机的"引导"按钮，办理引导进路锁闭，如图 7-9 和图 7-10 所示。

（4）封锁　当进路锁闭、信号开放后，可使用"封锁"操作使已开放的信号关闭，或在进路未办理前执行封锁操作，使经过该设备的所有进路均不能建立。

项目七　车辆段信号及通信设备应用

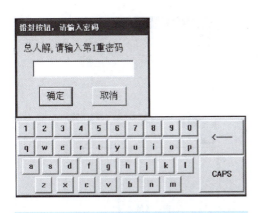

图 7-7　输入口令窗口

图 7-8　延时解锁（见彩插）

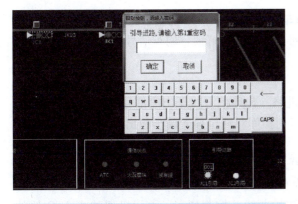

图 7-9　办理引导进路

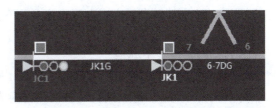

图 7-10　开放引导信号

单击功能条中的"封锁按钮"，然后单击站场图中对应的信号机或道岔，相应设备以粉红色闪烁，表示对该设备进行封锁操作，如图 7-11 所示 D3、5/6 道岔。

被封锁的道岔可以单独操纵。在进路未办理前封锁信号机，仅允许办理以该信号机为终端的进路。

（5）区故解　在联锁上电、列车通过后部分区段不解锁时，可采取区段故障解锁的方式解锁相应区段，如图 7-12 所示。

单击功能条中"区故解"按钮，单击需要区故解的区段，在弹出的确认框中二次输入口令，执行区段故障解锁命令，如图 7-13 所示。

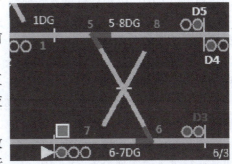

图 7-11　封锁设备（见彩插）

5. 出/入库作业

具备全自动控制条件的车辆段内采用列调分离的方案，CBTC 列车运行采用列车进路控制，非 CBTC 列车运行采用列车或调车方式。

列车进路排列后，该列车进路的始端信号机亮灯，列车进路内的顺向调车信号机灭灯。

143

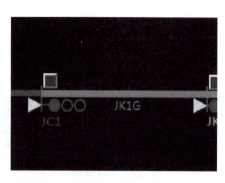 

图 7-12 故障区段（绿光带）（见彩插）　　图 7-13 区故解确认窗口

CBTC 列车凭车载信号运行，非 CBTC 列车凭轨旁列车信号机显示运行，列车进路内顺向调车信号机随列车进路解锁而顺序亮灯。列车进路部分解锁、调车信号亮灯后，即可办理以此调车信号机为始端的调车进路。

1）出库流程。

由 ATS 自动触发或人工办理出库的列车进路（出库信号机至出段信号机），出库信号机显示黄灯，进路内顺向调车信号机灭灯。停车列检库双列位移库调车和出库列车进路均可由 ATS 自动触发或人工办理。

出库信号开放后，司机驾驶列车以 RM 模式向前运行，经过两个应答器获得位置，列车在库线内升级为 CBTS 级别，驾驶模式转换为 CM 或 AM。

CBTC 列车按照 ZC 发出的移动授权计算防护曲线并控制列车，由司机驾驶或 ATO 驾驶运行至转换轨。

2）入库流程。

列车以 CBTC 级别运行进入转换轨。

由 ATS 触发或人工办理进段进路，进段信号机显示绿灯。ZC 为列车延伸移动授权，列车按照移动授权向前运行。

办理进库进路后，进库信号机显示黄灯，进路内顺向调车信号机灭灯。ZC 为列车延伸移动授权，列车按照移动授权向前运行。

列车按照 ZC 发出的移动授权计算防护曲线并控制列车，由司机驾驶或 ATO 驾驶向库线运行。

列车按照移动授权运行到达库前，按照运营要求一度停车，由司机确认转换为 RM 模式，运行进入停车列检库/洗车库。

课题三　车辆段通信设备的应用

一、车辆段通信设备的设置

车辆段内专用通信是调度员和车站、车辆段、停车场值班员指挥列车运行和下达调度命令的重要通信工具，是为列车运营、电力供应、日常维修、防灾救护、票务管理提供指挥手段的专用通信系统，主要包括电话、无线通信、广播和时钟系统。

（1）调度台　DCC、信号楼各设有一台无线调度台，可与车辆段内司机直接通话。

（2）无线通信　专用无线通信系统采用数字集群调度系统，为地铁运营的固定用户（控制中心及车辆段/停车场调度员、车站值班员等）和移动用户（列车司机、防灾人员、维修人员）之间的语音和数据信息交换提供可靠的通信手段。

（3）专用电话　DCC、信号楼设有40键直通电话，派班室设有行车调度员电话分机，均具有录音功能。可实现车辆段值班员、派班员、车场调度员与行车调度员、电力调度员、环控调度员、维修调度员的直接通话。

（4）广播系统　车辆段设置行车和防灾广播控制台，防灾广播优先于行车广播。在车辆段主要建筑设置消防广播系统，火灾确认后实现报警功能，提示人员疏散。车场调度员通过操作台按键直接对库内的司机或其他流动人员进行广播和对话。库内的司机或其他流动人员可通过现场设置的扩音对讲终端与车场调度员进行对话或利用库内扬声器进行广播。

（5）时钟系统　设置在DCC、派班室、信号楼，为地铁工作人员提供统一的标准时间。

（6）闭路电视系统　车辆段的图像摄取范围为出入段线、平交道口及轨行区，停车列检库外及重要公共区域等，能提供实时视频监控服务，以确保地铁系统正常安全地运行。

二、车辆段作业典型联控用语

车辆段作业典型联控用语见表7-2。

表7-2　车辆段作业典型联控用语

序号	时机	车场调度员	后台值班员	前台值班员	司机（车长/调车员）	备注
1	电客车、机车整备完毕或换端完毕，开放调车信号，指挥调车作业		1）指示前台值班员：开放×道（或调×信号机）往×道调车信号 3）听到前台复诵正确后命令"执行" 5）复诵：×道（或调×信号机）往×道调车信号好 6）信号楼呼叫×道××（车组号）列车司机，请回话 8）××车司机"×道（或调×信号机）往×道调车信号好，可以动车"	2）复诵：开放×道（或调×信号机）往×道调车信号 4）复诵"执行"后开始排列进路。开放信号时，手指、口呼"×道（或调×信号机）"，按压始端按钮："×道"按压进路终端按钮。确认光带、信号显示正确后，报告：×道（或调×信号机）往×道调车信号好	7）××道××（车组号）列车司机有，请讲 9）×道（或调×信号机）往×道调车信号好，可以动车，司机收到，完毕	

（续）

序号	时 机	车场调度员	后台值班员	前台值班员	司机（车长/调车员）	备 注
2	当列车已在×道停稳（×段或信号机前）时		2）信号楼有，××道××（车组号）司机，请讲 4）××车已在×道（×段或××信号机前）停稳，信号楼收到，完毕		1）××道××（车组号）呼叫信号楼，请回话 3）信号楼，××车已在××道（×段或××信号机前）停稳，请回话	
3	列车、机车/调车整备作业前		2）信号楼有，××道××（车组号）司机，请讲 4）××车×道×段开始整备作业信号楼收到，完毕		1）××道××（车组号）呼叫信号楼，请回话 3）信号楼，××车×道×段开始整备作业，请回话	司机在到达指定列车/机车停放地点道时呼叫信号楼
4	列车或调车作业整备完毕后		2）信号楼有，××道××（车组号）司机，请讲 4）×道（×段）××车已整备完毕信号楼收到，完毕		1）××道××（车组号）呼叫信号楼，请回话 3）信号楼，××道（×段）××车已整备完毕请回话	
5	列车或调车作业整备完毕后，信号已经开放时		1）信号楼呼叫××道××（车组号）列车司机，请回话 3）×道往转换轨×道出场信号好，××（车组号）列车可以动车		2）××道××（车组号）列车司机有，请讲 4）×道往转换轨×道出场信号好，可以动车，××（车组号）列车司机收到，完毕	
6	列车入场在转换轨停稳		2）信号楼有，转换轨×道××（车组号）司机，请讲 4）××车在转换轨×道停稳，信号楼收到，司机在转换轨×道待令请复诵		1）转换轨×道××（车组号）呼叫信号楼，请回话 3）信号楼，××车在转换轨×道停稳，请回话 5）司机在转换轨×道待令，完毕	

（续）

序号	时 机	车场调度员	后台值班员	前台值班员	司机（车长/调车员）	备 注
7	列车入场在转换轨停稳，入场信号已经开放时		1）信号楼呼叫转换轨×道××（车组号）司机，请回话 3）××（车组号）司机转换轨×道往×道入场信号好（调车信号好），可以动车		2）转换轨×道××（车组号）司机有，请讲 4）××（车组号）司机转换轨×道往×道入场信号好（调车信号好），可以动车；司机收到，完毕	
8	列车回场到达指定位置停车后		2）信号楼有，××道××（车组号）司机，请讲 4）××（车组号）车已在×道（×段）停稳，收车完毕，信号楼收到，完毕		1）××道××（车组号）呼叫信号楼，请回话 3）信号楼，××（车组号）车已在×道（×段）停稳，收车完毕	

一、车辆段信号平面图的认知

◇ 设备设施	城市轨道交通车辆段（或停车场）仿真教学沙盘及典型信号平面图
◇ 实践形式	观察城轨正线、车辆段线路布局，轨旁信号设备位置
◇ 预期目标	1）了解车辆段线路的组成及基本功能 2）掌握车辆段内信号机的分类及作用 3）理解车辆段与正线的照查关系

二、车辆段典型作业的模拟

◇ 设备设施	城市轨道交通车辆段联锁仿真设备
◇ 实践形式	参考《行规》《车辆段运作手册》等，模拟车辆段正常、非正常作业
◇ 预期目标	1）熟练掌握联锁设备操作方法 2）能够熟练运用信号、通信设备，完成出/入段作业及调车作业 3）能够初步掌握非正常作业

 相关资料

信号设备故障的处理

1. 排列进路时道岔出现故障报警

1)应立即将转换不过来的道岔先操作回原位,再单独操作故障道岔几次确认良好后继续使用。开放好信号后再通知司机动车,司机确认信号开放、道岔位置正确后才能动车。

2)如果故障未排除,车辆段值班员报车场调度员、行车调度员后在联锁设备上对故障道岔做好封锁,车场调度员安排列车从其他股道出入车辆段。

3)立即通知工务、信号人员到现场对故障道岔进行确认,在不停电情况下进入第三轨区域检查道岔时,抢修负责人把好现场安全关,经工务、信号人员现场确认不能正常使用时,用人工手摇道岔准备进路,办理接发列车。

4)人工准备进路时,由车场调度员组织工务、信号人员进行人工手摇道岔办理进路,车场调度员确认道岔位置开通正确。

2. 挤岔

1)发生挤岔时,司机要立即停车,在相关人员未到达时严禁动车,立即将情况如实地报告车场调度员。

2)车场调度员接到报告后,报告行车调度员并联系电力调度员、检修调度员、工务调度员、信号调度员派人到现场处理并亲自到现场担任事故处理指挥。将现场情况告知派班员,并通知车辆段值班员在微机上封锁相关的线路,防止其他车辆进入该封锁区域。

3)派班员接到通知后,按相关规章进行汇报。

4)车辆段值班员接车场调度员通知,联系行车调度员安排其他车辆变更进路运行。

5)待专业救援人员到达现场后,车场调度员将指挥权移交专业人员,按现场专业救援人员的要求,联系车辆段值班员指挥司机动车。

6)当机车车辆移出事故地点,被挤坏的道岔已修复,经试验良好后,与信号人员办理交付使用手续。

3. 信号机故障

1)入段信号机不能开放,但联锁设备控制台上监督器作用良好,经信号人员同意,确认进路空闲后,则按下列方法优先等级依次排列引导进路、调车进路、反排进路、单操单锁道岔、现场人工手摇道岔开通接车进路。

2)出段信号机不能开放,但联锁设备控制台上监督器作用良好,经信号人员同意,确认进路空闲后,开放调车信号,用无线调度电台通知司机越过该信号机出段,司机确认道岔开通位置正确,进路正确,按规定速度出段。

3)调车信号开放不了,经信号人员同意,确认进路空闲后,则按下列方法优先等级依次反排进路、单操单锁道岔、现场人工手摇道岔,确认进路道岔位置正确,并逐个锁闭进路上所有道岔,用无线调度电台通知司机越灯动车。

4. 电话闭塞法行车（车辆段-正线）

1）使用电话闭塞法时，必须收到行车调度员发布使用电话闭塞法的命令，并按规定办理闭塞手续取得与正线衔接车站承认闭塞的电话记录号码。

2）办理电话闭塞时，下列情况需发出电话记录号码，并记入"行车日志"：

① 承认闭塞。

② 列车到达。

③ 取消闭塞。

3）车辆段值班员必须与正线衔接站行车值班员根据 ATS、信号微机操作台或"行车日志"共同查明转换轨、出入车辆段线及站台或车场停车股道空闲。

4）在发车进路准备完毕后方可向正线衔接站办理闭塞手续，办好手续后填写路票交车场调度员，车场调度员确认无误后交给司机，司机核对正确后，凭车场调度员显示发车手信号发车。接车进路准备完毕后方可发出同意闭塞的电话记录号码，并说明接车股道。

5）列车开出时车辆段值班员向邻站报点。

6）采用电话闭塞法组织行车，发车时作业准备：

① 信号微机控制台可以采用排列列车进路或排列调车进路或反排进路或单操单锁道岔到正确位置办法准备进路时，后台值班员指挥前台值班员排列进路并通过微机联锁显示屏检查、确认进路开通正确。

② 需要现场人工准备进路时，信号人员现场手摇道岔准备进路，前台值班员负责加锁道岔，车场调度员负责现场检查、确认进路的正确性，后台值班员负责与正线衔接站办理闭塞手续。

③ 派班员负责传达电话闭塞法行车的命令及行车注意事项并通报信息于相关人员。

思考研讨

1. 说明车辆段各行车岗位的职责。
2. 说明列车由正线进入车辆段回库过程。
3. 简要说明库内列车出段进入正线运营的过程。
4. 说明设备维护部门检修设备需要执行的手续。
5. 说明车辆段行车值班员通信对象及主要内容。

项目八

电客车车载信号及通信设备应用

 项目导入

电客车驾驶室内设置有 ATP/ATO 车载信号设备及车-地通信、广播设备。在正常情况下，ATO 在 ATP 防护下自动控制列车运行，当地面或车载设备发生故障无法自动驾驶时，司机根据调度命令转换驾驶模式，实现部分或全部人工驾驶列车，电客车驾驶室如图 8-1 所示。

图 8-1 电客车驾驶室

知识要点

1. 了解电客车司机的主要工作。
2. 掌握车载 ATP 的基本功能。
3. 掌握车载 ATO 的基本功能。
4. 理解车载信号设备与地面信号设备的关系。
5. 掌握车载通信设备的应用。

课题一　电客车司机岗位要求

一、岗位工作标准

1. 典型岗位职责

1）按照"运营时刻表"等要求，安全、平稳、准时驾驶电客车运行；按照调车、调试等作业计划，安全、及时完成作业任务。

2）在正线听从行车调度员统一指挥，在段/场听从车场调度员统一指挥。

3）对列车的运行状态和相关行车设备进行监控、对列车运行进路进行瞭望，发现异常，及时、全面、准确汇报。

4）负责确认行车凭证，彻底瞭望进路，安全、平稳驾驶电客车，确保安全。

5）发生突发事件或设备故障时，应及时、全面、准确报告相关信息，并按相应的应急预案进行处理，尽快恢复运营。

2. 典型安全准则

1）正线运行时，严禁擅自改变驾驶模式、修改目的地码、车次号。

2）站台作业时，列车停稳开门前，注意确认信号机显示状态。

3）折返作业时，接车司机开钥匙及操作模式开关前，需先确认到达司机钥匙已关、折返成功、进路信号开放或进路准备好、道岔位置正确后再操作；动车前，需再次确认进路信号开放、道岔位置正确。

4）洗车作业时，严格按洗车线洗车信号机、调车信号机的显示及行车标志行车。

5）调车作业时，遇无信号/信号不清或没有行车凭证及进路、道岔开通不正确等情况严禁动车。

二、电客车司机操纵程序（以某公司为例）

1. 列车出库

1）列车整备完毕列车状态符合正线服务后，与车辆段信号值班员报告列车整备完毕。

2）确认出段信号开放，按该列车出车辆段时刻以 RM 模式驾驶列车出库，整列离开库门前限速 5km/h。在车库大门前、平交道口一度停车，确认线路状况良好后动车。

3）列车运行到转换轨一度停车。

① 待显示屏收到速度码，"ATO"灯亮后，司机确认进入始发站方向进路防护信号开放，以 ATO 模式运行至始发站。

② 当收不到速度码或有需要从另一站出发时报告行车调度员。

2. 正线运行

1）列车在"ATO"驾驶模式下，司机工作状态应保持：不间断瞭望，坐姿端坐，左手置于鸣笛按钮处，右手置于主控手柄处（不按压警惕按钮）。

2）列车运行期间，司机要注意观察列车显示屏信息、各指示灯和仪表显示、自动开关状态。区间发生故障，尽可能维持进站处理。遇故障列车需维持运行至终点站时，司机必须时刻确认列车运行状态，防止列车故障进一步扩大。

3) 列车运行中坚持不间断瞭望前方进路状态，发现线路、弓网故障及其他轨旁设备损坏或超限时，及时采取紧急措施，并报告行车调度员。

4) 列车接近进站时，密切观察站台乘客状况，遇乘客较多或有越出站台黄色安全线，应及早鸣笛示警，遇危及列车运行或人身安全时，立即采取紧急措施。

5) 列车故障或其他原因需临时停车时，司机可通过列车紧急广播或人工广播安抚乘客。在车站如已知前方受阻延误等候开车时间较长，司机开启客室门，并配合站务人员做好宣传解释，减少不必要的乘客投诉。

6) 列车本身原因或信号故障，造成列车未对标停车，司机立即手动对标停车。

7) 列车在 ATO 驾驶模式下发生紧急制动，需要 SM 或 RM 驾驶模式运行时，司机严格遵循进路防护信号显示、ATP 允许速度及列车运行速度。

8) 雨天线路湿滑时，在地面线路司机转为 SM 驾驶模式，严格控制运行速度，谨防列车打滑空转而造成紧急制动或越出停车标。

9) 采用 URM 驾驶模式起动列车时，主控手柄置于牵引区不低于 40% 处，运行中注意人工报站点播，严格控制速度，防止越出停车标。

10) 值乘司机遇身体不适，应及时转告派班员或司机长，请求协助，避免影响正线服务。

3. 站台作业（开关车门）

1) 在 ATO 模式下，列车进站自动对标停车后，列车显示屏出现相应侧车门释放信息，车门自动打开，无特殊情况下（列车无故障或无接听行车调度员电话）乘务员需在 7s 内于司机室侧门旁立岗，监视站台乘客上下车情况。

2) SM、RM、URM 模式及折返对标停车后，列车显示屏无相应侧车门释放信息，需人工开时，必须严格执行"确认、呼唤、跨半步、开门"四步作业程序，即先确认停靠站台和需要打开相应的车门，执行车门呼唤制度，再跨出站台一脚（另一脚在司机室），按压一次"强行开门"按钮，最后打开相应侧站台车门，谨防错开门。

3) 关门前观察 DTI 倒计时显示，对照运营时刻表发车时刻，提前约 10s 侧转身体，按压"关"按钮，回转身体，立正面向列车尾部瞭望，待车门全部关好，所有车门黄色指示灯和运行状态黄色灯灭，确认安全后（原则上不得使用重开门按钮来防止夹人），进入司机室，在起动客车之前通过侧望监视镜确认车门无夹人、夹物后，按照规定程序起动列车。

4) 在大客流情况下，司机注意气压表显示状态，超过 0.28MPa 以上时，关门作业加强"重开门"按钮的运用（防止夹人、夹物），同时报告行车调度员。

5) 车门发生故障后，原则上运行方向前三节车组由司机负责处理，后三节车组由站台岗负责处理。

① 当后三节车组车门发生故障，经司机重开门简单尝试，未能恢复需切除该故障车门时，司机面向列车尾部高举手臂轻拍车体，示意站台岗进行车门切除程序。

② 司机确认该故障车门黄色指示灯及该车组运行状态黄色灯灭、车门控制盘"关"按钮绿灯亮和司机室设备柜无继电器响声，车门切除成功，进入司机室按照规定起动列车。

4. 终点站折返

1）到达列车进入终点站接近停车标处，显示屏出现折返图标，AR 黄灯亮，列车停稳，左、右侧车门相继打开。

2）到达司机按压"AR"按钮，显示屏上的折返图标由蓝色变为黄色背景，"AR"黄灯灭，关闭主控钥匙，锁好司机室侧门，折返上行端司机室。

3）终点站有折返司机时，与之交接列车运行状态及行车安全事项等，完毕后在换乘亭等候转为下一趟折返司机；无折返司机时，本务司机应抓紧时间激活上行端司机室，确认列车状态良好。

4）到达列车停稳后，折返司机进入上行端司机室，确认"AR"折返按钮黄灯闪烁，"RM"指示红灯亮（表示折返成功）。闭合主控钥匙确认显示屏显示正确，注册无线电，改变车次号，按规定在司机室侧立岗。

5）URM 模式下折返时，如无折返司机，本务司机应先开左边门下客（右边门不开），清客完毕关左门，折返上行端司机室激活操纵台开左门上客。如有折返司机，应待列车停稳后进入上行端司机室，与本务司机交接后，激活操纵台开左门上客（如需切除 ATP 应在激活操纵台前完成）。

5. 列车进入车辆段

1）运营列车结束服务到达终点站后，使用标准用语告知乘客，确认乘客全部下车后，按站务人员给的关门信号关门。

2）完成司机室折返，步行至另一端司机室。

3）确认进路防护信号开放正确后，以 ATO 模式或 RM 模式（该模式可自行转换）驾驶列车至转换轨一度停车。

4）确认入段信号机显示黄灯后驾驶列车进入车辆段，信号员与司机联系告知该列车停放股道，司机需原文复诵。

5）库门前一度停车标或平交道口前一度停车。

6）列车停稳后，清洁司机室卫生，检查灭火器、列车备品，确认是否齐全良好，与公里数一起填写在"列车状态卡"上。

7）列车停在规定的位置后，方向手柄回零，分主断，施加停制动，分空调，分照明，空压机停止工作后，鸣笛降弓，关蓄电池，下车锁好司机室侧门。

课题二　电客车车载信号设备的应用

一、典型术语

1. 移动授权（Movement Authority，MA）

移动授权是列车由指定的行驶方向进入或通过轨道区段的行车许可，基于联锁的进路保护信息由 CBTC 系统产生、监督并强制执行，用于确保列车间隔。

2. 追踪间隔时间（Headway）

在同一线路、同向运行的两列列车的前端经过线路同一地点的间隔时间。

3. 列车安全制动模型（Safe Train Braking Model）

根据列车安全间隔，依据列车特性、线路参数及运营条件生成的列车制动曲线。

4. 限制速度（Restricted Speed）

线路、车辆结构等限制及列车移动授权所获取的最严格的速度限制。

5. 目标速度（Target Speed）

列车运行至前方目标地点应达到的允许速度。

6. 目标距离（Target Distance）

列车运行至前方目标地点的走行距离。

7. 常用制动

列车常用制动就是列车在正常行驶过程中，由列车的制动系统施加给列车的制动。

8. 紧急制动

列车紧急制动就是列车在超速行驶，或遇到其他不正常会危及列车行车安全的情况时，对列车施加的制动。列车紧急制动时所产生的制动力，是列车的制动系统所能提供的最大制动力。紧急制动的响应时间比常用制动的响应时间要短，一旦对列车施加了紧急制动，只能通过特殊处理才能将紧急制动从列车上解除。

二、ATP/ATO 系统基本功能

1. 安全防护

ATP 设备应确保列车的安全运行，实现列车运行间隔控制、超速防护和车门监控等功能。

2. 位置检测

ATP 地面设备宜采用列车位置报告和列车占用检测设备的冗余方式获得列车位置，以满足系统正常及降级运用的要求。

1）ATP 车载设备应具有零速度检测功能。零速度检测标准：速度值≤1km/h 且持续时间不少于 2s。

2）ATP 车载设备应具有空转、打滑检测功能，以及列车速度和位置测量误差修正功能。

3. 分级控制

ATP 设备应满足连续通信的列车控制、点式列车控制、联锁控制三种级别的要求。

1）连续通信的列车控制级别（CBTC 级别）为信号系统的正常控制方式，应基于移动闭塞原理，采用连续速度曲线控制方式，实时监督列车运行。

2）点式列车控制级别（点式级别）为信号系统的降级控制方式，应基于固定闭塞原理，采用连续速度曲线控制方式，实时监督列车运行。

3）联锁控制级别（联锁级别）为信号系统的降级控制方式，ATP 车载设备应提供限制人工驾驶下的速度防护功能。

4. 降级控制

ATP 车载设备应至少支持 RM 模式、CM 模式，如果装备 ATO 设备的，还应支持 AM 模式。

项目八　电客车车载信号及通信设备应用

5. 设备旁路

ATP 车载设备应与车辆电路一起提供设备切除功能（非限制人工驾驶模式），此时 ATP 自动防护设备被切除，ATP 车载设备不对列车运行进行监控，司机按操作规程驾驶列车运行。

6. 自动驾驶

ATO 设备应在 ATP 设备的防护下实现列车自动驾驶功能，ATO 设备故障应不影响 ATP 防护下的人工驾驶列车运行。

1）ATO 设备应自动控制列车的起动、加速、巡航、惰行和制动运行过程。

2）ATO 设备的正常运行曲线应满足节能运行的要求。

3）ATO 设备进入自动驾驶前应经过 ATP 的授权和司机的确认。

4）ATO 起动条件满足的情况下，司机按下起动按钮，ATO 设备应能自动控制列车起动。

5）当自动驾驶条件不满足时，ATO 设备应提示司机并自动退出 AM 模式。

7. 自动折返

ATO 设备宜具备无人自动折返功能。列车在规定的无人自动折返进入地点停车，司机完成相应的确认操作后，列车可在无人驾驶的情况下，自动从到达站台进入和折出折返线，进入发车股道定点停车后，自动打开车门和站台门。

8. 站台停车控制

1）ATO 设备应能自动控制列车在站内精确停车。

2）ATO 设备控制列车在停车点停车时，应采用一次连续制动模式制动至目标停车点。

3）列车停车后，ATO 设备持续输出保持制动命令。

9. 车门/站台门监控

1）列车在站台停车后，在确认车门已关闭且锁闭前（车门旁路时除外），ATO 设备应禁止起动列车。

2）ATO 设备应支持下列开/关门方式：

① 人工开门，人工关门。

② 自动开门，人工关门。

③ 自动开门，自动关门。

3）列车在站台停车后，在确认站台门已关闭且锁闭前（站台门互锁解除时除外），ATO 设备应禁止起动列车。

10. 运行调整

1）ATO 设备应能支持跳停、扣车、停站时间、站间运行时间等多种运行调整方式。

2）ATO 设备应能跳停一个或多个站台，接到跳停指令并判断条件后，应能控制列车不停车通过站台。

3）接到扣车指令后，ATO 设备应保持列车在站停车状态，并进行停站计时，车门、站台门宜保持打开状态。

4）接到站间运行时间调整命令时，ATO 设备应根据 ATS 期望的站间运行时间，选择不同的站间运行曲线，使实际站间运行时间尽可能贴近期望的站间运行时间。

5）ATO 设备应向 ATS 报告列车运行状态信息，以便 ATS 能对在线运行的列车进行监控和调整。

三、车载信号设备人机界面

1. 人机界面信息

车载设备人机界面的显示屏应显示信息见表 8-1，其中（1）~（6）为必须提供的信息，其余为应当提供的信息。

表 8-1　车载设备人机界面的显示屏应显示信息

(1)	列车速度	(10)	车次号	(18)	空转/打滑状态表示
(2)	速度-距离曲线速度	(11)	目的地名	(19)	列车制动力状态
(3)	控制级别和驾驶模式	(12)	乘务人员的身份识别号	(20)	ATP 车载设备头尾设备状态
(4)	ATP 车载设备工作状态	(13)	停准指示		
(5)	ATO 设备工作状态（如果装备 ATO）	(14)	发车提示	(21)	跳停、扣车状态
		(15)	关车门提示	(22)	日期和时间信息
(6)	超速报警	(16)	车门和站台门状态	(23)	列车完整性
(7)	目标速度	(17)	ATO 牵引、制动、惰行状态信息	(24)	折返提示
(8)	目标距离			(25)	转换区提示
(9)	推荐速度				

2. 人机界面显示举例

驾驶室主控面板如图 8-2 所示，主要布置列车司控器和运行过程中常用的开关旋/按钮，如 ATO 启动、紧急停车、汽笛等，并配备 HMI 显示器、速度表、压力表及闭路电视系统触摸屏，实现列车状态信息的显示和对列车进行操控。

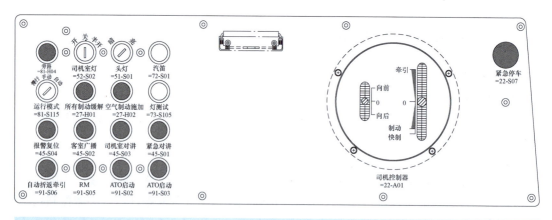

图 8-2　驾驶室主控面板

（1）按钮部分

1）ATO 启动。

当模式选择开关处于"自动"位，信号系统正常工作于 ATO 模式时，按下"ATO 启动"双按钮，列车将在 ATO 模式下工作，列车的起动、运行、惰性、减速、停车及限速等安全保护由信号系统负责执行。

项目八 电客车车载信号及通信设备应用

2）慢速前行按钮。

列车处于 ATP 系统控制模式下，当 ATP 系统不能从地面收到信息时，列车司机按下慢速前行按钮，请求列车以不超过设定的速度值慢速前行。

列车慢速前行设定的最高速度值，根据不同的运营需求，可以设为 20km/h 或其他值。这个速度值比列车正常运行的平均速度要小，慢速前行模式适合列车办理进出停车场或车辆段作业时，控制列车慢速运行，遇到危险情况，可以采取措施随时停车。

3）RM 按钮。

在 ATP 未切除的情况下，按下"RM"按钮进入该 RM 模式，固定限速为 25km/h。

4）自动折返牵引按钮。

在具备自动折返功能的车站，使用该按钮实现列车由 ATO 控制并有 ATP 监督的自动折返。该模式适用于连续式通信。

在所有车门和屏蔽门关闭后，司机在驾驶室按压驾驶室的自动折返牵引按钮，随后按压 ATO 启动按钮。列车启动 ATO 自动折返，列车将驶离到达轨，运行至折返轨。列车停稳后，司机在折返轨关掉当前驾驶室，开启另一个驾驶室并按压 ATO 启动按钮。运行至出发轨，ATP 释放车门后，ATO 车载设备打开车门和站台屏蔽门（或安全门），自动驾驶折返完成。

5）紧急停车按钮。

列车运行中遇到需要紧急制动停车的情况，使用司机操纵台上的红色蘑菇头形紧急制动按钮（SBEB），实现列车的紧急制动减速直至停车，不能缓解。待停车后紧急情况解除后方可进行缓解。

（2）信号屏　驾驶室 HMI 显示屏信号部分如图 8-3 所示，信号屏是车载 ATP 设备的人机界面，为司机提供列车实际/建议速度、目标距离/目标速度、运行状态等提示。在 SM、RM 模式下，当列车的实际速度高于列车建议速度时，装置会发出音响长报警。在 ATP 保护的情况下按压菜单键后，根据界面的提示可输入目的地号、车次号和司机代号。

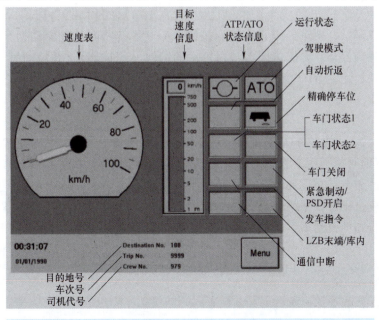

图 8-3　驾驶室 HMI 显示屏信号部分

四、ATO 系统的应用

1. 车站发车

当准备在 ATO 模式下运行时，ATP 通过天线接收到关门命令，车门关好后，司机按压并释放 ATO 启动按钮后列车出发运行到下一车站。如果是人工操作车门，司机必须关好车门，否则 ATP 将不允许发车。

在自动模式下，必须具备下列条件列车才能从车站出发：

1) 与 ATP 有效的通信（即无连接故障）。
2) 有效的目的地号。
3) 有效的轨道电路 ID（来自 ATP）。
4) 有效的司机代号。
5) 非零速限制（来自 ATP）。
6) 有效的车辆方向：例如：东/西（来自 ATP）。
7) 在出发测试期间没有检测到故障。
8) 列车必须位于车站轨道电路、折返轨道电路、车辆段转换轨电路或试车线。

2. 车门控制和停站

车载 ATO 系统通过从轨旁 ATC 系统接收到传送给车辆的开门指令，要求车载 ATP 系统启动开门程序，或者由司机按下开门按钮打开车门。

在正常情况下，停站时间结束后轨旁系统传送关门命令。车载 ATO 系统接收到命令后及时关闭车门，或由司机按下关门按钮关门。当从本地或中心接收到车辆停放制动指令时，车载 ATO 系统通过从车-地通信子系统传来的命令控制车门开闭，但在相应的制动缓解以及从轨旁接收到命令之前不允许列车从该站发车。

车载 ATO 系统通过车-地通信子系统向轨旁系统传送车门状态。

3. 折返

在运营终点车站，司机操纵自动折返按钮，ATO 系统将自动地驱动列车进入折返轨并在折返点执行精确停车。司机关闭本端司机室的钥匙（司控器），并启动另一端的司机室，打开司控器开关，建立 ATO 模式。折返进路开通后，ATO 系统将驱动列车进入第一个运营车站并精确停车。

4. 跳停

车载 ATO 系统从轨旁 ATC 系统接收跳停指令。跳停指令通常应在被跳停站的前一站或更早收到。车-地通信子系统能够在完成计划停站之前告知列车中央 ATC 系统已经发出了一个跳停该车站的命令。在被跳停车站，车载 ATO 系统也能接收并响应轨旁产生的跳停指令。如果在车站停车过程中收到跳停该车站的命令，ATO 系统将会以点亮状态显示单元上的跳停指示灯，来告知司机列车不能在站台停车。在这种情况下，列车继续以 ATP 控制速度进行速度调节。

【想一想】

ATP/ATO 系统需要哪些轨旁数据的支持？

课题三 电客车车载通信设备的应用

一、车载通信设备概述

电客车车载通信设备包括车载电台、车载广播和车载视频监控系统等。

1. 车载电台

车载电台是为司机使用的专用无线通信设备,具有个呼和组呼等功能,在每辆列车车头、车尾各安装一台,主要包括车载台主机、控制盒、天线、接口线缆,以及其他音频附件等,其中控制盒如图8-4所示。

2. 车载广播

车载广播与乘客信息系统是列车上的智能系统之一,在ATO驾驶模式下可无须人工干预精准地完成列车报站,并通过动态电子地图和LCD电视同步显示站点信息,使旅客及时了解列车运行和到站信息等,方便换乘,减少下错站情况,特定情况下进行紧急广播,指挥旅客疏散,减少人身和财务损失。

3. 车载视频监控系统

车载视频监控系统是城市轨道交通运营现代化管理的配套设备,使运营管理人员能够实时监控车厢内的情况,既可用于保障乘车安全预防突发事件,也为车厢内的意外事件提供重要依据,监控视频显示在司机控制室的显示屏上,并通过车地无线系统实时上传至OCC。

图8-4 车载电台控制盒

二、车载通信设备的基本功能

1. 车载电台

某型车载电台屏幕如图8-5所示。

(1) 组呼模式 组呼是在选定的通话组内,与同一通话组人员之间的一种即时通信方式。一个通话组就是预先设定好的一组用户,成员均可请求或参与发起一个组呼。

其中,调度高优先级呼叫是一个由调度员发出给所有对讲机用户的高优先级组呼。当有固定台正在进行组呼,调度呼叫会强拆掉固定台的组呼,建立调度高优先级组呼,实现抢占组呼功能。

(2) 个呼模式 个呼模式是仅在两个用户之间的呼叫通信。例如按下"调度"键请求调度回呼,调度同意后呼叫建立。

呼叫建立后,如果是半双工个呼,对方接听后,按住PTT,等待通话允许音,然后讲话,释放PTT接听;如果是全双工个呼,对方接听后,直接通过传声器讲话。

(3) 电话模式 电话模式能够呼叫一个固定电话或一个移动电话。

(4) 短信模式 利用"短信"键,进入短信功能界面,如图8-6所示,能够编辑短信、发送预定义短信以及查阅最新接收的状态短信和文本短信。

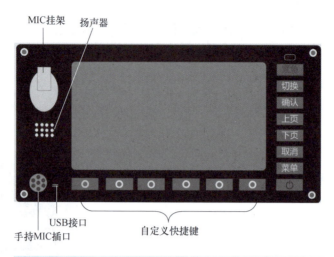

图 8-5 某型车载电台屏幕

（5）紧急呼叫 紧急呼叫通话组呼叫是高优先级呼叫，只有在紧急情况才可以使用。

长按"紧急"键 3s，就可以从任何其他模式进入紧急模式，直接和调度进行通话；按住"取消"键 3s 退出紧急模式。

图 8-6 短信模式窗口

2. 车载广播

（1）报站功能

1）自动报站。

自动报站需要司机在始发站设置起点站、终点站、上下行方向，根据车辆速度、开关门信息及轨旁设备确定的列车位置，系统自动完成 MP3 文件调用和报站。

列车检测到速度信息和开关门信号后自动加一个站，当列车速度大于 5km/h，开始报出站广播："前方到站××。"列车速度小于 25km/h（或距离目标站小于 300m），播放到站报站广播："××站到了。"

2）手动报站。

手动报站是司机每次进、出站时手动单击广播控制器选择站名来调用 MP3 报站语音。手动报站仅在自动报站故障情况下使用。

（2）广播功能 在列车的激活端，司机可使用传声器对客室进行广播，两列车重连时，可对所有客室广播。

列车广播系统可与无线通信设备接口，允许 OCC 直接向司机或客室乘客进行广播。

（3）对讲功能 车载广播系统可以提供司机室之间的通话功能，一列车两端的司机室可以通话，两列车重连时，四个司机室之间可以通话，并且通话不会被客室听到。

3. 车载视频监控系统

车载视频监控系统由闭路电视系统主机、司机室 LCD 触摸屏、闭路电视系统客室分机、司机室摄像机和客室摄像机等组成。车载视频监控画面如图 8-7 所示，主要记录车辆在运行过程中的司机室视频、客室视频，以及进行视频的存储、查询和回放。

图 8-7　车载视频监控画面

车载视频监控系统主要功能包括：

（1）视频监视及上传　司机可通过司机室触摸屏查看列车客室和另一端司机室实时视频，并可根据触摸屏上的选择按钮进行视频选择。

在地面控制中心车载视频监视系统网管工作站负责接收来自全线所有列车通过车-地无线网络上传的视频监控信息。控制中心可通过车-地无线网络实时调看列车上的监视图像，实现对全线运行列车各区域的监视。

（2）数字监视录像存储　列车视频监视系统采用本地集中式存储，具备自动覆盖功能，无须人工干预，覆盖方式包括：

1）时间覆盖：超出设置时间范围的图像系统自动覆盖。

2）容量覆盖：超出设置容量范围的图像系统自动覆盖。

（3）录像回放

1）车辆段和控制中心可通过网络调取任意在线车辆的车载视频和视频录像，并可对视频进行下载、回放和刻录成光盘。

2）司机可通过司机室触摸屏调取本车任意视频资料。

管理员或司机也可根据车内报警等事件进行查询。查询到的结果可直接播放，并支持播放、暂停、快进和快退等功能，也可选择通过 WLAN 下载到车库或者地面控制中心的计算机上，使用视频播放软件可完成对下载视频文件的回放功能，便于用户对存储视频数据进行详细分析处理。

（4）报警联动　客室摄像机与乘客紧急对讲等具有联动功能，如图 8-8 所示。当有客室内乘客按下紧急对讲按钮及客室门紧急解锁装置解锁时，监控系统在接收到报警信息后，会在触摸屏上全屏显示报警位置的视频图像。当同时有多处报警时，系统将会在摄像机选择区域将报警位置显示出来，司机可通过触摸屏选择需要调取的画面。

（5）**文字叠加** 每台摄像机都可以进行视频叠加设置，操作人员可根据需求，在视频上叠加日期、时间、车辆编号、车厢标号和摄像机编号等信息，并可对叠加文字进行颜色、字体和大小等参数设置。

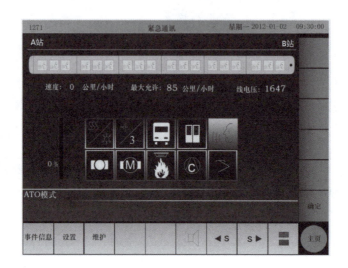

图 8-8　报警联动界面

三、车载通信设备典型应用

1. 乘务作业相关标准

1）车场出勤时，测试无线手持电台、对讲机的通话良好后，到既定股道整备列车。

2）整备作业时，检查车载台外观良好，激活车载台通话测试正常。

3）整备作业时，检查司机室摄像头、车载台控制盒、广播控制盒、闭路电视系统监视显示器外观良好，无破损。

4）广播控制盒测试：

① 单击"主控"按钮选择手动报站，并按下"监听"按钮，广播声音清晰、正确。

② 单击"人工"按钮进行客室广播，并按下"监听"按钮，人工播报声音清晰、洪亮。

③ 设置并确认起始站、终点站。

5）闭路电视系统测试：查看客室画面，各客室画面显示正常，应无卡滞、黑屏等现象。

2. 常见应急情况下司机与行车调度员联系用语

常见应急情况下司机与行车调度员联系用语见表 8-2。

表 8-2　常见应急情况下司机与行车调度员联系用语

序号	故障名称	故障现象	司机联控标准用语	行车调度员联控用语
1	转换轨/出站后越过信号机 10m 没有收到速度码	列车没有收到速度码	××至××区间上（下）行往××方向的××次列车呼叫行车调度员，请回话	××次司机请讲

（续）

序号	故障名称	故障现象	司机联控标准用语	行车调度员联控用语
1	转换轨/出站后越过信号机 10m 没有收到速度码	列车没有收到速度码	列车出转换轨/××站/××信号机 10m 后没有收到速度码，驾驶模式为××，司机申请以 OFF 模式运行，请回话	行车调度员×× 同意/不同意，完毕
			行车调度员×× 同意/不同意，司机××完毕	
2	列车在区间运行过程中，前方信号机突变	CBTC 级别下信号机变红灯/绿灯/黄灯/红灯+黄灯	××至××区间上（下）行往××方向的××次司机呼叫行车调度员，请回话	××次司机请讲
			××信号机显示红灯/黄灯/绿灯，列车已在××信号机前方停稳/已越过××信号机，请回话	××次司机原地待令/××司机 OFF 模式动车/××次司机降级动车
			司机复诵行车调度员命令，司机××收到，完毕	复诵正确，完毕
3	列车在进站过程中、停稳后、关门后，出站信号机突变	出站信号机变红灯/绿灯/黄灯/红灯+黄灯	××站台上（下）行往××方向的××次列车呼叫行车调度员，请回话	××次司机请讲
			列车在站台停稳，前方××信号机显示红灯/黄灯/绿灯，请回话	××次司机原地待令/××司机 OFF 模式动车/××次司机降 RM 动车
			司机复诵行车调度员命令，司机××收到，完毕	复诵正确，完毕
			行车调度员×× 同意，司机×× 完毕	
4	列车火灾	列车某节车发生火灾	××至××区间上（下）行往××方向的××次列车呼叫行车调度员，请回话，××次××车发生火灾，司机请求车站人员协助，请回话	××次司机，请配合车站事故处理主任开展救援工作
5	隧道火灾	列车在着火点前停车	××至××区间上（下）行往××方向的××次列车呼叫行车调度员，请回话	××次司机请讲
			上（下）行××公里标处隧道××点钟方向发生火灾，列车已在着火点前停车，请回话	××次司机，请做好乘客应急广播，原地待令
		列车已越过着火点	××至××区间上（下）行往××方向的××次列车呼叫行车调度员，请回话	××次司机请讲

163

（续）

序号	故障名称	故障现象	司机联控标准用语	行车调度员联控用语
5	隧道火灾	列车已越过着火点	上（下）行××公里标处隧道××点钟方向发生火灾，列车已越过着火点，请前方车站人员确认列车状态，请回话	行车调度员××收到，完毕
6	有乘客报警时	司机室乘客报警按钮闪	××至××区间上（下）行往××方向××次司机呼叫行车调度员，请回话	××次司机请讲
			××号有乘客报警，请前方车站人员上车协助处理，请回话	行车调度员××收到，完毕

3. 司机与车站控制室联控标准用语

司机与车站控制室联控标准用语见表8-3。

表8-3 司机与车站控制室联控标准用语

序号	发起者	联控时机		司机联控用语	车站联控用语
1	司机	起始/终点站，列车准备关门时		××车站控制室，开往××方向××次列车准备关门	往××方向××次列车前方进路排列好
2		时刻表早班在相应车站投入服务时		××车站控制室，开往××方向××次××分××秒发车	开往××方向××次××分××秒发车，正确
3		站台大客流时		××站台，往××方向列车准备关门	往××方向列车司机注意安全，站台收到
4		行车调度员在站台扣停列车时		××车站控制室，上（下）行往××方向列车接行车调度员命令多停××秒/在车站待令	上（下）行往××方向列车接行车调度员命令多停××秒/在车站待令，××车站控制室收到
5		行车调度员命令，在站台需要清客时		××车站控制室，请协助上（下）行往××方向××次列车清客	上（下）行往××方向列车清客，车站控制室收到
6		车门故障需要切除时	司机在驾驶室时	××车站控制室，上（下）行往××方向列车车门故障，请带好故障纸协助处理	××车站控制室收到
			司机到达故障点时	对应的站台门是××号，请贴好故障纸	××站台收到
7		站台门/安全门不能正常关闭时		××车站控制室：上（下）行××次列车不能正常关闭站台门/安全门，请派人前来协助处理	××车站控制室收到

（续）

序号	发起者	联控时机		司机联控用语	车站联控用语
8	司机	有乘客报警，列车进站过程中时		××站台，往××方向列车运行方向第×节车厢有乘客报警，请协助处理	××站台收到
9	司机	列车转备用后	行车调度员同意下线路时	××车站控制室，备用车司机现在下线路上站台	备用车司机现在下线路上站台，注意安全，××车站控制室收到
9	司机	列车转备用后	司机到达站台时	××车站控制室，备用车司机已到达站台，沿途线路已出清	备用车司机已到站台，车站控制室收到
10	司机	加开备用车时	行车调度员同意下线路时	××车站控制室，备用车司机现在下线路上备用车	备用车司机现在下线路上站台，注意安全，××车站控制室收到
10	司机	加开备用车时	司机到达备用车时	××车站控制室，备用车司机已到达备用车，沿途线路已出清	备用车司机已到站台，车站控制室收到
11	车站控制室	车站排列好进路后		××方向××次司机有	××车站控制室呼叫××方向××次司机
11	车站控制室	车站排列好进路后		××至××的进路已排列好，司机收到	××至××的进路已排列好
12	车站控制室	车站准备取消进路时		××方向××次（或××信号机前）司机有，现在准备取消进路，不要动车，司机收到	××方向××次（或××信号机前）司机请不要动车，现在准备取消进路
13	车站控制室	人工排列好进路，现场显示开通信号时		××方向××司机有，××至××的进路已排列好，请看道岔开通了信号动车	××方向××司机，××至××的进路已排列好，请看道岔开通了信号动车
14	车站控制室	有乘客跳轨或夹在站台门车门之间时		马上停车	××方向司机，有乘客跳轨/夹在站台门车门之间，请马上停车
15	车站控制室	站台岗发现夹人、夹物时		司机重新开门	××方向司机，××站台门夹人、夹物，请重新开门/不要动车
16	车站控制室	电话闭塞法组织行车时	列车在站台时	2）××站上（下）站台岗有，车控室请讲 备注：站台岗（值班员及以上级别）	1）××站车站控制室呼叫："××/××方向站台岗"

（续）

序号	发起者	联控时机		司机联控用语	车站联控用语
16	车站控制室	电话闭塞法组织行车时	列车在站台时	4）收到车站控制室通知并复诵后，打开发车端墙门进入司机立岗处，与司机确认其身份正确后，把行车调度员手持台交给司机	3）站台，××站××时××分××秒已同意××次发车，请进入××/××方向头端墙，把行车调度员手持台交给××次司机
				6）司机确认路票信息填写无误后复诵，交还行车调度员手持台给站台发车人员（双确认制度）	5）车站控制室从闭路电视系统监控到站台发车人员进入正确的端墙
				8）确认发车信号显示正确后，呼："发车信号好、（道岔好）"起动列车	7）在司机立岗处向司机显示发车信号，直到列车动车后收回发车信号（双确认制度）

 项目实施

一、非正常行车预案的认知

◇ 设备设施	司机模拟器，车载、车站、行车调度员专用通信设备
◇ 实践形式	结合非正常行车典型预案，正确使用驾驶室通信设备及标准用语，实现与车站、调度联系
◇ 预期目标	1）了解车载电台的基本功能 2）掌握非正常行车标准用语 3）能够参考现有预案，初步具备应对典型非正常行车的能力

二、突发事件预案的认知

◇ 设备设施	司机模拟器，车载、车站、行车调度员专用通信设备
◇ 实践形式	结合突发事件典型预案，正确使用驾驶室通信设备及标准用语，与车站、调度联系，以及对客室进行广播
◇ 预期目标	1）掌握车载广播、视频监控设备的基本功能 2）了解突发事件预案，掌握广播用语内容及播放时机 3）能够参考现有预案，初步具备应对典型突发事件的能力

相关资料

1. 规章及预案名称

规章及预案名称包括：《行车组织规则》《车站运作手册》《车务安全应急处理程序》《司机操纵规程》《电动列车司机安全操作规范》《应急预案》。

2. 非正常行车举例：联锁设备故障

1）OCC 组织相应联锁区及相关车站进行电话闭塞行车。

2）列车司机严格按照 OCC 指令行车，根据需要利用广播系统对乘客进行安抚。

3）非运营期间动车作业时，由行车调度员组织行车。

3. 列车应急信息广播（表8-4）

表8-4　列车应急信息广播内容及播放时机

序号	广播名称	广播内容	播放时机
1	临时停车	尊敬的各位乘客，现在是临时停车，请耐心等候，不要触动列车设备，不便之处敬请谅解	站台或区间停车每隔 2min 播一次
2	列车再次起动	尊敬的各位乘客，列车将再次起动，请站稳扶好，不要倚靠车门	列车因故临时停车再次起动前播放一次
3	部分车门/安全门打不开	各位乘客请注意，因部分车门、安全门不能自动打开，请从开启的车门、安全门下车，不便之处敬请谅解	开门前播放一次
4	限速行车	各位乘客请注意，现在是限速运行，不便之处，敬请谅解	视情况播放
5	区间故障救援	各位乘客请注意，现在列车发生故障，司机正在处理，请耐心等候，不要触动列车设备，不便之处敬请谅解	列车在区间停车等待救援时循环播放
6	区间前方疏散（区间有疏散平台）	各位乘客请注意，现在需要进行疏散，请不要惊慌，有序地从打开的车门进入疏散平台，沿列车运行方向行走至前方车站，听从工作人员的指引，注意安全	开始疏散乘客时循环播放
7	车厢火警	各位乘客请注意，现在列车接到火警信息，请保持镇定。如发现火情，请取出车内的灭火器扑灭火源，工作人员将马上到现场处理	接到火警信息时循环播放
8	不停站通过	各位乘客请注意，由于运营调整，本次列车将不在下一站停靠，有需要下车的乘客，请在其他站下车，不便之处敬请谅解	列车在前一个车站时关门前播放一次/列车在跳停前一区间时接到命令立即播放
9	下一站清客	各位乘客请注意，由于运营调整，本次列车将在下一站退出服务，请所有乘客做好下车准备，不便之处敬请谅解	列车进站前（区间）
10	本站清客	各位乘客请注意，由于运营调整，本次列车将退出服务，请所有乘客在本站下车，不便之处敬请谅解	列车进站停稳开门后，循环播放

思考研讨

1. 电客车驾驶室配备哪些信号及通信设备？
2. ATP 的基本功能有哪些？
3. ATO 的基本功能有哪些？
4. 车载电台有哪些工作模式？
5. 车载广播有哪些功能？

项目九

调度中心信号及通信设备的应用

 项目导入

城市轨道交通由行车调度员负责指挥正线列车运行，调度中心（OCC）如图 9-1 所示，ATS 子系统是城市轨道交通调度指挥的专用网络，实现了控制中心（OCC）和设备集中站对信号系统的两级控制。ATS 系统对于实现正线自动触发进路、列车按图行车具有重要作用。

图 9-1　城市轨道交通调度中心（OCC）

知识要点

1. 熟悉 ATS 调度终端的显示含义。
2. 掌握 ATS 调度终端的操作方法。
3. 熟练使用行车调度员通信及视频监控设备。
4. 掌握人工准备进路的基本要求。
5. 掌握非正常情况典型显示及操作。

课题一　行车调度员岗位要求

一、行车调度员的工作

1. 典型工作任务

1）在运营组织、施工组织的过程中，按照"科学组织、严密控制、调度有序、确保安全"的原则开展相关工作。

2）负责日常行车组织、指挥工作，按照列车运行图的要求组织行车，实现安全、准点和优质的运营服务。

3）负责监督全线客流变化情况，调集人力、物力和备用车辆，疏导突发大客流。

4）传达上级有关运营工作的指令，发布调度命令，布置、检查、落实行车工作计划，保证行车工作顺利进行。

5）负责组织各种故障、事件、事故情况下的降级运营，及时调整列车运行，协助现场指挥做好应急处理工作，尽快恢复正常运营。

6）收集、填写运营工作有关数据指标，做好原始记录。

7）监控行车设备的运行，做好故障记录。

8）服从值班主任的指挥，与电力调度员、环控调度员、维修调度员配合，共同完成行车和施工组织工作。

9）负责组织、实施正线、辅助线范围内的行车设备检修以及各种施工、工程车运输作业。

10）负责组织、实施正线、配线范围内的行车设备检修以及各种施工、工程车运输作业。

2. 运营组织

1）运营服务前的准备工作是安全运营的前提，通过对技术设备、运营人员和车辆状况的检查，达到开始运营的条件，才能维护正常的运营秩序。

2）确认检查当晚的所有维修施工及调试作业是否完毕，并已销点；线路巡视工作已完成并符合行车条件，方可进行后续的运营前准备工作。

3）运营前准备工作。

① 检查各车站和车辆段信号楼运营前的准备工作。各车站值班站长（行车值班员）、车辆段信号楼调度以及派班员应及时向行车调度员汇报以下内容：

行车值班员：运营线路空闲、施工结束无防护、行车设备正常；行车设备、备品齐全完好（站务人员必须检查站内正线上红闪灯等各种临时防护设施是否已经撤除）；相关人员到岗情况；道岔功能正常，站台无异物侵入限界。

信号楼调度员：当日使用列车、备用列车安排情况（信号楼调度传真列车出场顺序表至OCC），设备正常情况，人员到岗情况。

派班员：司机配备以及就位情况。

② 试验进路、道岔。

行车调度员接到巡视完毕报告，确认线路出清后，授权联锁车站可以进行相关操作（试验进路、道岔），并把相关信号设置为自排/追踪状态，行车调度员检查相关结果。

当试验期间发现异常，行车调度员应及时通知维修调度员，派人检查抢修；无法修复时，应立即采取应急措施，尽可能把对运营的影响降到最小范围。

③ 确认当日"列车运行图"并核对时间。

根据调度中心的要求执行相应列车运行图。

在每天运营前行车调度员用全呼功能，与车站、车辆段信号楼调度、派班员核对当日列车运行图以及钟表时间，说明相关注意事项。

4）调度首班列车。严格按照列车运行图指挥行车，按时组织列车进入正线，到达指定位置。

开行首班车时，可根据规章要求司机按照限速以 SM 模式驾驶，加强瞭望，注意线路情况。

5）铺画列车实际运行图。在 ATS 能正常显示全线列车位置并自动铺画运行图的情况下，车站不需向行车调度员报列车到开点，行车调度员不需要人工铺画列车实际运行图。

在 ATS 不能正常显示全线列车位置或不能自动铺画运行图的情况下，根据《行车组织规则》中的有关规定，行车调度员要求各报点站报点后，以规定的符号，人工铺画列车实际运行图。

6）调整列车运行。正常情况下，列车的运行由 ATS 系统自动调整，必要时，行车调度员可人工介入，关闭列车的自动调整功能，人工修改列车的运行时分、停站时分和折返时分，进行列车运行调整。行车调度员人工修改列车的运行时分、停站时分和折返时分的值必须在系统给出的缺省值的范围内。

当列车发生早点时，行车调度员可以在 HMI 上扣车或通知联锁车站操作扣车，适当延长列车的站停时分，使列车在本站正点开出。

当列车发生晚点时，列车在车站停稳后，行车调度员可以在 HMI 上操作取消列车的停车点，减少列车停站时分。此外，在确保安全的前提下，行车调度员还可以采用备用车顶替晚点列车、列车中途折返、抽线、单线双向运行、反方向运行等各种灵活的调整方法来调整列车运行。

7）结束运营服务。根据列车运行图组织末班车正点运行，末班车禁止早点开出。

密切关注相关大客流车站的关站情况，做好末班车的客运服务工作。

8）列车回库。按列车运行图的要求，安排列车按顺序进入停车场或车辆段，备用车最后回停车场或车辆段。

二、非正常情况下行车组织

造成正线列车不能正常运营的因素很多，有多种处置方式，这里主要介绍与信号设备相关的非正常行车组织。

1. 非正常行车基本组织原则

1）接报故障后，行车调度员应详细了解现场情况，判断影响范围，明确事故处理责任，同时及时按照部门制订的通报流程进行信息通报，并组织抢修。

2）发生突发故障时，应按照"先通后复"的原则进行处理，尽快处理故障，最大限度维持运营服务。故障处理时，行车调度员与故障处理/抢修人员等加强联系，若临时处理或紧急处理能够满足运营或使用要求，应先临时处理或紧急处理；能够采取安全措施降级限速运行的，可组织利用行车间隔进行抢修，或运营结束后处理。

3）发生突发故障时，原则上不直接中断运营或清客，应首先组织限速运行，维持最大限度的运营服务，从 ATO→人工限速→中断运营的降级运行速度观察故障情况。

4）故障处理过程中，及时采用小交路、单线双向运行等降级运营方法，组织符合运行条件的线路维持最大限度地运营。遇通知司机越红灯时，严禁使用全呼功能通知司机。

5）应急处理完毕后，与主管领导确认线路出清，符合动车条件或限速动车条件后组织动车。

6）因设备故障等原因，列车需越过信号机显示的禁止信号时，行车调度人员应确认该信号机至同方向下一架信号机间的线路空闲、道岔位置正确且锁闭后，方可发布越过禁止信号命令。首列车应限速 25km/h 运行。

7）道岔故障且通过终端操作、现场检查确认等手段仍无法消除的，行车调度人员应优先变更列车路径组织行车；如不能变更列车路径，行车调度人员或车站行车人员应单操单锁相关道岔；如道岔无法单操单锁，行车调度人员应组织车站行车人员将道岔钩锁到正确位置。上述操作完成，行车调度人员确认具备行车条件后方可组织行车。通过故障区域的首列车应限速 25km/h 运行。

8）列车发生挤岔时，行车调度人员应通知设备维修人员现场确认安全后，方可组织该列车动车。

9）列车 ATP 失效时，司乘人员应及时报告行车调度人员。行车调度人员应组织列车运行至终点站后退出服务，列车运行中应确保与前方列车至少间隔一个区间。切除 ATP 列车运行对行车秩序造成较大影响的，行车调度人员应及时通知车站行车人员，组织列车在就近车站清客后退出服务。

10）当一个联锁区发生联锁失效时，行车调度人员可对故障影响区域使用电话闭塞法行车；当两个及以上联锁区发生联锁失效时，行车调度人员应组织故障影响区域停运。

2. 典型故障及操作

（1）扣车　扣车是典型的列车调整方法之一，当发生设备故障或突发事件时，行车调度员要立即扣停后续列车，必要时也需扣停邻线进入故障影响区域的列车。若现场情况不明或反馈信息不一致时，要先扣停列车，详细询问现场情况后再处理。

行车调度员扣车时，尽量将列车扣停在站台待令，遇特殊情况需将列车扣停在区间待令时，行车调度员需通知司机做好乘客广播，并根据扣车时间通知环控调度员开启区间隧道通风。

扣车的方式及相关规定主要包括：

1）行车调度员需要扣车时，可直接通知司机待令，或通过车站通知司机扣车，具备设备扣车功能时，行车调度员在中央信号设备上扣车或通知车站扣车。

2）行车调度员通知司机扣车待令应使用无线调度电话，必要时，可以使用紧急呼叫功能，无线调度电话紧急呼叫时，司机必须迅速接听。

3）行车调度员直接通知司机执行扣车命令时，必须同时通知车站。

（2）列车区间限速运行　当正线运营秩序发生紊乱时，行车调度员可命令司机采用信号保护下的人工驾驶模式限速运行，延长区间运行时间，增大单列车的行车周期。

采用列车区间限速运行时，行车调度员使用无线调度电话通知司机人工驾驶的速度要求及限速的起止地点。

（3）限速/取消限速

1）有计划的限速/取消限速。

申请限速/取消限速的部门需提出包含里程、区域长度、速度值及起止时间等要素的书面请求，经部门审批后由值班主任组织实施。

值班主任收到的限速/取消限速的书面申请（单或方案）时，需检查限速/取消限速的原因、时间，核查限速/取消限速地点的公里标和轨道区段编号、速度值、计划限速/取消限速的周期等信息。确认无误后拟写调度命令交由行车调度员发布。

2）紧急情况的限速。

申请限速的部门使用调度电话向行车调度员提出口头申请，行车调度员经值班主任同意后发布口头命令执行限速要求，确认后补发书面调度命令。

申请限速的部门必须在下一个工作日内补办限速的书面申请手续，值班主任接到书面申请后还需与口头申请内容进行核对，确认正确后存档，如有异议立即联系限速申请部门。

设备部门需一次性限速时，可使用调度电话向行车调度员提出口头申请，行车调度员经值班主任同意后发布口头命令执行。

3）限速/取消限速的实施。

轨行区设备需要限速/取消限速时，原则上能在信号设备上实施的，必须在信号设备上实施。

根据限速/取消限速的里程，行车调度员核查对应的轨道区段，由值班主任进行复核。

行车调度员把限速/取消限速的里程、对应轨道区段与相关车站进行核对，确认无误后命令车站在站级信号设备上执行或行车调度员在中央信号设备上执行。

在操作限速/取消限速完毕后，行车调度员要通过中央信号设备检查命令执行是否正确，并通知首列通过限速/取消限速地点的列车司机以 SM 模式驾驶。

在没有收到安全技术部门或设备部门取消限速的书面通知的情况下，严禁取消相关线路的限速。

车辆设备需一次性限速时，由司机按车辆人员的要求采用相应的驾驶模式人工控制运行速度。

（4）道岔故障

1）中间站道岔故障。

道岔发生故障且转换两个来回后仍不能修复的，行车调度员通知车站派人到现场将道岔开通到正线位置并加锁。

道岔加锁完毕，人员避让到安全位置后报行车调度员，行车调度员组织列车以 RM（URM 或 OFF）模式经过该岔区，同时在信号设备上对其进行"单独锁定"。

2）两端站道岔故障。

对于故障道岔，优先考虑使用信号设备对其进行扳动，不能扳动则要求车站人员下线路人工手摇道岔。若有变更进路，则优先选择变更进路组织行车。

发生故障的道岔是折返必须经过且不用改变道岔位置的道岔时，行车调度员组织车站人员将道岔转动到正确的位置并人工加锁，行车调度员在信号设备上对故障道岔执行"单独锁定"，通知司机以 RM（URM 或 OFF）模式经过该岔区。

发生故障的道岔是站后折返的道岔时，行车调度员命令车站、司机按调车方式办理列车折返；若发生故障的道岔是站前折返的道岔时，由车站人员现场将故障道岔只钩不锁在正确位置后报行车调度员，由行车调度员指挥司机动车。

3）信号人员到场要求下线路处理时，行车调度员利用行车间隔要求车站人员陪同下线路以"边抢修、边运营"的原则进行处理。

（5）**联锁故障**　发生 HMI 死机、灰显、蓝屏、站场图不更新、操作缓慢、操作命令无效、全区红光带（计轴故障）等现象时，应立刻报维修调度员派人处理。

1）从人工铺画的实际运行图上确认各列列车的位置。

2）发生故障时，必须坚持"一个区间只有一列车占用"的原则，决不允许一个区间有两列车占用的危险情况发生。

3）当中央联锁发生故障时，行车调度员将控制权下放给车站，车站值班站长/行车值班员在 LOW 工作站不能排列进路开放信号时，人工排列进路，采用电话闭塞法组织行车。

4）列车在区间停车，调度员通过时刻表、闭路电视系统、区间停车的司机及前方站确认该站站台及前方进路是否空闲，优先组织前方站台空闲、进路空闲且无道岔的区间列车以 RM 模式限速进站。

5）采用降级模式运营时，行车调度员必须及时将降级运行的驾驶模式、对应的限速值通知司机及车站，并确认所有司机及车站均已收到命令。

三、OCC 的行车设备

1. ATS

OCC 设置 ATS 中央级工作站（CATS），用于监控列车运行，在车站设有车站级工作站（称为车站 ATS、LCW、LOW 等）。

2. 通信设备

（1）**有线调度电话**　有线调度电话设有录音装置，可实现单呼、固定组呼、自由选组和全呼等多项功能。OCC 运用调度电话实现对列车运行、电力供应、环境控制、防灾救护及设备维修施工等的调度指挥工作。

（2）**无线调度电话**　无线调度电话设有自动录音装置，可实现列车广播、普通呼叫、紧急呼叫、单呼、组呼、全呼、派接、拨打内线和角色转换功能。

OCC 使用无线调度电话实现与车站行车人员及有效范围内的列车司机进行直接联络和指挥工作，可使用无线调度电话发布口头命令。

（3）**中央广播**　中央广播具有中央级功能，可以实现对全线所有车站所有区域、所有车站部分区域、某一车站所有区域、某一车站部分区域进行语音广播。正常情况下，由各站自行实施对本站的语音广播或录音广播。

（4）**公司内程控电话**　程控电话设有自动录音装置，实现对调度电话覆盖不到的范围，进行运营信息的沟通。

3. 监视设备

（1）CCTV 监视器　在行调、环调和电调台各设有一台彩色监视器（行调台两个）、一个控制用键盘，在模拟显示屏上方设有五台彩色监视器。中央监视器可以显示各站摄像头的摄像范围，行车调度员根据需要设置人工选择画面或自动扫描，选取所需的画面进行监控。

（2）模拟屏　模拟屏能显示轨道占用情况、全线信号平面布置图，正线线路、列车车次及列车运行进路。

课题二　调度中心 ATS 的应用

一、ATS 系统概述

列车自动监控系统（ATS）是城市轨道交通信号系统的一个重要组成部分，利用可靠的网络结构，与列车自动防护（ATP）系统和列车自动驾驶（ATO）系统一起完成对全线列车运营的管理和监控功能。ATS 系统的功能包括监督和控制两部分。

ATS 系统的结构如图 1-6 所示。

（1）调度中心 ATS　调度中心 ATS 主要有网络设备、服务器、存储设备、显示设备和打印设备等，按设备结构可以分为系统软件和系统硬件两部分，按工作岗位又可以分为调度工作站、培训工作站、维护工作站和列车运行计划工作站：

1）调度工作站。调度工作站用于行车调度员完成调度和运营作业，是控制中心的重要设备。行车调度员通过调度终端屏幕，实时了解和掌握列车的实际运行情况，可以在调度工作站上发出指令，用于直接指挥列车运行。

2）培训工作站。培训工作站用于培训作业，其硬件结构与调度工作站相同，但软件配置不同。

3）维护工作站。维护工作站用于设备维护和检修人员对全线信号系统设备和列车进行监督，及时处理信号系统中所检测到的故障，以保证信号系统设备稳定可靠运行。

维护工作站的硬件结构与调度工作站相同，但维护工作站上不允许对列车进行控制，主要发挥维护工作站的监督和故障诊断作用。

4）列车运行计划工作站。列车运行计划工作站用于编辑某天或某一时段内所有运营列车的运营计划。列车运行计划编辑完成后，ATS 系统将控制列车按照所确定的运行计划运行。

列车运行计划工作站的硬件结构与调度工作站相同。

各工作站的后台设备由系统服务器、数据服务器和通信服务器等组成。

（2）车站 ATS 设备　车站 ATS 工作站，用于车站值班员完成对联锁区范围的列车运行状态监督、进路排列、道岔控制和信号开放等作业，是车站的重要设备。

车站 ATS 设备包括工作站、打印机、网络接口和 UPS 不间断电源等设备，其中工作站一般由主机、显示器、键盘和鼠标设备组成，车站值班员通过车站 ATS 工作站终端屏幕实时了解和掌握本联锁区范围内列车的实际运行情况，在本站取得对车站控制权的情况下，车站值班员可以在工作站上发出指令，直接指挥列车在本联锁区范围内安全运行。

（3）车辆段/停车场 ATS 设备

1）派班工作站。车辆段/停车场派班工作站，用于列车正线运行以及返回车辆段/停车场所需的换班计划。

2）车辆段/停车场监视工作站。车辆段/停车场行车值班员依据工作站上显示的 ATS 列车时刻表，通过联锁控制终端排列车辆段/停车场的出、入段进路。车辆段/停车场工作站也用来监视车辆段/停车场轨道占用情况、车辆段/停车场和正线之间的转换区情况，以及车辆段/停车场和转换区之间的进路。

此外，还与车辆段/停车场计算机联锁的接口相连接，以获取车辆段/停车场轨道占用情况、车辆段和转换轨之间、停车场和转换轨之间进路情况以及报警情况。

3）ATS 试车线工作站。

ATS 试车线工作站为单机工作站，配有一台显示器，试车线是 CBTC 系统的在该区域一个子系统。

二、ATS 系统相关术语

1. 中心控制

整条线路设备控制和运营调整权归中心控制室，通过 ATS 系统统一集中控制的运营方式。

2. 车站控制

整条线路设备控制和运营调整权归各个集中站，由车站值班员通过 ATS 系统独立管理的运营方式。

3. 非常站控

整条线路设备控制和运营调整权归各个集中站，由车站值班员通过联锁终端独立管理的运营方式。

4. 设备集中站

正线上设置计算机联锁设备，能集中控制本联锁区内信号设备的车站。

5. 非集中站

未设置计算机联锁设备的正线车站，仅能通过 ATS 现地工作站监督本站及相邻区域设备状态和列车运行。

6. 自动通过进路

联锁系统设置的进路，列车通过后，进路不解锁，信号自动开放。

7. 自动进路触发

ATS 根据运行任务自动进行进路的办理。

8. 自动折返

联锁系统执行的一种自动进路办理功能，在折返站由联锁系统为进出折返线的列车自动排列预先定义的进路。通过 ATS 界面可以设置允许或禁止此项功能，对于具有多条折返进路的车站，可以设置不同自动折返模式进行区分。

9. 运行交路

轨道交通列车在规定区段内往返运行的回路，通过设置交路来合理分配轨道交通运输能力，以发挥轨道交通最大的运输效率。

10. 节能计划运行图

在轨道交通运营设定的某种条件下，以降低运行能耗为目标编制的计划运行图。

三、ATS 系统的基本功能

ATS 监控全线列车运行，它具有下列主要功能：集中监视和跟踪全线列车运行情况，自动记录列车运行过程，自动生成、显示、修改和优化列车运行图，自动排列进路，自动调整列车运行追踪间隔，信号系统设备状态报警，记录调度员操作，运营计划管理和统计处理，列车运行情况模拟及培训，与其他系统接口等。

1. 列车监视和跟踪功能

ATS 对在线所有运行列车进行实时监视和跟踪。列车监视和追踪功能包括：

1）系统自动识别、读取列车车次号。
2）列车运行计划时刻表自动产生车次号、人工输入车次号。
3）列车运行的识别、跟踪，并在调度员台、维护台及大屏幕上显示列车位置。
4）记录车次号的记录、删除和变更。
5）报告列车信息。

2. 列车自动排列进路的功能

ATS 系统的列车自动排列进路功能，能够对轨道区段、信号机和道岔实现集中控制，根据列车的运行情况，在适当时机向车站联锁设备发送排列进路命令，转换道岔，开放信号，保证列车的安全运行。列车自动排列进路功能，通过捕获列车的车次号信息，来获取列车的运行任务，由车站设备最终完成进路自动排列作业。

列车自动排列进路功能，取代人工办理进路作业，有效地降低控制中心中调度员和车站值班员的工作强度，消除人工办理进路过程中出现的失误和错误，提高系统的运营效率，保证运营作业安全高效地进行。

控制中心调度员或车站值班员，在执行规章制度的前提下，可以进行人工干预，包括人工建立及取消正线各种进路等。调度员和值班员的人工控制命令，在被系统执行前，ATS 系统会检查其合理性，并给出相应提示。

3. 列车追踪间隔调整功能

（1）列车追踪间隔调整功能的分类　ATS 系统对前后列车之间的运行间隔进行实时监测和调整，保证列车在线路上安全、有序、高效地运行。列车追踪调整包括间隔调整和列车时刻表调整两种方式。

间隔调整方式要求列车调整功能自动控制列车运行，均衡列车到达每个车站站台的间隔。在间隔调整模式下，列车一般在线路上循环连续运行。

在时刻表调整方式下，ATS 系统在控制中心监控正线运行的所有列车，并对列车的运行进行调整。当按照预定的列车运行计划时刻表（运行图）确认列车的运行偏离计划要求，系统会向调度员发出报警。系统能够根据计划时刻表的要求改变列车目的地号和跟踪车次号。

列车追踪调整功能负责自动排列进路，开放信号，调整列车运行等级，控制列车的停站时间。

（2）列车间隔调整功能的实现方式　列车间隔调整功能通过修改列车运行等级、自动调整车站停站时间两种方式调整列车的运行，以最小化列车偏离计划时刻表运行的趋势。

（3）人工干预列车间隔调整　控制中心调度员可以通过人机界面，修改车站最大、最小停站时间，或为站台设定停车时间，来改变列车调整功能对站台停车时间的控制，例如下达扣车命令、延长停站时间等。

4. 列车运行模拟仿真功能

ATS 系统提供模拟仿真功能，用于培训操作员和维护人员。模拟仿真是通过仿真手段，离线模拟列车的在线运行，主要用于系统的调试、演示以及人员培训。模拟仿真功能与在线控制模式功能相同，主要的差别在于列车的信息不是实际获取，而是根据列车车次号位置来模拟实际列车。仿真模拟运行能够模拟在线控制中的系统功能，但它与实际的现场设备之间没有任何信号设备表示信息和控制命令的信息交换。

5. 列车运行重放功能

列车在实际运行时，ATS 系统的数据库服务器会存储列车运行的各种信息，调度员发布的调度命令，以及线路信号设备的实际工作状态信息等。

列车运行重放功能允许用户查看一段时间内的列车运行数据，再现过去某一时间段内线路上信号设备状况、列车运行情况以及调度员操作等信息。

列车运行重放功能在事故和故障原因的分析中起到重要作用，还可以用来分析评估列车运营计划，优化运营管理程序，提高调度作业效率。

6. 事件记录、报告和报表生成、打印功能

ATS 能够记录大量与运行有关的数据，如列车运行里程数、实际列车运行图、列车运行与计划时间的偏差、重大运行事件、操作命令及其执行结果、信号设备的状态信息和设备的故障信息等。

ATS 可提供多种报告，帮助控制中心调度员了解列车运行情况和系统工作情况。系统可根据用户的要求提供各种统计功能，生成各种统计报表，如日报表、周报表和月报表等。调度员可调用列车运用计划，对它进行修改，发布新的运行计划。

7. 报警功能

在 ATS 系统相应工作站的显示终端上有报警窗口，显示所出现的故障信息，严重的故障还用音响报警提示，以提醒调度员以及维护人员及时处理，直到恢复正常状态为止。

ATS 系统的报警内容包括：

1）线路上信号设备故障。

2）轨道区段故障。

3）车站控制设备故障。

4）列车车载系统故障。

5）车辆故障。

6）ATS 系统设备故障。

7）接口故障。

所出现的报警信息按照类别、优先权和时间等顺序显示在报警窗口的相应栏目中。不同的报警同时发生时，优先级最高的报警将首先显示。调度员必须对系统发出的严重报警信息进行处理和响应，其过程将被系统记录。

8. 接口功能

ATS 系统除了以上所述的基本功能外，还可以与其他控制系统进行数据交换，这些系统包括：

1）主时钟系统。
2）车站旅客向导系统。
3）车站广播系统。
4）无线列车调度系统。
5）综合数据处理系统。

ATS 系统与这些系统之间的接口，遵循一定的通信协议和格式，具体接口情况因不同的设备而定。

四、ATS 系统典型操作

ATS 系统是城市轨道交通调度指挥的重要设备，除了实现对于信号、道岔和进路等设备的监控外，更多的功能体现在对列车运行的指挥和调整方面。以 DS6-60 型设备为例，除具备车站 ATS 相同的操作显示外，中心 ATS 的基本操作/显示还包括：

1. 控制状态

ATS 系统的控制模式有中控和站控两种，如图 9-2 所示。

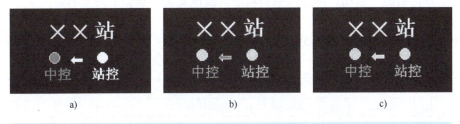

图 9-2　控制状态（见彩插）

中控模式如图 9-2a 所示，中控表示灯亮绿灯；站控模式如图 9-2b 和 c 所示，站控表示灯亮黄灯，图 9-2b 中亮绿色箭头，表示此时允许转为中控，图 9-2c 中显示灰色箭头，表示不能转为中控。

2. 站台状态

ATS 终端典型的站台状态如图 9-3 所示。

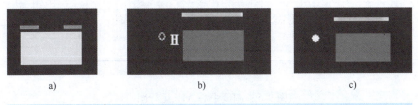

图 9-3　ATS 终端典型的站台状态（见彩插）

1）站台显示为稳定黄色表示列车在站台停站，如图 9-3a 所示，显示灰色表示没有列车停站，显示浅蓝色表示列车跳停。

2）站台旁的 H 字符表示站台的 ATS 扣车命令设置，如图 9-3b 所示：黄色表示车站设置站台扣车，白色表示中心设置站台扣车，红色表示车站和中心同时设置站台扣车，蓝色表示未知位置扣车（或非 ATS 扣车），隐藏表示站台没有被设置扣车。

3）站台旁的白色圆点表示站台的联锁 IBP 扣车命令设置，如图 9-3c 所示：空心圆点表示未设置 IBP 扣车，白色圆点表示设置 IBP 扣车，隐藏圆点表示车站未设置扣车。

4）站台旁的线段表示屏蔽门状态：绿色断开表示屏蔽门打开，绿线段全部显示表示站台屏蔽门关闭，红色线段全部显示表示屏蔽门切除或故障关闭，红色线段断开表示屏蔽门切除或故障打开，蓝色表示屏蔽门状态未知。

3. 设置/取消限速

鼠标右键单击进路始端信号机，显示如图 9-4a 所示菜单，可选择相关命令。例如鼠标右键单击轨道区段或道岔尖端，在弹出的菜单中选择"设置限速"，如图 9-4a 所示，弹出的确认对话框中会自动加载对应的车站名和区段名称，在其中选择需要设置的限速值，成功设置限速后，区段两边会被黄色线段包围，如图 9-4b 所示。

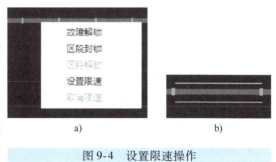

a)　　　　　　　　b)

图 9-4　设置限速操作

选择"取消限速"选项，限速取消后轨道区段恢复正常状态下的显示。

4. 运行图显示

调度中心 ATS 运行图如图 9-5 所示。

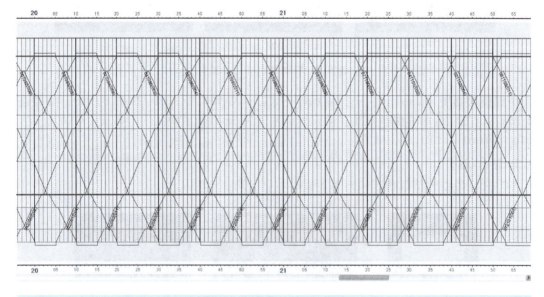

图 9-5　调度中心 ATS 运行图

横线代表车站的中心线。设备集中站以灰色粗线条表示，其余车站则以灰色细线条表示。

竖线将横轴按一定的时间单位进行等分。分钟线以细线条表示，五分钟线以细虚线条表示，十分钟线和小时线以粗线条表示，其中在工作计划视图中有一条黄色的粗线条竖线，作为当前时间线。

斜线是列车运行的轨迹。列车运行线与车站中心线的交点就是列车在车站的到达、出发或通过时刻。在列车运行图中，下行列车的运行线由左上方向右下方倾斜，上行列车的运行线由左下方向右上方倾斜。

除运行线显示外，在调度中心 ATS 终端通过选择菜单中的命令，执行车次号显示、早晚点显示，进行列车定位，以及针对当日计划相关的编辑计划、复制计划、删除计划、编辑任务和删除任务，如图 9-6 所示。

5. 列车识别号

ATS 终端典型的列车识别号状态如图 9-7 所示。

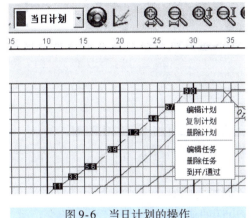

图 9-6　当日计划的操作

图 9-7　ATS 终端典型的列车识别号状态

1）识别号 AA：计划车为表号，头码车为目的地号，人工车为 MM，回段车为 HH。其中白色表示准点计划车，绿色表示早点，综合表示晚点。

说明：头码车是赋予了运行目的地及车次的非计划车。人工车是由调度员手工添加并人工组织运行、只赋予车次的非计划车。

2）识别号 BBB：显示三位车次号或三位车组号，其中白色表示计划车，黄色表示头码车与人工车。

3）方向状态模式：箭头表示列车运行，矩形表示列车停稳。

绿色表示 AM 模式，黄色表示 SM 模式，橘黄色表示 RM 模式，棕色表示 NRM 模式，红色表示通信中断。

由上述列举的典型操作可以看出，ATS 系统利用可靠的网络结构，与 ATP 系统和 ATO 系统一起完成对全线列车运营的管理和监控功能。

【想一想】

中心 ATS 与车站 ATS 的功能有哪些不同？

课题三　调度中心通信设备的应用

一、调度中心通信设备

1. 调度电话

调度电话有触屏式和按键式两种类型，如图 9-8 所示，为控制中心调度员与各车站（车辆基地）值班员，以及与办理行车业务直接有关的工作人员提供调度通信，主要应包括行车、电力、防灾环控、维修等调度电话组。

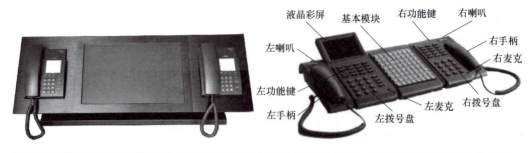

图 9-8　调度电话

（1）调度电话的基本要求
1）调度电话终端可选呼、组呼和全呼分机，在任何情况下均不应发生阻塞。
2）调度电话分机对调度值班台应实现一般呼叫和紧急呼叫。
3）控制中心调度电话终端之间应有台间联络等功能。
4）应具有召集固定成员电话会议和实时召集不同成员临时会议的能力。

（2）调度电话典型操作　除正常通话外，调度电话的典型操作包括：
1）强拆：调度台呼叫调度分机遇忙，按"强拆"键，如果调度分机正在通话中，调度台可以强拆与其通话的一方，改为与调度台通话。
2）监听：调度台上如果有一个热键处于"与他台通话"状态，此时摘机听拨号音，然后按此热键，则可以插入正在通话的呼叫中，形成会议。
3）组呼：按调度台的不同分组方式，呼叫某一组调度分机用户。
4）保持：调度台与调度分机通话时，按"保持"键（或"转移"键），可以将通话保持，调度台听拨号音，可以进行其他操作，如拨打其他调度分机或应答来话等。要返回原先的呼叫，再按"保持"键。按"保持"键可以反复切换当前通话和被保持通话。
5）接受紧急呼叫：紧急呼叫一般用于分机呼叫总机。当调度台的管辖范围内有成员发起紧急呼叫时，调度台界面上会弹出红色对话框，调度员应答后该对话框会自动关闭，强制切换成紧急呼叫组，然后调度员以组呼的方式与紧急呼叫的发起方进行通话。

2. 视频监视系统

视频监视系统应为控制中心调度员、各车站值班员、列车司机等提供有关列车运行、防灾、救灾及乘客疏导等方面的视觉信息。

视频监视系统可按运营需求分为中心级和车站级两级监视，中心级监视应在控制中心行车调度员、电力调度员、防灾环控调度员等处所设置控制、监视装置。各调度员应能任意地选择全线摄像机的图像，并应切换至相应的监视终端上。

视频监视系统应在售检票大厅、乘客集散厅、上下行站台、自动扶梯、换乘通道等公共场所设置监视摄像设备；在变电设备用房及票务室、售票处等场所也可设置。

视频监视系统应具备监视、控制优先级、循环显示、任意定格与锁闭、图像选择、不间断实时录像、摄像范围控制、字符叠加、远程电源控制等功能。

3. 广播系统

广播系统用于保证控制中心调度员和车站值班员向乘客通告列车运行及安全、向导、防灾等服务信息，并应向工作人员发布作业命令和通知，发生灾害时可兼作救灾广播。正线运营广播系统行车和防灾广播统一设置区域，且防灾广播优先于行车广播。

城轨正线在控制中心和车站均设置行车和防灾广播控制台，控制中心广播控制台可对全线选站、选路广播，车站广播控制台可对本站管区内选路广播。列车广播设备同时可接受控制中心调度员通过无线通信系统对运行列车中乘客的语音广播。

控制中心设备主要由调度人员操作，控制中心广播设备可对任意一个或多个车站的任意广播区进行广播，可对车站播放语音进行监听等。控制中心广播具有高优先级，广播系统平时运营时以车站广播为主，主要是对乘客进行公告信息广播，在紧急情况下若发生灾难，以中心防灾广播为主。

控制中心对各站广播时，中心广播控制台上输出的语音信号和控制信息，经符合有线传输设备规范的接口设备输出，经光缆传输到各个车站的接口装置；语音信号经由信源转换处理器转换后，根据中心发来的指令，对指定的广播区进行广播。

二、通信设备的典型应用

1. 常用语及含义

（1）扣车　　扣车是指人为地延长停站时分或计划外停车。

（2）放行　　放行是指允许原扣停列车动车（取消扣车）。

（3）越站　　越站是指原计划停站的列车临时变为通过。

2. 列车调整

（1）扣车

1）由行车调度员扣车时，对车站："（因 ××原因），××次在 ××站上/下行站台由行车调度员扣车（×时×分开）。行车调度员××（工作号）。"

2）行车调度员对司机："（因 ××原因），××次在 ××站上/下行站台扣车（×时×分开）。行车调度员××（工作号）。"

（2）放行

1）由行车调度员放行时，对车站："××站上/下行站台的 ××次由行车调度员取消扣车（×时×分开）。行车调度员××（工作号）。"

2）行车调度员对司机："××次司机，××站上/下行站台（××站~××站上/下行线）取消扣车（×时×分开）。行车调度员××（工作号）。"

（3）越站

1）行车调度员对车站："（因 ××原因），××次在 ××站（或至××站）上/下行不停站通过，各站做好客运服务。行车调度员××（工作号）。"

2）行车调度员对司机："（因 ××原因），××次在 ××站（或至××站）上/下行不停站通过，到 ××站待令/到 ××站退出（投入）服务，（做好乘客广播）注意安全。行车调度员××（工作号）。"

（4）增加停站时间　　行车调度员对司机："（因 ×原因），××次/所有列车在××站（或至××站）上/下行多停××秒。行车调度员××（工作号）。"

（5）**紧急停车** 行车调度员对司机："××次司机，立即紧急停车。行车调度员××（工作号）。"

3. 联锁设备操作

（1）控制权转换

1）正常情况下，行车调度员执行"交出控制"命令后对车站："××站接收控制权（负责监控联锁区内列车的运行）。行车调度员××（工作号）。"

2）行车调度员收回控制权："××站交出控制权。行车调度员××（工作号）。"

（2）强行站控 紧急情况下，行车调度员对车站："××站强行站控，负责监控联锁区内列车的运行／使用××（安全相关命令）操作××（区段/信号机／道岔），注意安全。行车调度员××（工作号）。"

（3）授权车站操作 车站接收控制权情况下，授权操作安全相关命令，行车调度员对车站："××站，使用××（安全相关命令）操作××（区段／信号机/道岔号码），注意安全。行车调度员××（工作号）。"

4. 改变驾驶模式

（1）行车调度员对司机

1）RM模式动车："××次列车以RM模式动车，收到速度码后，恢复正常模式驾驶。行车调度员××（工作号）。"

2）RM模式运行："××次列车以RM模式运行到××站（越过××信号机／轨道区段），接收到速度编码时，恢复ATO模式驾驶。行车调度员××（工作号）。"

3）SM模式运行："××次列车以SM模式，从××站运行到××站。行车调度员××（工作号）。"

4）URM模式运行，由车站添乘监控员时："××次以URM模式运行到××站，在××站添乘监控员。命令号××，行车调度员××（工作号）。"

5）URM模式运行，由副司机担任监控员时："××次以URM模式运行到××站，由副司机担任监控员。行车调度员××（工作号）。"

（2）需转换URM模式监控运行时 行调对车站："因××故障，××次需以URM模式运行到××站，由你站派出URM监控员添乘。命令号××，行车调度员××（工作号）。"

一、ATS终端操作

◇ 设备设施	城市轨道交通正线仿真教学沙盘及中心ATS
◇ 实践形式	观察沙盘及ATS终端
◇ 预期目标	1）掌握ATS终端各符号的含义，并能与沙盘或实物相对应 2）初步掌握ATS终端的典型显示及其含义 3）初步掌握ATS终端的基本操作

二、非正常行车中通信信号设备的应用

◇ 设备设施	城市轨道交通正线仿真教学沙盘、ATS 终端、专用通信设备
◇ 实践形式	参考典型非正常行车预案，模拟行车调度员
◇ 预期目标	1）初步熟悉正线非正常行车的典型预案 2）熟练地操作中心 ATS 设备 3）熟练地利用调度中心常用通信设备，了解现场情况，发出指示

 相关资料

典型非正常演练项目

1. 道岔故障应急演练

（1）确认故障

1）行车调度员：从控制中心 ATS 上发现道岔失表，询问相关车站行车值班员在 ATS 终端的显示，确认后下放控制权给相关车站。

2）行车值班员：应答行车调度员，在车站 ATS 确认道岔故障，接收控制权。

3）行车值班员：确定列车在故障道岔前停车后，由车站 ATS 发出指令将相关的电动转辙机进行扳动试验。如果故障消失，报告行车调度员，并将控制权交回给行车调度员并恢复正常操作。

（2）执行预案

1）行车调度员：确认故障后，报值班主任"×站道岔故障"，指示车站值班员执行道岔故障预案，并通知维修调度员。

2）行车调度员：指示司机在故障区间停车，并指示所有列车司机及车站行车值班员利用广播及时向列车及车站乘客通报运营信息。

3）行车值班员：应答行车调度员指示，利用广播及时向车站乘客通报运营信息。

4）司机：应答行车调度员指示，利用广播及时向列车及车站乘客通报运营信息。

（3）准备进路

1）行车值班员：在 LCP 发出站台"紧急停车"指令；派遣站务人员到轨道，把相关的电动转辙机手摇转换到定位，并用钩锁器锁闭道岔再定位，同时指派站务人员在站台靠近故障地点跟列车司机配合禁止列车离站。

2）站务员：把相关的电动转辙机手摇转换到定位并加锁。检查全部工具和材料，确保没有任何遗留后，返回车站，向行车值班员报告；在站台前端靠近故障地方与列车司机配合；防护轨道工作人员安全。

3）行车值班员：ATS 终端单独操作有关进路的其他道岔，予以单锁；报告行车调度员有关的道岔已被人工锁闭在定位方向，其他相关道岔已经进行单独锁闭，构成列车继续安全运行条件。

4）行车调度员：接××次列车司机停车区间报告后，根据故障道岔与站台间的安全位置关系，命令司机用 RM 模式驾驶列车到站台等候。

5）司机：报告行车调度员，列车在区间停车，等候指令；接到行车调度员指令后，用 RM 模式运行到站台停车。

（4）列车运行

1）行车调度员：接到行车站值班员进路准备完毕报告，命令站台列车以 RM 模式动车，驶出故障道岔区域后，及时报告。

2）司机：根据调度命令动车，按照 RM 模式运行，驶出故障道岔区域后，及时向行车调度员报告。

（5）故障处理

1）维修人员：在车站进行维修登记，如需在运营时间进入轨道检查，通过行车值班员向行车调度员"要点"登记，修复后在车站销点登记，并报告维修调度员。

2）行车调度员：接到维修人员的检查分析后，同意批准维修人员"要点"，安排指定时段内（通常是在营运时间以后，才能进入轨道范围）进行维修。

3）行车值班员：车站采取足够有效的措施，保障维修人员在轨道作业的安全。

（6）恢复运行

1）行车值班员：故障修复后，指示站务人员拆除部分道岔的道岔钩锁器，在 ATS 进行扳动试验。

2）行车值班员：确定站务人员完成工作，返回车站后，把控制权交回给行车调度员；向车站乘客广播，故障排除，恢复正常运营。

3）行车调度员：确认有关的电动转辙机已转入系统操作模式后，向行车值班员收回控制权；报告值班主任，通知所有列车司机和行车值班员系统已经恢复正常运行。

4）司机：向列车乘客广播，故障排除，恢复正常运营。

2. 轨旁 ATP 故障应急演练

（1）确认故障

1）司机：列车发生非正常停车或紧急制动后，向行车调度员报告：车次号、列车停顿位置，并确认列车状态正常，无车辆和车载信号设备故障报警。

2）行车调度员：从中心 ATS 显示确认轨旁 ATP 故障，报告值班主任；指示所有列车司机及行车值班员利用广播及时向列车及车站旅客通报运营延误信息，确定列车停顿的位置并严密监视和检查 ATP 故障区域。

3）值班主任：通知维修调度员调派检修人员立即抢修轨旁 ATP，指示有关行车值班员跟检修人员协调配合。

4）维修调度员：与有关行车值班员协调配合，抢修轨旁 ATP。

5）行车值班员：协助设备维修人员判定故障范围和性质，利用广播及时向车站旅客通报运营调整信息。

（2）执行预案

1）行车调度员：在故障区内，立即扣停后续列车，防止一区间两列车事件发生。平衡列车间隔；加强列车间隔监控并指示在故障区内的所有列车司机必须在得到行车调度员指令后，才可以用 RM 模式离站。

项目九　调度中心信号及通信设备的应用

2）行车调度员：指示驾驶离开故障区的列车司机，在确定列车已经驶离有关的事故区后，在车载 ATC 系统的允许下恢复 SM/ATO 模式运行。

3）司机：故障区内的列车司机把车扣停在站台，等候行车调度员的进一步指示后，才用 RM 模式动车。

4）司机：驶离故障区的列车司机要在确定列车已经驶离有关的事故区后，及时通报行车调度员，并在车载 ATC 系统的允许下恢复 SM/ATO 模式运行。

(3) 恢复运行

1）维修调度员：向值班主任报告轨旁 ATP 系统故障排除。

2）值班主任：接获维修调度员的汇报，确定有关的故障已经排除后，指示行车调度员通知所有列车司机。

3）行车调度员：通知所有列车司机故障已经排除：各自检查列车在接收两个新报文后是否能够正常转换为 SM 模式，并及时报告。

4）司机：各列车司机分别报告再用 RM 模式驾驶列车的过程中，列车能够自动转换为 SM 模式。向乘客通报故障已经排除。恢复正常运行。

5）车站值班员：向乘客通报故障已经排除。恢复正常运行。

 思考研讨

1. 说明调度中心信号设备的组成及其功能。
2. 说明调度中心通信设备的组成及其功能。
3. 说明调度中心 ATS 终端关于道岔的显示状态及其含义。
4. 说明调度中心 ATS 终端关于轨道区段的显示状态及其含义。
5. 说明 ATS 的基本功能有哪些。

附　录

附录 A　城市轨道交通通信与信号系统常用名词中英文对照

缩　写	中文名称	英文全称
ACB	计轴区段	Axle Counter Block
AM	ATO 模式	ATO Mode
AP	（无线）接入点	Access Point
AR	自动折返	Automatic Reversal
CBI	计算机联锁	Computer Based Interlock
CBTC	基于通信的列车自动控制系统	Communication Based Train Control System
CC	车载控制器	Carborne Controller
CCTV	闭路电视系统	Closed-Circuit Television
DCC	车辆段控制中心	Depot Control Center
DID	目的地号	Destination Identification
DIT	发车计时器	Departure Time Indicator
ESB	紧急停车按钮	Emergency Stop Button
FB	无源应答器，静态信标	Fixed Balise
HMI	人机界面	Human-Machine Interface
IBP	综合后备盘	Integrated Backup Panel
LATS	车站 ATS	Local ATS
LCP	局部控制盘	Local Control Panel
LCW	本地控制工作站	Local Control Workstation
LMA	移动授权限制	Limit of Movement Authority
MA	移动授权	Movement Authority
MAU	移动授权单元	Movement Authority Unit
MMI	人机界面	Man-Machine Interface

(续)

缩　写	中文名称	英文全称
MTBF	平均无故障时间	Mean Time Between Failure
NP	信标	Norming Point
OCC	控制中心	Operated Control Center
PIS	乘客信息系统	Passenger Information System
PSD	站台门	Platform Screen Door
PSR	永久限速	Permanent Speed Restriction
SICAS	SICAS 联锁计算机	Siemens Computer Aided System
SM	ATP 监督的人工驾驶模式	Supervised Manual Mode
TID	跟踪车次号	Tracking Identification
TOD	司机显示屏	Train Operator Display
TSR	临时限速	Temporary Speed Restriction
TWC	车-地通信	Traffic Wayside Communication
VB	有源应答器，动态信标	Variable Balise
VO	虚拟占用	Virtual Occupancy
VOBC	车载控制器	Vehicle On-Board Controller
ZC	区域控制器	Zone Controller
	敌对进路	Conflicting Route
	故障-安全	Fail-Safe
	固定闭塞	Fixed Block
	移动闭塞	Moving Block
	（道岔）定位	Normal Position（N）
	转辙机	Point Machine
	道岔	Points
	（道岔）反位	Reverse Position（R）
	进路	Route
	进路锁闭	Route Lock
	进路解锁	Route Release
	排列进路	Set Route
	轨道电路	Track Circuit

附录 B　城市轨道交通信号系统内部各子系统间信息交互的类型和走向（以 MTC-Ⅰ系统为例）

1）时刻表计算机：负责时刻表的编排和优化，包括所有需要与列车自动间隔和列车自动运行有关的数据。

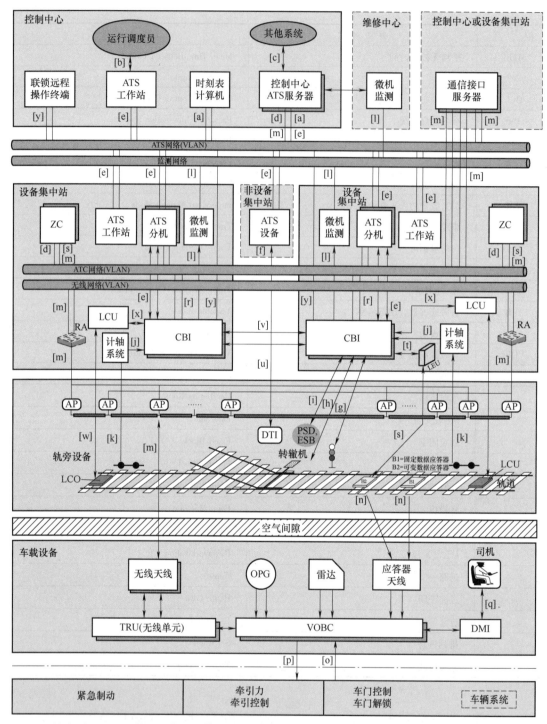

2）控制中心 ATS 服务器：负责全线路的运行。

3）ATS 工作站：控制中心人机接口。

4）ATS 本地工作站：对应具体各车站的人机接口，也作为降级操作与显示功能。

5）车站 ATS 分机：设在设备集中站，提供 ATS 与计算机联锁设备的接口。

6）CBI（计算机联锁）：包含联锁逻辑的主计算机单元，负责进路的排列、解锁等任务。根据线路的长短和道岔设置，将线路划分为一定数量的联锁控制区域，一般在有岔车站（设备集中站）安装 CBI 设备，每一个负责线路中的一部分。

7）联锁远程操作终端：在控制中心设置能操作、显示全线联锁设备的控制终端，当 ATS 发生故障时，可利用该终端操控并显示全线联锁设备。

8）ZC：轨旁单元的主要功能是确定列车的具体位置、保护列车的运行及根据移动闭塞原理产生移动授权。

9）CSM 监测维护：设在设备集中站，采集信号机、转辙机和电源等设备的维修信息，并从计算机联锁设备、ZC 设备获得其维修信息，储备运行中出现的详细故障信息、管理系统维修信息和故障信息，并及时报警。

10）LEU：与计算机连接的轨旁电子单元，为应答器产生报文。

11）LCU：本地通信单元，用于站台区域局部车地无线覆盖，实现站台屏蔽门车地联控及闯红灯防护。

12）无线通信设备：包括轨旁无线设备和车载无线设备，负责建立地面—列车间的无线通信。

13）VOBC（车载控制单元）：是 MTC-Ⅰ系统车载系统总称，主要包括了 ATP 及 ATO 设备，它根据列车实际运行模式来控制车辆并保障列车运行的安全。

14）OPG（测速电机）：通过计算车轮的转速来测量车速及走行距离。

15）雷达：根据多普勒原理计算车速和测量走行距离。

16）应答器天线：用来读取轨道旁应答器的报文。

17）DMI：司机显示器。

MTC-Ⅰ系统内部各子系统间的信息流用［a］［b］等表示。为了方便起见，各标志所代表的数据类型如下：

［a］：从 ATS 服务器到时刻表计算机所要求的时刻表数据，从外部时刻表计算机到 ATS 服务器的所要求的时刻表数据。

［b］：行车调度员输入 ATS 服务器的信息（如列车车次号分配），以及给行车调度员的 ATS 输出信息（如状态信息、报警）。

［c］：ATS 与其他系统相互交换的信息，如提供旅客信息向导系统（PIDS）、大屏显示系统、FAS 系统的输出信息，从时钟系统获得的时间信息等。

［d］：从轨旁控制单元（ZC）到 ATS 的状态信息，及 ATS 向 ZC 发出的请求状态信息的命令及控制命令。

［e］：从 ATS 至 CBI 联锁的进路排列命令、道岔转换命令及其他重要命令，从 CBI 联锁至 ATS 的状态信息（如进路状态、报警、错误消息）。

［f］：车站本地操作员输入至本地 ATS 的输入信息及本地 ATS 给本地操作员的输出信息。

［g］：CBI 至信号机的控制命令，及信号机至 CBI 的状态信息。

［h］：CBI 至道岔的控制命令，及道岔至 CBI 的状态信息。

［i］：紧急停车按钮（ESB）、PSD 等轨旁设备至 CBI 的输入信息。

［j］：计轴设备至 CBI 的轨道区段"物理空闲"或"物理占用"状态信息。

[k]：来自安装于钢轨上的车轮传感器的由列车轮对触发的脉冲信号，经轨旁连接盒（TCB）传输到计轴系统。

[l]：CBI 及信号机、转辙机、电源设备等至微机监测设备的输出信息（如故障报告）。

[m]：VOBC 通过无线通信通道向轨旁控制单元（ZC）发送的列车信息（如车次号、列车位置），从轨旁控制单元（ZC）发向 VOBC 的相关信息（如移动授权）。

[n]：轨旁应答器发送、车载应答器天线接收的报文（如用于校准列车在线路上精确位置的报文、点式控制级时的移动授权）。

[o]：从车辆控制系统发送至 VOBC 设备的关于驾驶控制、车门及紧急制动应用情况等状态的信息。

[p]：VOBC 设备发送至车辆系统的控制命令，如应用紧急制动或车门解锁命令，也包括牵引控制、应用常用制动、车门控制命令及司机发出的安全命令。

[q]：DMI 给司机提供的输出信息（如视觉和语音报警），以及司机向司机显示单元输入的命令信号（如模式选择、驾驶数据输入）。

[r]：CBI 与 ZC 之间交换的与列车位置、进路、ESB、PSD、防淹门状态有关的信息。

[s]：LEU 根据联锁输出的信号机显示信息产生的移动授权，通过应答器发送给列车。

[t]：计算机联锁通过接口单元向 LEU 输出的信号机显示信息。

[u]：ATS 子系统提供给倒计时发车指示器的倒计时信息。

[v]：相邻计算机联锁间的站联信息，接口形式为独立的冗余光纤通信通道。

[w]：LCU 控制器与道旁 LCU 单元之间交互车地无线信息。接口形式为光电隔离通信通道。

[x]：LCU 控制器通过联锁系统采集红灯信息。接口形式为继电接口。

[y]：联锁远程操作终端信息。

附录 C　某城市轻轨信号平面图示意图（部分）
（见书后插页图 C-1）

附录 D　某城市轨道交通车辆段信号平面图示意图（部分）
（见书后插页图 D-1）

附录 E　某城市轨道交通环形线信号平面图（局部）
（见书后插页图 E-1）

附录 F　某城市轨道交通 CBTC 信号设备平面布置图（带停车场）
（见书后插页图 F-1）

参 考 文 献

［1］吕永昌，林瑜筠. 计算机联锁［M］. 北京：中国铁道出版社，2007.
［2］中华人民共和国住房和城乡建设部. 地铁设计规范：GB 50157—2013［S］. 北京：中国建筑工业出版社，2013.
［3］人力资源和社会保障部教材办公室，广州市地下铁道总公司. 地铁列车司机［M］. 北京：中国劳动社会保障出版社，2014.
［4］昆明地铁运营有限公司. 信号检修［M］. 成都：西南交通大学出版社，2015.
［5］昆明地铁运营有限公司. 车站值班员［M］. 成都：西南交通大学出版社，2015.
［6］人力资源和社会保障部教材办公室，中国就业培训技术指导中心上海分中心，上海市职业技能鉴定中心，等. 城轨信号工［M］. 北京：中国劳动社会保障出版社，2015.
［7］中华人民共和国交通运输部. 城市轨道交通行车调度员技能和素质要求：JT/T 1004—2015［S］. 北京：人民交通出版社，2015.